· 역경 속에서 성장하는 방법 ·

상하이에서 100억을 번 바보

저자 최요안나

하움출판사

< 목차 >

프롤로그   4

제1막

파란만장 인생 이야기

1장 리틀 요안나   10
2장 삶의 동반자, 소아당뇨   24
3장 붕어빵 장사의 교훈   32
4장 상하이와의 첫 만남   40
5장 유학의 길, 새로운 시작   48
6장 디자이너 생활   64
7장 결혼과 현실   76
8장 보이스피싱   94
9장 예술은 내 친구   108
10장 4차원의 괴짜, 알렉   134
11장 마음의 감기   148
12장 로맨스 스캠   158
13장 한국에서의 직업 도전기   182
14장 죽음의 그림자들   198

세2막

상하이에서의 사업 이야기

1장 찬장(餐匠)의 시작　212

2장 JOANNA'S(조안나즈), 작은 성공의 비결　222

3장 자영업 생존 노하우　228

4장 직원들의 계략　238

5장 돈의 유혹과 그 이면　246

6장 팬데믹 이후의 상하이　260

7장 요안나의 새로운 도전　268

8장 상하이 블루스　274

에필로그　282

프롤로그

이 글은 나의 인생을 솔직하게 담아낸 이야기다.

2005년, 상하이에서 시작한 외식 사업이 방송을 타고 대박이 나면서 사람들의 부러움을 한껏 샀다.

매일 가게로 들어오는 현금이 너무 많아, 언제부터인지 손으로 잡는 돈 묶음은 매번 정확한 100장이었다.

한참 후에는 종이돈을 세는 것마저 귀찮아져 지폐계수기를 집에 놓고 지냈다. 오랜 기간 그런 생활을 하며, 내 삶은 돈보다 더 중요한 가치를 찾아 방황했다. 그렇게 생긴 마음의 병 때문에 가게를 직원들에게 맡기고, 2016년 나는 한국으로 돌아왔다.

하지만 2017년부터 나를 뒤흔든 고비를 여럿 겪고 나서야, 상하이에서의 그 시절이 얼마나 분에 넘치던 시간이었는지 깨닫게 되었다.

그러다 2018년 4월, 나는 맞닥뜨린 현실에 숨조차 제대로 쉴 수 없어 모든 것을 내려놓기로 결심했다.

내 생애 모든 사건 사고와, 그간의 감정을 고스란히 담아 온 수십 권의 일기장을 폐지 수거장에 몽땅 내다 버렸다.

나에게 의미 있었던 많은 물건들도 모두 쓰레기 소각장으로 보내 버렸다.

내 흔적을 말끔히 지워 버리듯, 짧았던 삶의 마지막 정리를 뜨거운 눈물과 비통한 심정으로 맞이했다.

그러한 나의 마지막 시도는(다행스럽게) 실패로 끝이 났고, 나는 다시 몇 년을 악으로 깡으로 버텨야 했다.

이제야 비로소 머릿속에 묵혀 놓은 잿빛 기억을 꺼내 들고, 사진을 인화하듯 글로 형상화해 볼 용기가 생겨났다.

글 쓰는 일이 업이 아닌지라 초보 작가의 티가 폴폴 풍기지만, 그래도 세상과 나누고 싶은 이야기가 있었다.

처음 글을 쓰기 시작한 때에 나는 중국 상하이에 머물고 있었다.

중국 지인들이 운전을 하거나 일을 하면서 오디오북 듣기가 일상이라는 말을 듣고, 중국인들이 애용하는 웹소설 사이트[1]에 글을 연재하기 시작했다.

한국이 아닌 중국에서 먼저 글을 게시한 이유가 있다.

내 경험의 대부분이 상하이에서 일어났기에, 여러 환경 요소나 상황 대처가 중국에 있는 사람들에게 더 유용할 것이라 여겨졌다.

그렇게 글로 사람들과 소통하고, 공감을 나누면서 각박한 세상에 모두가 한 번만 더 소중한 발걸음을 내디딜 수 있기를 바라는 마음이 커져 갔다.

예전에는 나도 할퀴어진 상처가 아물기를 기다리며 시간에 갇혀 무의미한 반추와 후회로 끊임없이 나 자신을 괴롭혔다.

그랬던 내가 이제는 한 발짝 물러나 객관적 시선으로 상황을 보기 시작했다. 그러면서 나에게 부족했던 요소를 채우려는 자세도 서서히 갖추어졌고, 앞으로 나아가려는 한 걸음을 떼기도 쉬워졌다.

세상 사람들 모두가 두툼한 한 권의 책과 다름없는 인생을 영위한다.

◇◇◇◇◇◇◇◇◇

1) 중국 웹소설 사이트에 글을 게시하면 동시에 오디오북도 들을 수 있다.

자랑스럽고 행복한 순간도, 부끄럽고 창피한 순간도 여기저기 공존했을 우리네 인생이다.

여기에 풀어놓을 나의 이야기는 아픈 내용이 많다.

그럼에도 그 이야기를 공유하는 나의 솔직한 심정은, '아픔은 나누면 반이 되고, 기쁨은 나누면 배가 된다.'는 것을 믿기 때문이다.

나의 아픔을 여러분과 나누면 공감의 방식으로 여러분의 아픔도 그만큼 축소되어 조금은 둔감해질 거라는 확신이 들었다.

내 곁에서 오랜 시간을 함께해 온 친구들이 한결같이 내게 하는 말이 있다.

"남들은 평생 한 번 겪을까 말까 하는 대형 사건들이 어떻게 너의 인생에는 연속으로 줄지어 일어나냐? 마치 막장 드라마를 실시간으로 보고 있는 것 같애~"라며 너스레를 떨곤 한다.

지나고 보니, 그런 일을 겪은 데엔 다 이유가 있었다.

그 일로 내 사고의 축도 달라졌지만, 나아가 비슷한 경험을 한 사람들과 소통하며 같이 치유하라는 하늘의 뜻 같았다.

원고를 마지막으로 정리하기 위해 한국행 비행기에 올라 창공에서 아래를 멍하니 내려다보는데, 바다에 떠 있는 배들이 눈에 들어왔다.

'저 배 안에는 몇 명의 승조원들이 있을까? 그들은 지금 또 어떤 고민을 저마다 하고 있을까?'

1969년 아폴로 11호가 달에 착륙하여 우주인들이 파랗고 아름다운 지구를 바라보며 나와 같은 생각을 하지 않았을까 싶다.

별것도 아닌 일로 저 좁은 공간에서 얼마나 아등바등하며 살아가고 있었는지, 잠시 현실을 초월해 보는 시간을 가졌다.

20, 30, 40대 내 청춘의 모든 열정을 쏟아 가며 함께했던, 그토록 그리워

한 중국 상하이로 6년 만에 돌아갈 수 있었다.
 하지만 긴 세월 동안 충분히 겪었다고 생각한 인생의 파노라마는 여전히 롤러코스터 중임을 다시금 체감할 수밖에 없었다.

 이세는 그 무엇도 상관없다.
 '고통아, 올 테면 와 봐! 이번에는 또 무슨 깨달음을 주러 왔어?'

요안나는 저자의 한글 이름으로,
해외에서는 여권상 표기된 JOANNA(조안나)로 알려져 있어
본문에서의 요안나와 조안나 모두 동일인임을 알려드립니다.

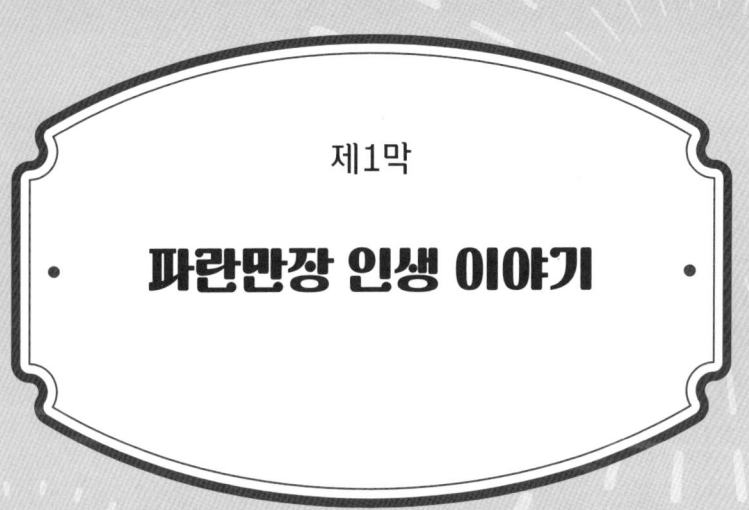

제1막

파란만장 인생 이야기

1장
리틀 요안나

10살의 요안나

엄마가 촬영한 가족사진

나는 청렴한 공무원 아버지와 배려심 깊은 어머니 사이에 장녀로 태어났다.

내 밑으로 두 살 어린 여동생과, 친할머니의 오랜 바람 끝에 태어난 일곱 살 터울의 귀한 남동생이 있다.

당시 어른들의 남아 선호 사상은, 할머니 할아버지가 계신 큰집에 갈 때마다 엄마가 겪는 수모를 보면서 자연스럽게 알 수 있었다.

어린 마음에도 그런 대우가 이해되지 않았지만, 그때는 전반적인 사회 분위기가 그랬다.

최근에 엄마와 친할머니에 관한 이야기를 나누다 엄마가 문득 말했다. 친할머니가 얼마나 손재주가 좋았는지, 지나고 보니 요안나가 딱 순이 할머니의 재능을 물려받았네, 하며 할머니께 감사하라 했다.

엄마는 그런 사람이다.

내가 범접하기도 어려운, 나의 가장 큰 롤모델이자 가장 가까운 친구다.

어린 시절을 회상해 보면, 아버지는 매일 저녁 7시 10분에 대문을 열고 집으로 돌아오셨다.

나의 아버지는 술과 담배, 친구와는 거리가 멀지만, 예술적 감성만큼은 풍부한 분이다.

집 안에는 아버지가 클래식 음악을 즐기던 그만의 작은 아지트도 있었다. 덕분에 베토벤, 헨델, 멘델스존, 바흐, 모짜르트, 차이콥스키와 같은 저명한 음악가들의 선율이 언제나 집 공간을 물들였다.

거기에다 늘 책을 끼고 살던 독서광 아버지는 나의 성장에도 막대한 역할을 했다.

나는 초등학생 때 방학 숙제로 나온 '독후 감상문'에 몰두해 수도 없는 동화책을 읽었다.

그러면서 '페페의 하루'라는 어드벤처 판타지 동화를 썼다.

그 동화에 어울리는 동요도 피아노로 작곡했다.

지금도 그 내용을 생생히 기억하고 있기에, 간혹 꼬마들에게 들려주며 공감 거리를 찾곤 한다.

집 책장에는 세로로 글이 쓰인 옛 고전 소설도 한가득이었다.

중학생 때부터는 약간의 겉멋에 취해 토머스 하디의 '테스', 에밀리 브론테의 '폭풍의 언덕', 헤밍웨이의 '노인과 바다', 톨스토이의 '전쟁과 평화', 카프카의 '변신'과 같은 외국 고전 소설을 손에 잡히는 대로 읽었다.

중학생이 이해하기엔 다소 어려웠지만, 드라마를 보듯 머릿속에 장면을 연상하며 읽는 재미가 쏠쏠했다.

우리 집 다락방에는 아버지의 타자기가 한 대 있었다.

집에 혼자 있을 때면 무거운 타자기를 아무도 모르게 들고 내려와, 이리저리 가지고 놀며 그 사용법을 터득했다.

지금도 기계 다루는 것을 몹시 좋아하는 나는, 타자 치는 그 소리가 특히나 마음에 들었다.

직장에서의 아버지를 상상하며 범인을 앞에 앉혀 놓고 수사를 하듯, 말도 안 되는 수사 일지를 '타닥타닥' 찍어 내곤 했다.

그 다락방에는 커다란 카세트플레이어도 있었다.

나는 공테이프에 녹음하는 방법을 알게 되면서 여동생과 대본을 짜 상황극을 녹음하거나, '동남아 순회공연을 마치고 돌아온~~~'을 외치며 수많은 노래를 녹음하는 재미에 푹 빠져 지냈다.

그 모습을 쭉 지켜봐 왔던 두 살 남동생이 '모래요정 바람돌이' 주제가를 부르며 몰래 녹음해 둔 카세트테이프를 한참 후에 발견하고는 온 가족이 깔깔대며 웃었다.

그러다 초등학교 3학년 때 아버지가 진주로 발령이 나서 온 가족이 이사를 하고 새 학교로 전학을 갔다.

핸드볼 코치이기도 했던 담임 선생님이 부산에서 전학 온 나에게 질문을 하셨다.

"니는 커서 뭐가 되고 싶노?"

나는 망설임 없이 바로 대답했다.

"저는 셜록 홈스와 같은 명탐정이 되고 싶어요. 우리나라에는 아직 그런 탐정이 없는 것 같아요."

"허허허허, 그래?"

지금도 그때 운동장 계단에서 선생님과 나눴던 짧은 대화가 또렷하게 기억난다. 30대 중반인 선생님이 나의 장래 희망 답변에 '신박[2]'해 하며 웃지 않았을까 싶다.

진주의 학교에서 집으로 돌아가는 길은 커다란 밭을 가로질러야 했다.

하루는 하굣길에 화장실이 급해져 뛰어갈까 망설이던 찰나, 하늘이 소나기를 퍼부어 주었다.

나는 이내 환히 웃으며 밭에 단비와 함께 바지 사이로 물을 뿌리고는 경쾌한 걸음으로 귀가했다.

그러고는 물에 젖은 옷을 엄마 모르게 손빨래했다.

---

2) 매우 참신하다는 뜻의 신조어

드라마 '전설의 고향'에 나온 구미호 이야기에 친구들과 우르르 떼를 지어 몰려다니기도 했고, 유적지인 촉석루에 놀러 가서는 왜장을 껴안고 남강에 뛰어든 논개를 기리며 울기도 했다.

한번은 아파트 단지에서 같이 놀던 어린 남동생을 잃어버려 엄마와 온 동네를 헤맨 적이 있다.
엄마와 나는 남동생을 끝내 찾지 못해, 근처 파출소에 실종 신고를 하러 갔다.
그런데 거기서 세 살 된 남동생을 발견했다.
아장아장 걷던 그 아기가 경찰 아저씨에게 "100원만!"을 외치고서 얻어낸 100원짜리 동전을 손에 꼭 쥔 채 잠들어 있었다.
남동생이 거기까지 어떻게 갔을까?
경찰관이 길에서 혼자 걷던 아기를 데려왔다는데, 그때 느껴진 안도감은 마치 어제 일 같기만 하다.

그곳에서의 소소한 장면들이 뜬금없이 머릿속을 스칠 때면 언제나 나를 미소 짓게 한다.
그렇게 약 2년간의 진주에서의 경험은 참 오래도록 내 삶의 자양분이 되어 왔다.

평화로우면서 상상력을 키우기엔 더할 나위 없이 좋았던 그곳이 성장한 후에도 가끔씩 사무치게 그리울 때가 있었다.
그래서 제일 친한 친구가 처음 자동차를 구입하고 '같이 어디를 가 볼까?' 물었을 때, 나는 '진주'라고 답했다.
둘이서 내 추억의 장소(학교, 아파트, 성당, 촉석루 등)를 빠짐없이 돌아다니며 애틋하기만 한 추억 소환 여행을 했었다.

나는 동생들과도 행복한 추억을 많이 간직하고 있다.

성인이 되어 버린 두 동생들은 지금 어떻게 기억하는지 모르겠지만, 나는 그렇다.

우리는 셋이 모여 이런저런 놀이도 잘 만들어 냈다.

그중 하나는 한 명이 서문을 만들어 스토리텔링을 시작하며, 그다음 사람이 자신의 경험을 곁들여 뜻밖의 전개로 이야기를 이어 나갔다.

그러다 어느새 생각지도 못한 결말에 다다르면 데굴데굴 구르며 웃기도 하고, 다를 수 있었던 경우를 몇 번이고 붙여 보면서 셋이서 할 수 있는 즐거움을 많이도 찾으며 시간을 보냈다.

어른이 되어서야 비디오로 감상하게 된 '아웃 오브 아프리카' 영화에서 세 주인공의 스토리텔링 이어가기 장면이 나왔을 때, 그 아이디어를 떠올린 시나리오 작가가 신기하기만 했다.

풋풋했던 어린 시절이 떠올라 영화를 보는 내내 추억의 장면들이 머릿속을 맴돌았다.

하지만 나를 아프게 한 사건들도 있었다.

진주에서 부산으로 다시 전학 온 지 얼마 안 되었을 무렵이다.

학교에서 시험을 치면 시험지를 옆줄 친구들에게 넘겨주고 채점을 하게 했다.

그때 나에게 시험에 관련된 그 반의 규칙을 어느 누구도 알려 주지 않아, 나는 그 규칙을 전혀 모르고 있었다.

그래서 빨간색 색연필이 없던 나는 친구에게 보라색 색연필을 빌려 시험지를 채점했는데, 그 때문에 선생님께 불려 나가 이유도 모른 채 뺨을 맞았다.

황당한 상황에 너무도 억울했지만, 고작 열두 살이었던 내가 할 수 있는 건 우는 것뿐이었다.

집으로 돌아와 이불을 뒤집어쓰고 엉엉 울고 있는데, 앞집 할머니가 나를 부르셨다.

할머니는 아흔이 넘은 연세임에도 항상 정갈하고 온화한 분이었다.

내 이름을 여러 번 부르며 목욕탕에 같이 가자시는데, 나는 그날 학교에서 당한 일로 밖에 나갈 기분이 아니었다.

할머니께 울음 섞인 목소리로 "죄송해요…"라고 거절의 뜻을 전했는데, 얼마 뒤 그 할머니가 세상을 떠나시고 말았다.

잠결에 돌아가셨다는 소식에 나는 말할 수 없는 죄책감을 가지게 되었다.

'같이 목욕탕에 가 드릴걸, 등이라도 시원하게 밀어 드릴걸…'

그때의 일을 자책하며 지금도 할머니의 인자했던 모습을 회상하곤 한다. 할머니가 평화로운 곳에서 외롭지 않기를 기도한다.

그날 학교에서의 일을 알게 된 엄마가 선생님을 찾아가 만났다.

아마 엄마도 그때는 30대 중반의 젊은 여성이라서 중년의 남자 선생님에게 따지기는 어려웠을 것이다.

하지만 엄마의 학교 방문으로 잘 해결된 줄로만 알았던 나는, 이후에도 여러 번 그 선생님에게 실망할 수밖에 없었다.

같은 반 남학생들이 전학 온 나에게 유독 심한 장난을 쳐서 선생님께 도움을 청했더니, "애들이 너 좋다고 하는 장난인데, 그냥 받아 줘라!"

이게 선생님이 할 말인가?

열두 살의 나이였지만 무엇이 옳고, 그른지는 부모님께 배워 잘 알고 있었다. 그런 나에게 남자애들의 짓궂은 괴롭힘을 받아 주라니…… 잘못한 학생을 꾸짖지는 못할망정, 선생님이 나한테 그런 말을 해서는 안 되었다.

그때부터 내게 선생님은 보호자로서의 어른으로 느껴지지 않았다.

이듬해 초등학교 마지막 학년이 되어 반장 선거를 치르는데, 후보자 명단에 내 이름이 없었다.

　그래서 나는 손을 들고 왜 명단에 내 이름이 없는지 선생님께 물었다. 당시에는 성적순으로 후보자를 정했는데, 나는 성적에 자신이 있었기에 물었던 것이다.

　나와서 성적을 한 번 보라며 선생님이 내민 나의 성적표, 나는 이해되지 않는 성적표를 보고 할 말을 잃었다.

　진주에서 지난 2년간의 성적은 모두 '매우 잘함'이었다.

　그런데 진주와 다르게 '수우미양가'로 표기하던 부산에서, 전학 온 해에 나의 뺨을 쳤던 선생님이 내 2년간의 성적을 아무렇게나 작성해 놓은 것이었다.

　어른인 선생님에게 따지거나 대들 수도 없는 상황에 그냥 자리로 돌아와야 했다.

　어머니들의 치맛바람에 촌지가 난무했던 시절이라, 별 소득 없던 선생님이 이런 일을 했나 싶었다.

　하지만 힘들게 아이 셋을 키우고 있는 엄마에게 결코 요구하고 싶지 않은 일이었다.

　하루는 100점짜리 내 시험지를 친구가 한 문제 틀렸다고 채점해 와서, 나는 그 시험지를 들고 선생님께 다가갔다.

　선생님은 친구의 잘못을 정정해 주기는커녕 다짜고짜 화를 내며 나의 시험지를 바닥으로 내동댕이쳤다.

　"우째 니 어머니는 학교에 한 번도 안 오시노?"

　그제야 나는 실감했다.

　'내가 아무리 잘해도 학교에서는 어른들의 관계가 중요하구나.'

　공정하지 않고, 불리한 입장에서 1년을 지내야 함을 어린 맘에도 알 수 있었다.

그 선생님은 반장을 이것저것 챙기며 특별한 관심으로 눈에 띄게 예뻐했다.

그랬던 그 반장의 아버지가 갑자기 세상을 떠났다.

담임 선생님의 변화는 너무도 명백했다.

반 친구들 모두가 한결같이 그 변화를 알아차릴 수 있었다.

반장은 나와 성당도 같이 다녔고, 가족들도 알고 지냈기에 나는 그 친구가 선생님의 변화로 상처를 받지 않을까 걱정되기 시작했다.

그러년 어느 주일날 성당 가는 길에 우연히 그 반장의 여동생을 만나 이런저런 이야기를 나누며 걷다가 나의 걱정을 털어놓았다. 너희 오빠가 상처받지 않기를 바란다는 나의 속내도 전했다.

며칠 후 학교에서 난리가 났다.

그 동생이 내게서 들은 내용을 일기장에 적었고, 그걸 본 선생님이 우리 반 담임에게도 보여 준 모양이었다.

같은 반 친구 모두가 책상 위에 무릎을 꿇고 앉아 두 팔을 하늘로 뻗쳤다.

그리고 선생님은 그 이야기를 한 사람을 찾았다.

나는 무서워서 몸이 얼어붙었다.

있는 사실을 그대로 얘기했을 뿐인데…

애들끼리 나눈 그 말이 뭐라고 저 난리일까…

무서우면서도 이해되지 않는 분위기에 나는 고개를 떨구고 있었다.

아무도 나서질 않자, 선생님은 결국 반장의 여동생을 교실로 데려와, 끝내 그 동생이 나를 지목하게 만들었다.

억울한 마음에 울분을 토하고 싶었지만, 내가 뭘 할 수 있었겠는가?

방과 후에 반성문을 쓰며 그 사건이 일단락되긴 했지만, 그 일이 내게는 결코 잊을 수 없는 사건과 선생님으로 마음에 각인되었다.

졸업식 날에도 반 친구들 모두가 장미꽃을 한 송이씩 선생님에게 전하며 덕담을 들었는데, 그 선생님은 마지막까지도 속삭이듯 작은 목소리로 나를 비아냥대는 말투였다.

"제발 똑띠 살아레이~~~!"

반에서 1등을 해도, 미술이나 수학 경시대회에서 상을 타 와도, 선생님이 누르는 오르간 음계를 다 맞혀도 칭찬을 들어본 적이 없다.

도대체 어린 내가 뭐 그리 미웠을까?

지금도 원망스럽기만 하다.

마음에 깃든 억울함을 잘 알고 있던 나의 여동생은 그 선생님의 딸과 같은 반이었다.

중학교로 진학한 내가 얼마나 공부도 잘하고 선생님들의 관심을 받고 있는지, 예체능 분야에서도 얼마나 두각을 나타내는지, 복수라도 하듯 그 친구에게 내 자랑을 퍼부어 주었다고 했다.

그 귀여운 여동생은 어릴 때부터 내가 밖에서 친구들에게 괴롭힘을 당하면, "우리 언니, 누가 울렸어?" 하며 나를 지켜 주던 든든한 울타리 같은 동생이다.

중·고등학교 때는 다행히 좋은 선생님들을 만나 사랑과 관심도 많이 받았다.

누구나 그렇듯 소수의 시기 질투는 있었지만, 다수의 친구들과는 유쾌한 관계를 유지하며 별 탈 없이 학창 시절을 보냈다.

하지만 오늘까지도 어릴 때 겪었던 그 억울한 경험들이 한 번씩 떠올라 여전히 나를 아프게 한다.

지금은 교권이 약해져 있을 수도 없는 일이 되었다.

오히려 선생님들이 민원의 대상이 되어 가슴앓이를 감수해야 하는 세상이 되었다.

어린 시절 '내가 누구인지' 자아가 완성되기도 전에 겪은 일은, 개인의 성장에 많은 영향을 미치곤 한다.

그렇기에 그 시절에는 작은 일에도 칭찬과 격려를 아끼지 않고, 사소한 상처에도 어른들이 잘 보듬어 주어야 한다.

나도 그랬다면, 그 시절 많던 기억 중에 굳이 그 아픈 기억을 들춰내 그때 선생님들의 표정과 말투를 일일이 되뇌지 않았을 것이다.

이후 10여 년이 지나 초등학교 친구들로부터 그 선생님들이 다들 병환으로 고생하고 있다는 소식을 들었다.

내 오랜 상처를 알 길 없던 친구들은 마음 아파하며 한번 찾아뵙자고 의논을 했지만, 나는 애써 외면했다.

듬성듬성 꿰매 놓은 자국을 이렇게 글로라도 기록하는 것 말고는 딱히 그 선생님들을 만나 아무렇지 않은 척 대면하고 싶지는 않았다.

자신들의 과오도 다 잊고 사셨을 테니, 스치지도 말아야 할 인연이었음에 그냥 지나쳐 버리고 싶었다.

더 이상은 나 같은 상처로 어린 학생들의 마음이 짓무르지 않았으면 좋겠다.

시간이 흘러 대학 시절에 보게 된 영화가 하나 있다.

'불멸의 연인', 베토벤이 주인공인 이 영화에는 내 세례명과 같은 '요안나'라는 이름의 여인이 등장했다.

후에 고흐 화가의 작품을 좋아하게 되면서, 그의 작품을 세상에 내놓은 여성의 이름도 '요안나'라는 사실을 알게 되었다.

그래서 그 많은 음악가 중 베토벤을 특히나 사랑했던 아버지에게 물은 적이 있다.

"아빠, 나 유아 세례 받을 때 세례명을 왜 요안나라고 지었어? 베토벤하고 관련 있어? 화가 고흐하고도 연관 있던데, 그 이름……"

"아니… 그렇지는 않은데… 그렇더냐?"

아버지는 씨익 웃으며 말했다.

운명적으로 나온 내 이름, 이제는 본명도 세례명도 다 같은 요안나가 된 나는 그 이름을 태어나자마자 갖게 해 준 아버지에게 늘 감사하다. 내 한 발을 예술에 담고 살게 한 시초가 아버지여서 더 그렇다.

그리고 그 시절, 내게 너무나 큰 영향을 끼쳤던 작가가 한 명 있다.

전혜린, 그녀의 저서 〈그리고 아무 말도 하지 않았다〉를 나는 품에 안고 지냈다.

그리고 그녀가 책에 서술한 독일 유학에 대한 동경의 불씨가 내 맘에도 지펴졌다.

건축을 공부하고 싶었던 나는 서울 유학은 고사하고 남학생들만 가득한 공대 진학도 부모님의 반대로 무산되고 말았다.

그래서 고3 말에는 반항심으로 아예 공부를 손에서 놓아 버렸다. 11월에 있던 중요한 시험도 치르지 않고, 학교는 결석의 연속이었다.

그럼에도 대학을 가기는 했지만, 성인이 되자마자 혼자만의 계획을 세웠다.

독일어는 고등학교 때 제2 외국어로 공부했던 터라 낯설지 않았다. 그래서 독일문화원을 다니며 독일어도 익히고 유학에 관한 정보를 수집하고 있었다.

전혜린, 그녀는 1960년대 '사회의 반항아' 아이콘이기도 했다.

그녀의 감성적인 문체도 좋아했지만, 여성으로서의 거침없는 행동도 멋지고 부러웠다.

그런 마음에 하루는 그녀를 따라 해 보기로 결심했다.

1960년대에 그녀는 대학교 도서관 앞에서 담배를 피워, '여자가 지붕도 없는 곳에서 흡연을 한다.'는 말로 남학생들의 맹렬한 비난을 받았다.

나는 90년대 젊은이들의 반응이 무척이나 궁금해졌다.

해 질 무렵, 속해 있던 그룹사운드 선배로부터 88담배 한 개비를 급하게 얻었다.

떨리는 가슴으로 담배에 불을 붙였다.

넓게 뚫린 도서관 앞에서 입담배 연기를 '후~' 내뿜었다.

밖으로 나와 저녁 시간을 유유자적 산책하거나, 삼삼오오 담배를 태우던 남학생들의 시선이 나에게 고정되기 시작했다.

이러한 나의 돌발 행동은 여전히 가부장적인 한국 사회의 고정관념에 대한 내 반항적 심리 표현이기도 했다.

이를 보고 있는 사람들이 무슨 생각을 할까, 30년 전처럼 나에게 무어라 쓴소리를 해 댈까, 기다리고 기다려 봤지만 모두가 신기한 광경을 보듯 쳐다만 볼 뿐이었다.

'사회적 보수관념이 이제 조금은 변한 건가?' 하는 궁금증만 남긴 채 그 자리를 떠났다.

다음 날, 도서관 휴게실에 자판기 커피를 마시러 들어갔더니 한 남학생이 양손에 커피를 들고서 내게로 다가왔다.

"어제 도서관 앞에서 담배…(멋쩍은 미소로) 그 분이 맞나요?"

고개를 끄덕이며 그렇다고 했더니, 커피 한 잔을 내밀면서 수줍은 목소리로 엄지척하며 말했다.

"멋있었어요~"

한 사람의 표현에 불과했지만, 나도 모르게 으쓱해졌다.

'아, 세상이 조금은 변했구나!'

남아 선호 사상과 여성에 대한 온갖 차별이, 이 사건으로 충분치는 않지만 작으나마 변화의 조짐을 느낄 수 있어 뿌듯했다.

물론 뒤에서 욕을 하는 사람들도 있었겠지, 왜 아니겠는가?

하지만 대놓고 비난하지 않아서 희망의 빛을 몸소 체험한 순간이었다.

독일로의 유학은 주변의 만류로 다시 내려놓아야 했다.

이번에는 여러 교수님들의 걱정 어린 조언이 크게 작용했다.

자신의 딸이라면 그곳의 우울한 날씨를 생각해서라도 보내고 싶지 않다고들 했다.

전혜린의 책으로 독일의 이곳저곳을 상상해 보고 간접 체험을 해 본 나로서, 지금은 그 교수님들의 의견에 동의하는 바이다.

31세 꽃다운 나이에 생을 마감한 전혜린 작가의 삶을 돌이켜보면, 나도 그런 선택을 하고도 남았을 법하다.

그녀의 안타깝고 고독했던 삶을 진심으로 애도하면서, 그녀가 내게 남긴 흔적도 되짚어 본다.

그녀는 내가 사모하고 동경하는 작가이자, 연민의 작가이기도 하다.

그런 그녀의 영향으로 지금 내가 책을 쓰고 있는 건 아닐까?

2장
삶의 동반자, 소아당뇨

나의 32년차 주치의, 김용기 교수님과 찰칵!

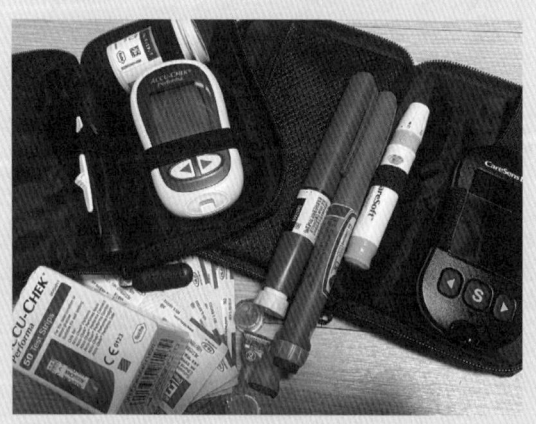

내 나이 만으로 열여덟, 대학 신입생 시절을 마무리할 때였다.

내게는 뒤늦게 찾아온 지병이 있었는데, 갑상샘 기능 항진증이었다.

이 병은 엄마도 이모도 가지고 있던 모계 유전 질환이었고, 우리 가족은 이 갑상샘 관련 질환의 최고 권위자이자 전국적으로 명성이 자자한 의사 선생님의 환자들이였다.

갑상샘 기능 항진증은 몸의 신진대사를 비정상적으로 가속화하여, 마치 엔진을 끄지 않고 세워 놓은 자동차처럼 피로감과 에너지 소모가 많은 병이다.

그래서 반드시 약을 처방받아 호르몬 조절 치료를 해야 했다.

30년 전에는 지금처럼 의학 기술이 발달되지 않아서 복용해야 하는 처방 약의 개수가 매우 많았다.

한두 알이면 될 것을, 그때는 열다섯 알씩 되는 한 움큼의 약을 매일 먹어야 했다

그 약을 복용한 지 6개월쯤 되었을 때, 나는 급속도로 살이 빠지기 시작했다.

지속되는 갈증과 잦은 배뇨로 일상생활조차 힘들었다.

학교 가는 길에 들를 만한 화장실을 몇 군데 체크해 놓아야 했다.

내 몸에서 무슨 일이 일어나고 있는지 나로서는 도무지 감도 잡을 수 없었다.

얼마 후 예약된 진료일에 나는 의사 선생님께 혈당 검사를 요청했다.

내가 겪고 있던 증상이 '다뇨, 다갈, 다한'으로 당뇨병 증세와 너무도 흡사했고, 두어 달 사이 체중도 10킬로그램이나 줄어 그런 요청을 하게 되었다.

몸의 변화를 겪으며 매일 도서관에서 갑상샘 기능 항진증에 관한 의학 서적을 미친 듯이 뒤지고 다녔다.

그러다 그 많은 서적들 중 딱 한 권에서 매우 중요한 단서 하나를 발견할 수 있었다.

"갑상샘 기능 항진증을 치료하는 약은 췌장을 공격할 수 있다."

병원에서 채취한 혈액의 당 수치가 널을 뛰듯 올라갔다.

내가 어린 나이였기에 할아버지 의사 선생님도 당황한 기색이 역력했다.

의사 선생님은 상황을 면밀히 검토하기 위해 자신의 수제자인 대학 병원 내과 전문의 김용기 교수에게 나를 보냈다.

그렇게 나는 대학 병원에 입원해 많은 검사를 받았다.

내가 의학 서적에서 발견한 내용을 병원에서 먼저 언급해 주기를 기다렸지만, 그 누구도 그러한 인과관계는 입 밖으로 꺼내 놓지 않았다.

결국 내 혈액 샘플은 일본으로 건너가 원인을 밝히는 데 시간이 더 소요됐고, 돌아온 답변은 '원인을 알 수 없는 신경성에 기인한 제1형 소아당뇨'였다.

솔직히 억울했다.

내 몸의 어떤 요인으로 복용하던 약의 부작용이 발생한 것이라 생각됐고, 누구의 탓도 하고 싶지 않았다.

있는 사실 그대로만 설명해 주길 바랐다.

그런 마음에 나는 내가 알아낸 단서를 내밀고 의사 선생님에게 묻고 싶었지만 아버지가 말렸다.

집안에 의사들이 많아 아버지는 나 모르게 친척을 만나 의논을 하고는 내게 말했다.

"온 국민의 신임과 사랑을 받고 있는 의사 선생님을 탓하는 결과밖에 되지 않는단다. 그렇게 한들 너의 멈춰진 췌장이 살아 돌아올 것도 아니지 않느냐? 그 선생님도 예상치 못한 상황을 겪게 된 것뿐이야."라고 아버지는 나를 다독이면서 이 현실을 다르게 받아들이자 했다.

"신은 인간에게 감당 못 할 시련을 주지 않아. 너는 충분히 이 시련을 극복할 능력을 가지고 있어. 그런 의미에서 너는 '신에게 선택받은 사람'이란다."

아버지는 천주교 집안의 셋째 아들로 태어나, 아들 중 하나를 신부로 만들고 싶어 하신 할아버지의 권유로 신학 대학을 다니던 도중에 뛰쳐나와 공무원이 되었다.

그리고 작은할아버지의 소개로 같은 천주교 집안의 딸이었던 엄마를 만나 결혼을 했고, 나를 생애 첫딸로 얻었다.

지금 생각해 보면, 애지중지 키운 딸에게 매일 인슐린 주사를 여러 번 맞아야 하고, 그것도 평생 지속적인 관리를 해야 하는 청천벽력 같은 일이 일어났는데, 어떻게 그토록 냉정하게 현실을 받아들였을까 싶다. 어찌 보면 자식인 나를 위해 마음을 고쳐먹은 게 아닐까 싶기도 하다. 그렇게라도 현실을 받아들여야 내가 앞으로 긍정적으로 살 수 있을 테니까 말이다.

나는 매일 주문을 외웠다.
'다 내가 감당할 수 있는 일이다. 신이 나를 시험해 보는 거다.'

병원에서 같이 오렌지에 주사 놓는 연습을 하는 친구들은 나보다 훨씬 어렸다.

그들도 원해서 이 병을 갖게 된 것이 아니지 않은가?

그들에 비하면 나는 그나마 복 받은 사람이라고 스스로를 위로하며 그 생활에 익숙해지려 노력했다.

　살면서 의사 선생님들을 원망해 본 적은 없다.
　사실 과거의 항갑상샘제와 췌장의 인과관계는 가능은 하지만, 지금도 정확한 입증은 어렵다.
　유전적 요인이 없는 나는 정말 드문 케이스로 췌장이 멈춰 버렸다.
　지금은 내가 가진 지병 둘 다 자가면역 질환이라 이상 반응을 촉진하는 자가면역 기전이 작용했을 가능성이 더 높다고도 생각한다.
　30여 년 전에 선생님들이 어린 나를 위해 최선을 다하셨음을 너무도 잘 안다. 그리고 감사하다.
　그저 시간이 지나고 나니, 그때의 의학 기술이 지금만큼 발전하지 못했음이 안타까울 뿐이다.
　하지만 그 두 지병 덕분에 나는 내 건강 관리를 남들보다 신경 쓰며 지내야 했다.
　이나마 지금의 건강 상태를 유지할 수 있는 건 내 오랜 지병 때문이기도 해서, 한편으로는 아버지 말대로 이유를 만들어 준 신에게 감사하기도 하다.

　올해로 나는 소아당뇨 32년 차다.
　그동안 나는 영양사이자 소아당뇨 환자로서 내 식단 관리와 운동, 주기적인 검사를 통해 어떠한 합병증도 동반하지 않은 기적 같은 컨디션을 지켜오고 있다.
　물론 저혈당으로 여러 번 죽을 뻔하기도 했지만, 쇼크로 인한 뇌사까지는 가지 않았고 주변의 빠른 응급 처치 덕분에 생명을 구할 수 있었다.

　얼마 전 안과에서 눈 검사를 받았는데, 의사 선생님이 깜짝 놀라며 어떻게 관리를 했기에 눈 상태가 이렇게 깨끗한지 물었다.

내 32년 주치의 선생님도 이런 말씀을 하신 적이 있다.

"너는 세상 모든 소아당뇨 환자들의 희망이자 기적이야. 너는 그 어떤 의사보다 이 병에 대해 가장 잘 이해하고 있는 사람이니까, 지금처럼만 하자~"

평생을 만나 온 주치의 선생님은 언제나 나에게 용기를 북돋아 주시는 가족 같은 분이다.

나는 어디를 가든 인슐린을 소지해야 하고, 하루에 두 번에서 많게는 다섯 번까지 내 혈당 상태에 맞추어 주사를 놓는다.

이제는 이것도 그저 일상의 루틴이 되어 별것 아닌 일이 되었지만, 30여 년 전 1990년대에는 바늘이 굵고 긴 일회용 주사기를 여러 개 가지고 다녀야 했다.

어쩌다 그걸 본 사람들은 마약이 아닌가 의심을 하기도 했고, 나의 배와 허벅지 엉덩이는 긴 바늘이 자주 혈관을 건드려 멍이 들기 일쑤였다. 그래도 불평하지 않았다.

밥을 먹지 않으면 생활이 되지 않듯 나에게는 인슐린이 생명의 물이다.

지금은 주삿바늘도 가늘고 짧아져 예전에 비하면 주사 놓기가 훨씬 편해졌다.

또 이것이 부끄러운 일이 아니기에 굳이 화장실을 찾아다니며 주사를 놓지도 않는다.

만약 독자 여러분 중에 본인이나 가족이 이 소아당뇨를 앓고 있다면, 이 말을 꼭 전하고 싶다.

세상 누구도 원해서 아픈 사람은 없으니, 현실을 긍정적으로 받아들이고 철저하게 관리만 하면 누구보다 건강하고 행복한 인생을 누릴 수 있다.

가끔은 몸이 아픈 것보다 마음이 아픈 것이 더 괴로울 때가 있다.

각종 사건으로 깊은 우울감에 빠져 만신창이도 되어 보고, 여러 번 자살도 시도해 본 나로서는 그때 그 사건들로 인해 또 다른 육체적 질병을 얻지 않고 현재 상태를 유지하고 있음이 감사하다.

작은 어떤 것 하나도 소중하지 않은 것이 없다.
모든 존재에는 이유가 있고, 가르침을 담고 있다.
내가 그렇게 살고 있는 증인이며, 세상에는 이 같은 깨달음을 주는 산증인들이 더불어 공존한다.
나만 그런 것이 아니다.
어떤 일을 겪든 혼자가 아님을 되뇌었으면 좋겠다.

3장

붕어빵 장사의 교훈

옛 붕어빵 천막 자리

식품영양학과를 졸업하고, 의류학과 입학을 기다리는 겨울 동안 카페 화장실에서 대학 친구 수연이를 우연히 마주쳤다.

뭘 하며 지내는지 사소한 이야기를 한동안 나누다가 내가 불쑥 그녀에게 한 가지 제안을 했다.

"우리 붕어빵 장사나 해 볼래?"

학교에 다니던 4년 내내 친하게 지내본 적 없던 친구라 반신반의하며 던진 나의 제안에, 그 친구는 1초의 망설임도 없었다.

"그래, 같이 해 보자! 못 할 것도 없지 뭐!"

그날 밤부터 나는 집에 모아 둔 잡지를 해체하기 시작했다.

한 장 한 장 붕어빵 봉투로 변신시키며, 내 생애 첫 사업에 심혈을 기울였다.

붕어빵 기계를 임대하고, 오렌지색 천막도 주문 제작하고, 붕어빵 레시피 연구도 진행했다.

네 살부터 살아온 나의 동네, 검찰청에 다니던 아버지는 딸이 동네 사람들에게 길거리 장사꾼으로 알려지는 게 창피했는지, 아니면 길거리에 노출되어 타깃이라도 될까 걱정이었는지 극구 반대를 하셨다.(나중에는 팔고 남은 붕어빵을 기다리심)

그럼에도 나는 생각해 둔 장소 근처 가게 주인들의 의견을 물어보고, 모두의 허락하에 장사를 시작했다.

미술학원 거리로 유명한 내가 사는 동네는 부산의 8학군으로 알려진 교육의 장소다.

겨울철 간식거리인 붕어빵이 크게 환영받을 것이라는 나의 예상은 적중했고, 장사는 시작부터 승승장구였다.

오직 한 사람, 맞은편 분식점 아주머니만 같은 밀가루 장사가 붙어 있으면 안 된다며, 눈만 마주치면 딴 곳으로 옮겨 가라 아우성이었다.
그러다 나의 구원투수!
부산에서 대표적인 조직에 몸담고 있던, 인물도 풍채도 좋은 사촌오빠가 동네에 나타났다. 그가 가게마다 들러, "아~들이 등록금 쫌 벌어 보겠다고 이래 해쌌는데, 오래 할 꺼도 아이고… 쪼매 봐 주이소~!"라며 조금은 강압적인 인사를 돌린 뒤에는 그 어떤 훼방도 없었다.

매일 동네를 구석구석 다니는 집배원과 순찰을 도는 경찰관들, 그들에 대한 감사 표시로 무료 커피도 준비해 놓았다.
내가 생각한 차별화 전략이었다. 그들과의 친목은 사람들에게 좋은 인상을 남겼다.
그렇게 자주 만나는 단골들이 늘어나면서 장사의 재미를 알아 갔다.
주변에서 일하는 사람들이 화장실은 여기를 쓰라며 열쇠도 주고, 정말이지 이웃 간의 정이 느껴지는 하루하루였다.

어느 날은 근처 란제리 회사에 다니는 단골이 당황스러운 표정으로 말했다.
"맛도 좋고, 다 좋은데~, 봉투… 생리대 광고 종이로는 안 만들었으면 좋겠어요. 직원들이 모여 앉아 봉투를 펼쳤는데, 떡억 하니 붕어들이 생리대 위에 놓여 있어 많이 민망해요~"
나는 그것까지 생각을 못 했다며 사죄를 드리고 바로 시정에 들어갔다. 판매 이후의 일을 예상하지 못한 나의 불찰이었다.
고객과의 소통이 이래서 중요하구나 느끼게 된 소중한 계기였다.

하루는 동네 목욕탕에 들렀다.
다 벗고 있으면 사람들이 못 알아보겠지?

그것은 나의 착각임을 금방 알아챘다.

어린 친구들이 나를 보자마자 "와! 붕어빵 이모다~~~"

나는 아무렇지 않게 "어~ 안녕?" 어색한 미소로 인사를 나누고는, 뚝 떨어진 자리에서 눈치 보며 때를 밀었던 기억이 있다.

언젠가 아침에 가스 밸브를 열어 놓고 수연이와 잠시 수다를 떨다가 뒤늦게 라이터로 불을 붙였는데, '펑' 하고 불덩이가 치솟아 올랐다.

놀란 나는 순간적으로 두 손으로 얼굴을 감싸며 한걸음 뒤로 물러났지만, 순식간에 나의 속눈썹과 앞머리가 불에 타 눌어붙고 말았다.

붙어버린 속눈썹에 눈이 떠지지도 않았다.

친구 수연이는 그 광경에 놀라기도 했지만, 내가 크게 다친 건 아니어서인지 눈도 못 뜨고 있는 내 모습에 웃음이 터져 꺄르르 댔다.

남의 속도 모르고 웃고 있던 친구에게 화를 내며 바로 옆 미용실로 달려가 속눈썹도 앞머리도 싹둑 자를 수밖에 없었다.

화기를 다루면서 안전에 소홀했던 결과가 그리 크지 않아 다행이었지만, 소방 안전이 얼마나 중요한지 배울 수 있었던 나에게는 재산과도 같은 경험이다.

장사를 하며 발생한 잊지 못할 사건을 하나 소개하겠다.

이 일은 지금도 내 심장을 두근대게 하는 사건이 되었다.

서울에서 대학을 다니고 있던 지인이 같이 부산으로 놀러 온 S대생 친구를 소개해 주겠다고 연락이 와서, 붕어빵 장사를 끝내고 약속된 식당으로 발길을 향했다.

셋이서 여러 이야기를 나누었지만, 그 선비 같았던 소개팅남은 나와 맞는 구석이 별로 없었다. 관심 분야도 다르고, 이야기가 잘 이어지지 않아 침묵의 순간이 문득문득 흐름을 막는다.

오랜만에 꽃피운 지인과의 만남에 의미를 두고 나는 그 자리를 떠났다.

집으로 돌아가는 길에 친구에게서 전화가 걸려 왔고, 그날의 일을 이야기하며 어두운 골목길을 가로등 불빛에 의지해 천천히 올라가고 있었다. 집까지는 2분이면 도착할 거리다.
갑자기 뒤에서 타다다 운동화 소리가 나를 향해 달려오고 있다.
그러더니 어느새 시커먼 팔이 내 목을 휘감으며 잡아당긴다.
순간적으로 나는 동네 아는 사람이 장난을 치는 거라 생각했다.
고개를 돌려 그 사람을 쳐다보았다.
우두커니 솟아 있던 가로등 불빛 아래, 검은 모자에 검은 마스크와 그 사이로 보이는 무표정의 얄팍한 두 눈만이 나를 응시하고 있었다.
이건 장난이 아니라는 직감이 들었다.
"악~~~~"
휴대폰을 손에서 놓지 않고 소리를 질렀다.
그 사람은 나를 땅바닥에 눕혀서는 목을 조르기 시작했다.
구청장 집 바로 앞이지만, 소리를 질러도 누구 하나 나와 보질 않았다.
대학 후배가 선물해 준 도톰한 재질의 머플러 덕에 그 사람의 목조름이 심하게 느껴지지는 않았다.
나는 있는 힘껏 더 소리를 질러 댔다.
하지만 소용이 없었다.
그 사람은 멈출 생각이 없는 듯 보였다.
신고 있던 부츠를 벗어 그를 마구 때려 주고 싶었지만, 그 부츠는 지퍼가 없는 타이츠 식이라, 신고 벗기가 불편한 신발이었다.
몇 번 벗기를 시도하다 나의 머리를 스치는 생각, '이 사람이 애초에 이럴 계획으로 주차된 차들 사이에 숨어 있었던 거라면 가방을 줘 버리자! 바로 옆은 산이다. 계속 몸싸움이 이어지다가 들이미는 흉기에 산으로 끌려가면

무슨 끔찍한 일을 당할지 모른다.'

그날 붕어빵을 판 매출액과 다음 날 장사 밑천, 대학에서 빌려 놓은 책까지, 나의 커다란 가방을 던지듯이 그에게 넘겨주었다.

그는 나의 가방을 어깨에 둘러메고 유유히 내게서 멀어져 갔다.

그래도 내 손에 휴대폰 하나는 남겨져 있었다.

내가 누군가에게 공격당하는 소리를 들은 휴대폰 너머의 친구가 경찰에 신고를 했다며, 얼마 지나지 않아 경찰들이 현장에 도착했다.

대충 상황을 설명하자 경찰관은 같이 순찰차를 타고 그 사람이 아직 이곳 어딘가에 서성이는지 찾아보자고 했다.

내 예상으로 그는 이미 이곳을 뜨고도 남을 시간이었지만, 그렇게 했다.

허탈하게 동네를 한 바퀴 돌고 나서야 신고 접수된 사건 조서를 쓰기 위해 파출소로 향했다.

경찰관은 사진이 잔뜩 붙어 있는 파일 한 권을 내게 내밀었다.

모자와 마스크로 얼굴이 다 가려진 그 사람, 눈밖에 기억나지 않는다고 이야기했지만, 절차가 그랬는지 파일을 보면서 조서를 쓰자고 했다.

동네에서 크고 작은 사건 사고와 연관된 사람들의 사진이었다.

그 파일을 훑어보면서 나는 또 한 번 충격에 휩싸였다.

내가 과외를 해 주고 있던 과묵한 성격에 순하기만 한 중학생의 사진도 그 파일 안에 자리하고 있었다.

방금 겪은 일도 그렇고, 세상의 다른 일면에는 내가 감히 상상조차 할 수 없는 일들이 일어나고 있구나, 새삼 느끼게 되었다.

조서를 다 작성하고, 책상 건너편 벽에 붙은 거울이 눈에 들어왔다.

거울 속에 판다가 되어 있는 내 얼굴이 보였다.

오랜만에 하는 소개팅이라 마스카라 화장까지 했더니, 놀란 가슴으로 한참을 울었던 탓에 우스꽝스러운 모습이 되고 만 내 모습을 그제야 확인했다.
그래도 어디 다치지 않고 이만하게 끝이 나서 다행이다 싶었다.

경찰의 배웅으로 안전하게 귀가했지만, 방에 불을 끌 수가 없었다. 어둠이 그 모든 공포를 떠오르게 만들었다.
자는 둥 마는 둥 이튿날 아침 휴대폰으로 전화가 걸려 왔다.
집에서 10킬로미터나 떨어진 해운대경찰서였다.
아침에 한 주민이 조깅을 하다가 버려진 가방을 하나 가져왔는데, 나의 것인지 확인하는 전화였다.
나는 허둥지둥 경찰서로 달려갔다.
돈은 모조리 사라졌지만 물건들은 그대로 담겨 있었다.
앞으로 일어날 큰일을 액땜한 거라고, 스스로를 끊임없이 위로하고 마음을 다잡았다.
그럼에도 그날의 트라우마는 지금까지 나를 한 번씩 과거로 데려간다.
누군가 운동화 걸음으로 뒤에서 뛰어오는 소리가 들리면 나도 모르게 심장이 쿵쾅거린다.
24년도 넘은 그날의 상황이 방금 전 일처럼 생생하다.

붕어빵을 팔아 대학 등록금이 될 큰돈을 마련하며 장사를 접었지만, 지금도 겨울에 거리에서 붕어빵 천막을 만나게 되면 옛 이야기를 나누고 싶은 욕구가 솟는다.
해 봤던 일이라 돕고 싶은 마음은 어쩔 수 없나 보다.

몇 달 전 아침, 부산에 머물면서 운동하러 밖을 나갔다가 집으로 돌아오는 길에 예전 나의 붕어빵 자리를 기록해 놓아야겠다 싶어 사진으로 남겼다.
새 아파트가 들어서면서 거리가 뒤엎어져, 한겨울 두어 달간 동고동락했던 세탁소, 이발관, 미용실, 분식집, 슈퍼마켓, 벽지 가게는 다 사라져 버리고 없지만, 나의 붕어빵 자리는 전봇대 옆에 간신히 그 모습을 유지하고 있다.

얼마간 옛 붕어빵 천막 자리에 머물며 그때의 기억을 하나씩 되새겼다.

갑자기 떨어지는 빗방울에 발길을 돌려 집으로 돌아오면서, 고이 간직하고 있던 밀레니엄 한편으로 들어가, 그때의 오감(시각, 후각, 촉각, 미각, 청각)도 같이 들여다보게 된다.

그리고 최근 집 근처 헤어숍에 머리를 하러 갔다가 우연히 옆자리 여성과 담소를 나누게 되었다.

그녀가 이 동네에 산 지도 20년이 훌쩍 넘어간다기에, 길 건너 보이는 예전 붕어빵 생각이 나 그녀에게 그 시절 얘기를 했다.

그녀는 깜짝 놀라며 지금도 남편과 한 번씩 '그때 그 붕어빵 아가씨는 어디서 무얼 하고 있을까?' 얘기를 나누곤 한다 했다.

24년이나 흘러 만나게 된 나의 옛 붕어빵 고객, 무어라 그 감동을 설명할 수 없다.

나와 같은 아파트에 살고 있어 연락처를 주고받으며 다시 만날 것을 기약했다.

4장

상하이와의 첫 만남

상하이 와이탄(外滩)의 풍경

2001년, 나는 대학을 졸업하고 패션디자이너로 G회사에 입사했다.

당시 한국은 IMF를 겪은 지 얼마 안 된 시점이라 문을 닫은 회사들도 많았다. 그 때문에 갓 대학을 졸업한 많은 사회 초년생들이 원하는 회사는커녕 취업 자체가 힘들던 시기였다.

나도 구식사이트를 연신 들여다보며 여기저기 많은 회사에 이력서를 냈다.

췌장을 잃어 제1형 소아당뇨를 가지고 있던 나는, 신체검사에서 탈락할 만한 대기업에는 지원조차 하지 않았다.

신체검사 없이 입사 가능한 중소기업들만 추려 이력서를 넣고 지원했다.

이 회사에도 나와 같은 과에서 스무 명이 넘는 동기들이 지원을 했었다.

나중에 알고 보니, 회사 사장은 내 의류학과 동기의 삼촌이었다.

사장이 조카가 아닌 나를 채용한 이유는 입사 후 얼마 지나지 않아 자연스럽게 알 수 있었다.

회사에 출근한 지 한 달쯤 되자 사장은 중국 출장을 준비했다.

입사한 회사는 캐주얼 의류를 중국에서 OEM방식으로 만들었는데, 중국의 여러 봉제 공장에서 제품을 생산하고 있었다.

나로서는 난생처음으로 여권을 만들고 외국에 나갈 기회가 생겼다.

그 사장의 다른 의도는 꿈에도 생각지 못하고 말이다.

기대에 한껏 부풀어 비행기에 몸을 실었을 때가 지금도 선명하다.

창가 자리를 나에게 내주고 옆자리에 앉은 사장은, 이유를 알 수 없는 흐뭇한 미소로 나를 힐끔거리며 기분 나쁘게 쳐다봤다.

상하이 지사는 한국 사람들이 많이 모여 살던 홍메이루(虹梅路)에 위치한 2층짜리 독채 건물이었다.

1층은 사무실로 쓰고 2층에는 두 개의 방이 있었다.

큰방은 사장이 숙소로 쓰고, 작은방은 디자이너로 출장 간 내가 쓰면 된다고 했다.

　상하이 지사에는 현지 직원도 두 명 더 있었다.

　둘 다 조선족이라 타지역 공장 방문 때마다 동행하여 통·번역과 중문 서류를 작성하는 일을 했다.

　처음 출장을 나가서 한 달여 정도 상하이에 머물렀다.

　중국어를 전혀 모르던 내가 혼자 거리로 나가는 것은 쉽지 않았다.

　하지만 도전하길 좋아하던 나는 겁도 없이 밖으로 나가 동네 한 바퀴를 돌았다.

　길에서 바나나 한 송이를 사 들고 사무실로 돌아오니, 직원들이 얼마를 주고 사 왔는지 물었다.

　30위안이라 했더니, 바가지를 된통 썼다며 다들 웃어 댔다.

　10위안이면 충분했을 것을 세 배의 값을 지불했다며 놀림감이 되었지만, 용기가 가상하다는 칭찬도 빼놓지 않았다.

　상하이에서는 매일이 출장의 연속이었다.

　공장들은 대부분 시골에 위치하고 있어 몇 시간씩 차를 타고 이동했다. 낮에는 공장 견학을 다니고 밤이 되면 호텔로 돌아오는 반복된 일상이었다.

　저녁 8시면 호텔 창밖 풍경은 달빛 외에는 불 켜진 곳 하나 없는 어둠의 정적이었다.

　씻으려고 욕조에 물을 받으니 파란빛이 아닌 이끼 가득한 녹색빛의 물이다. 몸을 담그지도 못하고 버려야 할 만큼 환경은 지금에 비할 바가 못 되었다.

　그래도 공장 사람들의 인정은 어디를 가나 느껴졌다.

　외국에서 온 바이어라고 식사나 이동 등 정성을 다해 챙겨 주었다.

그렇게 상하이 출장 생활에 적응하던 어느 이른 아침, 누군가 노크도 없이 내 방에 들어왔다. 사장이었다.

화들짝 놀란 얼굴로 무슨 일인지 물어보니 그가 하는 말,

"딸 같은 우리 디자이너 방에 들어오지도 못하나?" 하면서 내 좁은 침대로 비집고 들어왔다.

예상치 못한 일이었다.

"사장님, 당장 나가 주세요! 사모님도 한국 사무실에서 일하고 계시는데, 이 사실을 사모님께 알릴까요? 사장님이 그동안 저한테 하셨던 성희롱적인 말과 행동, 다 기록해 놓았어요……"

최대한 화를 참으며 조곤조곤 쏘아 댔더니, "허허허" 하며 낯뜨거운 표정으로 방을 나갔다.

그러고 보니 내 방에 옷장이 있어 열어 본 적이 있는데, 내 또래 여자 옷(모두 한국 브랜드)으로 가득 차 있었다.

다롄(大连)에서 한 번씩 오는 조선족 여직원 옷이라 해서 그러려니 했는데, 그 아침 그런 일을 겪고 나서는 오만가지 생각이 다 들었다.

그 여직원도 이런 일을 겪지는 않았을까?

그 여직원은 나처럼 사장에게 면박을 주지 못하고 받아 줘서 이 사장이 대수롭지 않게 나한테 이러는 게 아닐까 싶기만 했다.

그 후로는 그렇게 방에 불쑥 들어오거나 쓸데없이 손을 잡거나 하진 않았지만, 나는 사장과 단둘이 오는 출장은 가급적 피해야겠다고 다짐했다.

다행히 이후에 사장도 괜히 일이 커질까 걱정이 되었는지 공장답사나 생산품을 검사하러 나 혼자 중국으로 보내지는 일이 많아졌다.

같이 일하던 통역관 조선족 직원은 공과 사를 잘 구분하여 일하기 편한

사람이었고, 나에게 실질적인 도움을 많이 줬던 든든한 동료였다.

한번은 버스를 타고 상하이에서 3시간 거리를 조선족 직원과 함께 출장을 간 적이 있다. 한 시간 반쯤 지나 버스가 휴게소에 들르지 않냐 동료에게 물어보니, 중국에서 3시간은 짧은 거리라 휴게소 정차가 없다고 했다.

버스 티켓을 급하게 사는 바람에 의자를 뒤로 젖힐 수도 없는 맨 뒷자리 좌석을 배정받았는데, 당시 디자이너로 한창 멋 부리고 다닐 때라 몸에 꽉 끼는 스키니 청바지가 점점 방광을 조여 왔다. 허리를 뒤로 펼 수도 없어 참다못한 나는 동료 직원에게 사정을 얘기하고 버스를 세워 달라 요청했다.

상황을 전해 들은 버스 기사는 시골의 어느 가정집 앞에 차를 세우고는 얼른 다녀오라고 양해를 해 주었다.

동료 직원이 그 가정집 문을 두드려 외국인인 나의 편의를 봐 줄 수 없는지 물어보니, 집주인이 대문을 활짝 열고 얼마든지 화장실을 사용하라며 직접 안내를 해 줬다.

생각지 못한 시골 인심과 그 집의 넓은 화장실과 깨끗한 좌변기, 나는 그곳에서 고맙게도 볼일을 볼 수 있었다.

그리고 그 집을 나오니 버스 승객들이 창밖으로 머리를 내밀고 애타게 나를 기다리고 있는 모습이 한 눈에 들어왔다.

죄송한 마음이 들어 버스 기사와 승객들에게 짧은 중국어로 감사 인사를 전하고 목적지까지 무사히 도착할 수 있었다.

언젠가 한번은 통역 직원과 생산된 의류를 검품하러 한 공장으로 갔다.

도착한 때가 마침 점심시간이라 공장장이 근처 식당으로 가자고 했다. 그러고는 공장장이 맥주 한 박스를 시켜 놓고는 낮부터 술을 마시게 했다. 다들 얼근하게 술에 취해 공장으로 돌아갔는데, 공장장이 바로 검품을 하자 서둘렀다.

20대 중반이었던 나는 나이 든 공장장에게 한 가지 조건을 요구했다.

비어 있는 회의실이 있으면 나에게 2시간만 내어 달라고, 한숨 자고 술이 깬 다음 맨정신으로 검품을 진행하자고 말이다.

빈 회의실을 내어 주며 웃는 게 어색하기만 했던 그 공장장의 표정이 흐릿하게 기억난다.

이후로는 식사 시간에 술은 권하지 않게 되었다.

회사에서 제품의 생산과 가공은 중국 공장에서 하고 한국으로 수출을 보낼 때, 인보이스(Invoice) 서류에 납품가를 언더밸류(Under Value)로 낮게 기입하는 것을 목격했다. 본사 직원에게 이유를 물어보니, 세금 때문이라고 했다.

정직하지 않은 무역이구나 싶었지만, 당시 모든 무역 회사들이 이런 식으로 일을 처리한다고 했다.

이런 꼼수의 사회 통념이 언제까지 이어질까 궁금해졌다.

세금 차액이 얼마나 되길래 이렇게 비양심적인 무역이 통용될까 앳된 마음에 양심의 가책도 느껴졌다.

내가 주도하여 한 일은 아니지만, 그런 행보를 아무렇지도 않게 요령껏 하고 있던 회사의 소속이었기 때문이다.

그 회사를 통해 처음으로 패션을 매개로 무역이라는 시스템을 접하면서 수출 수입에 관해 배우게 되었다. 그리고 중국 내에 검증된 봉제 공장들도 알 수 있었으며, 당시 한국 바이어들의 입지와 고충도 어렴풋이 느낄 기회가 되었다.

지금은 중국도 인건비가 높아져 많은 봉제공장들이 동남아시아로 이주하거나 문을 닫아 버렸고, 그 때문에 중국에서 제품을 생산하던 많은 의류 회사들도 같이 사라지고 말았다.

　중국 OEM 황금기에 당시 상황을 직접 체험할 수 있었던 것은 큰 행운이 아닐 수 없다.

　G회사는 시기적으로 나와 중국을 연결시켜 준 첫 회사여서 나에게는 의미 있는 곳으로 기억된다.

5장
유학의 길, 새로운 시작

절강대학교 유학생 기숙사

절강대학교 매점

첫 회사에서 일하다 만나게 된 박 사장은 S그룹 의류 계열사 중국 지사장으로 항저우에 거주하고 있었다.

그는 우리 회사 브랜드 제조 공장을 연결해 주는 역할을 했는데, 처음 상하이 지사를 찾아왔던 그의 모습이 참 인상적이었다.

그 시절 한류 드라마 '겨울연가'에 나오는 배용준 배우를 연상시키는 헤어 스타일과 세련된 이미지가 사람의 시선을 사로잡았다. 나이도 많아 보이지 않았다.

어떻게 저 젊은 나이에 지사장 타이틀을 달았을까, 나는 그의 지난 스토리를 들어보고 싶었지만 그럴 만한 기회가 좀처럼 오질 않았다.

그러던 중 그가 만나기로 한 날에 약속을 어기고 잠적해 버리는 사건이 발생했다.

납기일을 넘길까 발을 동동 구르며 기다리던 중 그가 사무실에 나타났다.

그의 차를 타고 공장으로 가는 길에 조심스레 물어보았다.

도대체 무슨 일이 있었던 건지 묻자 어둡기만 한 안색의 그가 무겁게 입을 열었다.

사귀던 여자 친구가 중국 포털사이트 A닷컴의 사장과 갑자기 말도 없이 결혼을 해, 한동안 제정신이 아니었다 했다.

항저우 사무실 창밖으로 A닷컴의 광고가 대형 전광판에 24시간 보이는데, 도저히 겨룰 수 없는 상대이고, 그 또한 그녀의 선택이라 그가 할 수 있는 일이라고는 그저 포기하고 현실을 받아들이는 것 밖에 없었다 했다.

몇 년간의 마음을 정리하는 게 너무 힘들었다는 말을, 잘 알지도 못하는 나에게 거리낌없이 털어놓았다.

대화를 나눌 사람이 절실했구나 싶었다.

공적인 대화만 하던 사이라 당황스럽기도 했지만, 한편으론 고마웠다. 그렇게 이런저런 개인적인 이야기가 오가면서 그와 인간적으로 조금씩 가까워지기 시작했다.

　그가 처음 S그룹에 입사할 때 회사에서 과제를 주었는데, 얼마의 자금을 일정 기간 동안 중국에서 불려 오는 테스트였다 했다.
　그는 자전거를 교통수단으로 많이 이용하는 중국인들의 눈길을 사로잡을 자전거 액세서리를 종류별로 잔뜩 가져가 전국을 돌며 물건을 팔아 자금을 불렸다. 그러면서 중국 친구들도 주의 깊게 봐 뒀다가 이후에 그들을 운전기사와 직원으로 데려와 지금의 사무실이 만들어졌다고 설명해 주었다.
　같이 일하면서 본 그의 사업 수완이 남다르긴 했다.

　일적으로 그와 만나는 횟수가 늘어나면서 그가 한 가지 제안을 해 왔다.
　중국어를 구사하는 디자이너가 한국에 없으니 중국어를 공부해 보지 않겠냐는 것이었다.
　자신의 회사가 있는 항저우(杭州)의 명문 절강대학교(浙江大学)에 넣어 줄 테니 생각해 보라 했다.
　학비도 자비로 해결할 필요 없다며 지인의 회사에서 일하면서 공부해 보라고 말이다.
　그래서 그가 소개한 대구에 있는 회사로 이직을 했는데, 뜻하지 않게 그 회사의 상황이 어려워지면서 그의 제안도 같이 어그러져, 나는 다시 부산으로 돌아와야만 했다.
　박 사장은 미안해하며 연락하기를, 일단 한 학기 학비만 준비해서 오지 않겠는지 물어 왔다.
　생각할 시간이 필요했다.

　나는 대학 때부터 사귀던 남자 친구가 있었다.
　초등학교 동창이었던 그 친구는 1999년, 2000년 밀레니엄 시절에 인기 있었던 '아이러브스쿨(iloveschool)' 사이트로 동창들과의 모임에서 조우하게 되었다.

그 친구를 만나고, 어릴 때 잠시 다녔던 '미도 미술학원'이 생각났다.

내 수업이 끝나면 그 친구가 다음 수업을 참석해, 학교에서는 같은 반을 한 적도 없지만, 스쳐 지나가면서 선한 인상이 강하게 남아 있던 친구였다.

우리는 만나자마자 동시에 외쳤다.

"미도 미술학원"

우리는 금세 가까워졌고, 어느 순간부터는 연인 관계가 되어 있었다.

내가 대학을 졸업할 무렵 그는 결혼이라는 화두를 꺼내며 "너의 소아당뇨는 결혼한 후에 생긴 거라고, 지금은 부모님에게 말씀드리지 말자."는 말로 나를 설득하기 시작했다.

'정직'이 가훈인 집에서 자란 나로서는 어른들에게 그 사실을 숨길 수가 없었고, 나의 부모님까지 거짓말쟁이로 만드는 일은 더더욱 하고 싶지 않아 혼자 그의 아버지를 찾아갔다.

내 이야기를 들은 그의 아버지는 별것도 아닌 일로 걱정을 했냐며, 아픈 사람들이 관리만 잘하면 남들보다 훨씬 건강한 삶을 살 수 있다는 격려와 응원도 아끼지 않았다.

문제는 그 후에 발생했다.

그가 연락이 없다.

그러던 어느 날 초등학교 동창이 갑자기 전화를 해서는 내가 어디 아픈지부터 물었다.

그 동창 말로는 남자 친구의 어머니가 온 동네 사람들에게 나에 관한 얘기를 하면서, 결혼은 절대 안 된다는 말을 하고 다닌다는 것이었다.

차오르는 배신감에 치를 떨었다.

내 앞에서 나를 위로하고 안심시켰던 그의 아버지, 우리 부모님에게는 가슴 아프기만 한 나의 상황을 아무렇지 않게 떠들고 다니는 그의 어머니,

그리고 연락 두절인 남자 친구, 나로서는 이해할 수도 용서할 수도 없는 일이 일어났다.

디자이너로 중국 출장을 다니면서도 이 문제는 도무지 속 시원한 답이 나오지 않는 답답한 난제였다.

그의 부모가 원하는 대로 헤어지는 수밖에 없겠지, 그도 부모의 뜻을 거역할 수 없어 이렇게 회피하고만 있겠지, 생각하면서도 억울한 마음은 점점 더 나를 숨 막히게 만들었다.

전화도 받지 않는 그에게 이별을 고하는 메일을 보냈다.

그의 어머니 입단속을 요구하면서, 너도 나중에 사랑하는 자식이나 가족이 몹쓸 병에 걸리게 되면 지금 나와 내 부모님 마음을 조금은 이해하게 될 거라고 저주의 글을 가득 실어 보냈다.(1년 후, 그에게 그런 글을 보냈던 걸 사과하며 친구로서의 인연도 완전히 끝냈다.)

그럼에도 나의 화와 분노는 좀처럼 가라앉지 않았다.

일 외에는 친구들과 만나지도 않고, 집에서는 아예 입을 닫아버렸다.

한 달이 지나고 나를 걱정하던 친구들에게서 전화가 몰려왔고, 나를 집 밖으로 꺼내려고 온갖 핑계로 불러내서는 생각 자체를 못 하게끔 이리저리 끌고 다녔지만, 나는 그 충격에서 쉽게 벗어날 수 없었다.

그러다 중국 유학을 결심하게 되었다.

'박 사장이 하라는 대로 해 보자. 일단 한국을 떠나자!'

예전에 부모님 방에서 두 분이 나누시던 말씀을 엿들은 적이 있다.

"우리 큰딸은 몸이 아프니, 저 몸으로 언제까지 일을 할 수 있겠어? 결혼도 할 수 있을까? 우리가 끝까지 안고 갑시다……"

우연히 듣게 된 그 말씀을 떠올리며 나는 결심했다.

'부모님 곁을 떠나자, 혼자서도 잘 살 수 있음을 보여드리자!'

박봉이었던 디자이너 월급으로 저축은커녕 그저 내 용돈을 감당할 정도였기에 부모님께 도움을 청했다.

부모님은 한국 돈 400만 원으로 한 학기 수업료와 기숙사비, 생활비가 될지 걱정하며 비용을 준비해 주셨다.

외벌이 공무원 월급으로 생활이 빠듯했을 텐데, 남자 친구로 인한 나의 상처를 알고는 환경을 한번 바꾸어 보라며 선뜻 유학경비를 내주셨다.

그리고 인디밴드(Jumping Flower)의 보컬리스트로 활동 중이던 친구 민수가 무대 의상을 만들어 줄 수 있는지 물어 와서, 조명 잘 받는 바이올렛 셔츠를 제작해 주고받은 수고비를 비행기 티켓 사는 데 보태어 상하이로 떠났다.

상하이로 들어와서는 와이탄(外灘)에 위치한 캡틴 유스호스텔 6인용 도미토리의 한 침대를 잡고, 박 사장이 상하이로 나를 데리러 올 때까지 그곳에서 지내기로 했다.

혼자서 상하이 거리를 활보하는 것은 한계가 많았다.

영어가 잘 통하지 않아, 도와주려는 중국 사람들은 많았지만 쉽게 도움을 받을 수가 없었다.

그래도 지도 한 장 손에 들고 가능한 많은 곳을 다녀 보려 애를 썼다.

신티엔디(新天地)에서 상해 임시정부까지 걸어가 백범 김구 선생님과 그 외 독립 열사들을 추모하기도 하고, 시간만 나면 호스텔 바로 앞 와이탄에서 상하이 랜드마크인 동방명주를 한없이 바라보기도 했다.

완벽한 이방인으로서 낯선 환경을 마음껏 즐겼다.

외롭거나 무섭지는 않았다. 오히려 새로운 환경과 상황을 재미있어했던 것 같다. 나를 아는 사람이라고는 한 명도 없는 상하이가 편하기까지 했으니 말이다.

좁게만 느껴졌던 부산을 떠나 전 세계 사람들이 모여드는 곳, 한 가운데서 '꿈'이라는 형체를 아련히 빚어 가기 시작했다.

　도미토리 숙소에는 매일 밖에도 잘 나가지 않고 무언가 열심히 뜨개질만 하던 싱가포르 언니가 한 명 있었다.
　한번은 왜 밖을 나가지 않느냐고 물었더니, 곧 상하이를 떠나는데 이 뜨개질을 얼른 끝내야 하는 이유가 있다고 했다.
　자세히 캐묻진 않았지만 궁금하긴 했다.
　며칠 후 그 언니가 싱가포르로 돌아가는 날이 되었다.
　우리는 거의 일주일을 한방에서 지내다 보니, 깊은 얘기는 나누지 않았지만 오랜 친구 같은 느낌이 들어, 떠나는 언니를 잘 돌아가라며 꼭 안아 주었다.
　언니가 가방에서 뭔가를 급히 꺼낸다.
　내가 좋아하는 보라색으로 그동안 자신이 직접 뜨개질한 파우치였다.
　나에게 선물하고 가려고 급하게 마무리했다며 활짝 미소를 짓는데, 내게는 이루 다 표현 못할 진한 감동의 순간이었다.
　내가 그녀에게 뭘 해 줬다고, 생전 처음 보는 사람으로부터 이런 정성의 선물을 과연 받을 자격이 있나? 싶어 말 못할 빚을 진 느낌마저 들었다.
　언니가 싱가포르로 돌아간 후에도 우리는 오래도록 메일을 주고받으며 서로의 안부를 묻곤 했다.
　지금도 세상 어디에선가 누군가에게 그녀만의 방식으로 마음을 나눠 주고 있을 곰살맞은 언니의 모습을 상상해 본다.

　박 사장에게서 연락이 왔다.
　호스텔로 나를 데리러 온 그와 함께 항저우로 향했다.
　항저우에 도착하자마자 절강대학교 유학생 사무실을 찾았다.
　2002년 4월 중순이 넘은 시점이라 신입생은 받을 수 없다는 학교 측에 그가 중국어로 쉴 새 없이 이야기를 하고서야 겨우 입학 허가를 받아 냈다.

나는 가진 돈을 모두 박 사장에게 넘겼다.
그가 학비와 기숙사비를 계산하고 남은 돈은 매주 쓸 만큼만 나에게 나눠 주기로 했다.
신분이 확실한 그를 믿지 않을 이유가 없었다.
중국어를 공부하게 만든 결정적인 사람도 그였기 때문이다.

새 학기가 시작한 지도 이미 두 달 가까이다.
처음에는 도저히 수업을 따라갈 수가 없었다.
홀로 뒤처진 수업을 따라가려 기숙사 방에서 무던히도 공부에 매진했다.
외국인 친구들과는 영어로 소통이 가능했기에 별 무리 없이 잘 지낼 수 있었다.
하지만 주입식 영어교육의 모순을 체감한 건 외국인 친구들이 나에게 하는 말, 내가 쓰는 영어가 책에서나 볼 법한 수준의 단어들이라 했다. 토익이나 토플용의 어휘들이 일상에선 참 쓸모없구나 싶었다. 영어를 제2외국어로 쓰는 친구들은 어려워 잘 알아듣지도 못하니 말이다.

학교 기숙사 주방은 공용이었는데, 나의 인슐린을 냉장 보관하려고 냉장고 문을 열었더니 다른 누군가의 인슐린이 한쪽 귀퉁이를 차지하고 있었다.
나 같은 친구의 존재를 인지하고는 왠지 모를 안도감이 들었다.
세상에 같은 병의 동지들이 있다는 게 위로가 되고 위안이 되었다.

박 사장은 수요일마다 기숙사로 차를 보내 나를 사무실로 오게 했다.
항저우에서 새로운 브랜드를 론칭해 보자는 사업적 제안을 은근히 내비쳤고, 패션의 도시인 항저우에서 뭔가 도전해 볼 수 있다는 생각에 기대감도 생겨났다.

그와 일정을 함께 하며 디자이너로서의 내 의견도 피력하고 여러 아이템을 개발하며 바쁘게 일상을 채워 나갔다.

학교에는 한국 유학생들이 꽤 많았다.

월드컵 시기가 되자 기숙사 로비에 모두 모여 붉은악마를 외치며 응원에 열중하고 술자리도 자주 가지는 듯 보였다.

하지만 나는 그들처럼 놀고 있을 입장이 아니었다.

박 사장과의 약속을 위해 자료 수집도 하고, 일에 더욱 집중해야 했다.

물론 친한 친구들은 있었다.

독일 친구 잉그리트, 밥을 좀 해 달라며 음식 재료비를 대 주었던 준호, 이것저것 요리를 같이 만들었던 선덕이가 가장 친한 친구들이다.

느릿느릿 중국어로 대화하면서 어학 실력도 조금씩 늘고, 다른 문화권의 친구들과 우정이 깊어져 점차 글로벌한 인맥이 만들어지고 있었다.

박 사장은 사무실에 남겨져 있던 전 여자 친구의 자전거를 타고 다니라며 내게 주었다.

솔직히 나는 그 나이가 되도록 자전거를 배워 본 적이 없었다. 그래서 자전거를 받은 첫날에는 양손으로 끌고 학교까지 땀을 비 오듯 흘리면서 한 시간은 걸었다.

그러고는 매일 아침 학교 곳곳에서 자전거 연습에 몰두해 결국 중심을 잡고 잘 탈 수 있게 되었다. 그 성취감은 아는 사람만 알 것이다.

매번 박 사장이 보내 주는 기사와 비싼 자동차 때문에 학교에는 내가 재벌 집 딸로 소문이 나서, 얼마 후 몇몇 몰지각한 학생들의 표적이 되고야 말았다.

새벽이면 같이 술을 마시자며 내 방문을 사정없이 두드리고, 반응이 없으면 문을 담배꽁초로 마구 지져 놓기도 하고, 그것도 성에 안 차면 문틈 사이로 향이 강한 백주(고량주)를 한가득 부어 놓고 갔다.

마른 수건으로 깨끗이 닦아 놓으면, 얼마 후 돌아와서 "닦았네~" 하며 다시 부어 놓기를 반복했다.

그때 그 일로 지금도 백주 마시기가 부담스럽다.

아마도 한국 부모님들이 문제만 일으키는 자식들이 감당이 안되어, 그나마 학비가 싸고 거리도 가까운 중국으로 보낸 것 같았다. 그야말로 말도 섞고 싶지 않은 부류들이었다.

철모를 때라 그랬다고 생각하기엔 그 강도나 수법이 도를 넘어 그저 잊고 싶기만 한 유학 생활의 일부다.

어른이 되고서야 겪게 된 학교폭력의 실상은 나이가 들어도 가혹하기만 했다.

감수성 예민한 청소년들에게는 몇배의 상처로 남지 않을까 싶다.

다행히 달콤쌉싸름한 생활의 미학도 많았다.

중국어가 늘기 시작하면서 혼자 식당에서 식사를 주문하는 것도 가능해졌고, 자전거를 타고 인공호수 서호(西湖)에서 차분히 음악을 들으며 명상을 하거나 그림을 그리기도 했다.

할 수 있는 일들이 많아지니 매일이 탐험이었다.

홍콩 TV프로그램이 유학생들의 생활을 촬영하러 학교로 찾아 와, 난데없는 인터뷰도 해 보고, 한국에서는 해 보지 못한 많은 경험의 연속이었다.

학교 일정 중에 양귀비와 병마용으로 알려진 시안(西安)으로 단체여행을 떠났던 적이 있다.

일정을 마치고 모두가 항저우로 돌아갈 때, 절친한 친구 잉그리트와 나는 칭다오(青岛)행 열차에 몸을 싣고 마흔 몇 시간을 기차에서 보낸 적이 있다.

지금이야 고속열차의 발달로 그만큼의 시간을 길에 낭비하지 않아도 되지만, 그때는 또 시대적 낭만이 있었다.

3층짜리 침대 꼭대기에 엎드려 중국어 연습도 할 겸 CD플레이어로 들려오는 중국 노래를 따라 부르고 있는데, 어느 순간부터 많은 사람들의 목소리가 서라운드로 울려 퍼지고 있었다.

헤드폰을 벗고 보니, 내가 연습하고 있던 임현제의 '对面的女孩看过来(맞은편 아가씨 여기를 봐요)'를 모두가 나와 함께 떼창을 하고 있는 것이었다.

열차 안에서 같이 노래하던 사람들과 하나하나 눈을 맞추며 인사를 나누었던 그 순간이 마치 코믹 영화의 한 장면 같다.

중국어 어학연수 한 학기가 거의 끝나갈 즈음 서울 S그룹 본사에서 브랜드 사장님과 디자이너들이 항저우로 출장을 왔다.

박 사장이 회식 자리에 나도 참석시켰는데, 낯선 디자이너가 박 사장의 모든 직원들과 허물없이 편하게 지내는 것을 눈여겨 본 브랜드 사장님이 박 사장과 나 사이에 뭔가 계획이 있음을 눈치채고 그를 캐기 시작했다.

결국 박 사장은 본사 사장이 나와의 관계를 너무 캐물어서 지금은 같이 다른 일을 진행하기 어렵겠다며 새 브랜드 론칭은 잠시 미뤄 두자는 소식을 전해 왔다.

나보다 서너 살 많았던 박 사장을 지금 떠올려 봐도 항상 뭔가 고민이 많은 듯 무겁고 어두운 아우라를 지닌 사람이었다.

친오빠와 같은 따뜻함에 의지가 되기도 했지만 예측할 수 없는 그의 행보가 불안하기도 했다.

연이은 그의 제안은 상하이행(上海行)이었다.

많은 시간 고민했을 것이다.

지킬 수 없게 된 자신의 약속 때문에 적지 않은 책임감도 따랐을 것이다.

무기한 보류된 사업 계획이 어쩌면 그와의 인연도 함께 사라져버릴 계기가 될지도 모른다. 하지만 모든 일에는 이유가 있을 거라 생각했다.

그는 상하이에서 일하는 사업가를 나에게 소개했다.

그런데 연락이 닿은 그 사업가는 자신의 일이 상하이가 아닌 다른 도시에서 더 활발한 실정이라며, 상하이에서 도움받을 만한 한인상회 회장의 연락처를 나에게 주었다.

그렇게 나는 상하이로 거처를 옮기고 한인상회 회장을 찾아갔다.

그는 상하이에서 교민 신문인 S저널과 여행사 등을 운영하고 있는 30대의 젊은 사업가였다.

그는 나를 만나자마자 상하이에 지낼 곳은 있는지, 앞으로의 계획은 무엇인지 물었다. 마땅한 대책이 없던 나를 S저널의 편집장 언니네로 들어가 지내게 하고, 신문사에서 조선족 기자들이 쓴 기사를 수정하는 일도 주었다.

편집장 언니네에 있으면서 아침 6시마다 바닥과 천장을 울려 대는 주변 집들의 인테리어 공사 소리에 잠을 설치기 일쑤였다. 그때마다 매번 언니가 뛰쳐나가 "8시부터 일을 하라! 아침마다 남의 휴식시간을 망가뜨리는 당신들, 공식적인 작업 시간에 맞추어 일하라!" 소리를 치는데, 그 유창한 중국어에 나는 그만 주눅이 들어 버렸다.

하지만 한편으론 나도 언니처럼 중국어를 잘 구사하고 싶다는 욕구도 같이 커져 나갔다.

그렇게 한 달여간 언니 집에서 지내던 중, 언니가 뜻밖의 제안을 했다.

자신이 학비를 먼저 내줄 테니, 중국어 어학연수를 할 학교 입학부터 하고, 그 다음에 부모님을 설득해 보자는 것이었다.

사실 부모님은 항저우에서의 계획이 흐지부지되면서부터 집으로 돌아오라고 재촉했고, 한국에서 일을 구해 보자는 말을 반복했다.

아픈 몸으로 외국에 나가 있는 딸이 걱정되었을 만도 하다.

그러나 아무리 생각해 봐도 이대로 한국으로 돌아가 버리면 그동안 학비

내며 공부한 중국어도 다 물거품될 것이 뻔하고, 세계 굴지의 기업들이 들어와 있는 중국으로 다시 나올 수나 있을는지 확신이 들지 않았다.

그래서 언니의 조언대로 구베이(古北)에 위치한 상하이대외경무대학교(上海对外经贸大学)에 어학연수 절차를 밟았다.

부모님은 다 큰 딸을 아는 사람 하나 없는 외국에, 그나마 믿었던 박 사장마저 곁에 없으니 여러모로 걱정을 많이 하신 듯했다.

그래도 학비까지 선불로 내 주고 생활비도 벌게 해 준 한국 사람들이 주변에 있다는 사실에 조금은 또 안심이 되었는지, 이번에도 학비와 집 구할 정도의 경비를 보내 주셨다.

그렇게 고마운 편집장 언니 집에서 나와, 실질적으로 나의 완전한 사회적 독립생활이 시작되었다.

상하이대외경무대학교는 일본 유학생들이 많았다.

외국 영사관이 많은 지역이기도 해서 치안도 좋았다.

나는 몇 안 되는 한국 유학생들보다 중국어로 소통해야 하는 일본 친구들과 더 가깝게 지냈고, 그 때문에 나의 중국어 실력은 일취월장 날로 성장하고 있었다.

그러던 중 사스(SARS)가 왔다.

옆집 할아버지의 기침 소리가 매일 집 밖까지 들려왔지만, 노환으로 온 폐렴이겠거니 생각했지 사스일 거라고는 한치의 의심도 하지 않았다.

그러다 어느 날 옆집 할머니가 갑작스러운 할아버지의 부고 소식을 알려 주었고, 학교도 당분간 휴교를 통보하며 모든 유학생들은 집에서 대기하라는 통지가 전달되었다.

홍콩에서 시작된 사스가 상하이까지 멀리도 날아와 옆집 할아버지의 목숨마저 앗아가는 것을 보고는, 학교 친구들과 매일 전화로 서로의 안부를 확인하자는 약속을 했다.

한동안 집에서 중국 TV만 보며, 친구들과 통화하며 그 시간을 보냈다.

사스가 지나가고 학교도 수업을 재개하면서 일상도 회복되어 갔다.

음식을 해 먹었기에 장을 보러 갈 때마다 사야 할 식자재들의 중국어 이름을 한 번 더 체크하고, 중국인에게 하고 싶은 말을 전해야 할 때는 집에서 몇 번이고 연습하는 등 생활 자체가 공부였다.

언어공부는 이렇듯 생활과 연장선상에 있어야 더 잘 습득되고 쉽게 내 것으로 활용할 수 있음도 알게 되었다.

중국은 워낙 땅이 넓어 지역 간의 방언(사투리)도 서로 알아들을 수 없을 정도로 다르다.

텔레비전을 보는데 모든 방송에 자막이 표기되어 처음에는 청각 장애인을 위한 서비스인가 생각하다가 방언 때문인 것을 알게 되었다.

전 국민에게 보통화(표준어) 교육도 자연스럽게 하고, 나 같은 외국인에게는 이러한 자막이 있어 언어 공부에 더 도움이 되는 시스템이었다.

좋아하는 프로그램도 생기면서, 시청하다가 모르는 단어가 나오면 병음(알파벳 발음표기)으로 메모해 뒀다가 나중에 찾아보는 식으로 서서히 중국 문화에 스며들었다.

지금이야 통·번역 앱이 엄청나게 쏟아져 나와, 잠시 여행 가는 것은 물론이고, 언어를 배우는 것도 그 방식이 예전과 많이 달라졌다.

아날로그와 디지털 세대를 다 경험해 본 나로서는 한 번씩 이전 아날로그식이 그리울 때가 있다. 공부하는 방식도 마찬가지인 것 같다. 손때 묻혀가며 수천 번도 더 뒤적거린 각 언어별 사전들이 특히나 아쉽고 그립다.

중국어를 공부하면서 한 가지 체득한 것이 있다.

새로운 언어를 접하지 않았을 때에는 그 전에 알고 있던 외국어가 머릿속에 잘 남아 있고 실생활에도 활용 가능했다.
그런데 다른 언어를 추가로 공부하다 보니, 이미 머릿속에 들어와 있던 외국어 자리에 새 언어가 둥지를 틀었다.
그렇게 알고 있던 언어는 잊혀지면서 쉬이 사라짐을 경험하게 되었다.
중국어 공부에 매진하던 시절, 뉴질랜드 친구와 전화 통화할 기회가 있었다.
그 친구는 영어로 얘기를 이어가고 있는데, 나는 그걸 알아는 듣지만 입에서는 자꾸만 중국어가 나와, 같은 의미의 말을 이 언어 저 언어로 되풀이해야 했다.
이후 중국어로 꿈을 꿀 수 있을 정도가 되어서야 영어가 다시 내 머릿속으로 들어올 수 있었다.

한참이 지나고 옆에서 가족처럼 나를 챙겨 주던 독일 철강 회사의 주재원 지그문트가 이런 말을 한 적 있다.
"조안나, 나한테도 영어는 모국어가 아니야. 그냥 단어만 나열해도 이해할 수 있으니 완벽한 문장을 구사해야 한다는 생각을 버려! 너의 영어는 소통하기에 충분해!"라며 자신감을 찾아 주었다.
문장을 항상 완벽하게 배열하고 말하려는 나의 강박을 그가 깨뜨려 주어 영어를 말할 수 있게 되었다.

어릴 때부터 주변 환경이 다국어로 조성되지 않고는, 동시에 여러 언어를 습득하는 것은 한계와 순서가 있음을 자연스럽게 터득할 수 있었다.
지금도 내가 말하는 언어들이 완벽하지는 않다.
하지만 상황을 설명할 때, 가장 완벽하게 표현되는 언어들이 있다. 그래서 공통의 다국어를 구사하는 친구들과의 교류가 가끔 더 편하기도 하다.

언어는 인간관계를 넓혀주고, 정보도 더 많이 얻게 해 준다.

넓은 세상을 체험하는 것에도, 자산과도 다를 바 없는 인맥을 만드는 것에도 언어는 필수적인 요소임에 틀림없다.

6장

디자이너 생활

디자이너 시절, 부산 광안리에서
(광안대교가 건설 중임)

2003년 봄 사스(SARS)가 끝나갈 즈음, 나는 나의 진로를 한 번 더 고민해야 했다.

2학기째 중국어 어학연수를 하며 어느 정도 기본적인 생활 언어는 가능했지만, 수중에 돈이 떨어져 가고 있었다.

그래서 한국으로 돌아갈지, 아니면 상하이에서 직장을 구할지 결정을 내려야 했다.

그러다 상하이에 주재한 한국 무역 회사에서 디자이너를 구한다는 공고를 보게 되었고, 마침 회사도 집에서 그리 멀지 않은 곳에 위치해 자전거로 출퇴근이 가능해 보였다.

오전에는 학교에서 수업을 듣고, 오후 1시부터 저녁 8시까지 일곱 시간 근무에, 월급은 적었지만 공부와 일을 병행할 수 있다는 장점에 그곳에서 일해 보기로 했다.

그 회사에는 조선족 직원 두 명과 한국인 사장과 이사가 상주하고 있었다.

서울에 본사가 있는 이 무역 회사에 디자이너가 왜 필요할까 궁금하여 물어보니, 한국 바이어들에게 섬유 관련 제품을 납품하고 있어 공장으로 가 검품도 하고 새 아이템을 개발할 디자이너가 시급하다 했다.

디자이너가 하는 업무는 까다롭지 않았다.

필요한 아이템이 생기면 근처 상하이 무역 전시관을 돌며 비슷한 제품이 있는지 확인하고, 사진 촬영을 하고, 가격대를 문의하고, 명함을 챙겨와 회사에서 문서 작업이나 회의를 하고 나면 업무가 마무리 되는 식이었다.

조선족 직원들과 대화하면서 중국어 연습도 겸할 수 있어 좋았는데, 하루는 동료 여직원이 자신의 집으로 나를 초대해 저녁을 같이 먹자 했다.

내가 사는 집과 가깝기도 해서 자주 그 여직원과 소소한 일상을 함께하며 시간을 보냈다.

일 년 반 전 부산과 상하이를 오가던 시절, 숙소 방 안 옷장 얘기를 풀어 놓은 적이 있는데, 그 여직원 집에 가 보니 직원 월급으로는 구매가 무리인 명품 화장품이 들어찬 화장대가 꽤 눈에 띄었다.

하지만 혹여 기분 나쁠까 우려되어 묻지는 않았다.

회사 사장이 자주 한국 본사에 다녀오니까 일 잘한다고 선물했나 보다 생각하고 말았다.

싹싹한 성격에 일도 야무지게 하는 친구라 오히려 배울 점이 많은 아가씨여서 쓸데없는 오지랖과 오해는 말자며 애써 마음을 다잡고 말을 아꼈다.

상하이로 사장의 친구인 바이어가 입국했고, 다음 날 급하게 난통(南通)으로 출장을 나가게 되었다.

나와 여직원 그리고 바이어 사장 이렇게 셋이 차를 타고, 배를 타고, 다시 차로 여러 번 갈아타 가며 난통에 도착해 공장을 순방했다.

그날 아침 계획되어 있던 출장 스케줄은 '당일치기'로, 저녁에는 상하이로 돌아오는 일정이었다.

나는 짧은 출장이라 인슐린과 바늘을 충분히 챙겨 가지 않았다.

그런데 여러 공장을 견학한 그 사장은 그곳에서 생산된 물건이 마음에 들었는지 자꾸만 그다음 날도 비슷한 공장을 찾아보자 했다.

일단 인슐린에 대한 걱정은 접어 두고, 일에 집중하자 싶었다.

만약을 대비하지 않은 나의 잘못이니 다음 날 집에 도착할 때까지 아무것도 먹지 않기로 결심했다.

신진대사로 인한 혈당 상승은 있겠지만 가장 주의해야 할 저혈당의 위험은 없을 테니, 하루만 감수하자 마음을 먹었다.

그렇게 난통에서의 첫 일과가 끝이 나고, 호텔을 잡아 휴식을 취하러 들어갔다.

나와 여직원은 트윈베드의 방 하나를 쓰고, 바이어 사장은 전망이 좋은 높은 층의 방을 잡았다.

친했던 그 여직원과 이런저런 이야기를 나누며 쉬고 있는데, 전화벨이 울렸다. 위층에 머물고 있는 바이어 사장이었다.

방으로 좀 와 보라 했다.

무슨 급한 일이 생겼나 싶어 위층 방으로 올라갔다.

방문을 여는 사장은 조금 전 급박했던 목소리와는 달리 차분한 모습이었다.

할 말이 있다며 침대에 앉더니 나한테도 의자를 가까이 놓고 앉아 보라 했다.

나는 맞은편 의자에 앉았다.

그러자, 그 사장은 슬며시 내 오른손을 잡고 자신의 다리 사이로 내 손을 가져갔다.

나는 20대 중반이었고, 그 사장은 60 언저리의 나이였다.

잠시 이걸 어떻게 할까 고심하다가 나는 생각한 바를 실행에 옮겼다.

내 손에 쥐어진 그걸 세게 쥐어 잡고 있는 힘껏 비틀면서 나지막이 말했다.

"야, 나이 곱게 처먹어~ 어디서 이따위 짓거리야? 지금 이 일, 아무한테도 얘기하지 않을 테니, 저 여직원한테도 이랬다가는 크게 망신당할 줄 아셔~~~"

얼굴이 시뻘게지며 당황스러워하던 그 사장 앞에서 나는 자세를 고치고 공손한 태도로 인사한 뒤, 그 방을 나왔다.

나는 다음 날에도 아무 일 없었다는 듯 그 사장을 대했고, 급격히 말수가 줄어든 그 사장은 상하이로 돌아온 후 서둘러 중국을 떠났다.

이 사건이 있고 20여 년이 지난 얼마 전에도 비슷한 일이 발생했다.

한 유명 외국인 운동 코치가 나와 밥 한 끼 하기를 여러 번 부탁해 왔다.

그 사람은 내 오랜 친구의 지인이기도 해서 믿고 만나기로 했다.

일부러 약속 장소도 내가 아는 친구의 식당으로 잡았음에도 그 사람은 식사를 하다 말고 나에게 다가와 내 얼굴을 감싸 잡길래 그 자리에서 그의 뺨을 후려쳤다.

그리고 그 사람에게 말했다.

"앞으로 만날 일 없을 테니, 식당 사장인 친구에게는 아무 내색 말고 인사하며 나가자!"

그렇게 그 장소를 나와 택시를 불렀는데, 내 택시가 먼저 도착하자 이 사람이 나를 따라 탄다.

나는 손에 쥐고 있던 버튼식 호루라기를 누르면서 그 사람의 하체를 운동화 발로 걷어차고, 나뒹굴며 떨어져 나간 그를 보며 문을 쾅 닫고는 기사에게 얼른 출발하라고 소리쳤다.

돌아가는 내내 고민에 휩싸였다.

경찰에 신고를 해야 하나 어쩌나 한참을 고민하다, 중국은 성희롱도 크게 처벌 받기에 나의 신고가 가져올 대가가 외국인인 그에게는 너무 크겠다 싶어 그냥 덮기로 마음먹고 그를 차단했다.

그의 지인인 내 오랜 친구에게도 다음에 직접 만날 기회가 생기면 얘기하겠다 결심했다.

그때 그 바이어 사장과의 일을 서술하다 문득 얼마 전 그 일이 생각이 나 언급해 본다.

그 무역 회사에서 일한 지 한 달이 넘어 사장의 호출이 있었다.

무슨 일인지 물었더니, 얼마 되지도 않는 월급을 더 깎자고 했다.

입사할 당시 이미 끝난 얘기를 왜 미리 상의도 없이 월급 줄 때가 되어서야 그러는지 나는 따져 물었다.

사장이 하는 대답이, 나의 중국어가 조선족만큼 유창하지 않다며 얼토당

토않은 핑계를 댔다.
 그의 말에 나는, 왜 조선족 디자이너를 채용하지 않았냐고, 한국 본사 주소도 다 알고 있으니 고용노동부에 신고하겠다고 의견을 전했다.

 월급날이 되어도 입금이 되지 않있다.
 그래서 다른 회사들 면접을 보러 다니면서 계속 출근은 강행했다.
 사장이 근무 끝나고 밖에서 이야기를 나누자 했다.
 나는 조건을 하나 걸었다.
 사무실 남자 직원도 대동하자고 말이다.
 카페로 가서 그 남자 직원은 멀찍이 떨어진 테이블에 앉히고, 내 앞에 앉은 사장이 말을 이어 나갔다.
 중국에서는 인민폐 1,000위안만 주면 여자들이 자신이 원하는 대로 다 해준다 했다.
 밑도 끝도 없이 이 무슨 말인가!
 한국 돈 100만 원도 안되는 월급을 깎자던 사람의 입에서 난데없이 나온 말에 나는 내 귀를 의심했다. 무슨 말을 더 하려고 이러나 싶었지만, 일단은 끝까지 들어보자 싶었다.
 "네에?? 그래서요?" 나는 물었다.
 아픈 와이프 이야기부터 외롭다는 신세 한탄까지 가관이 따로 없다.
 일본에 유학 가지 않겠냐며 이 늙은 사장이 내뱉는 말 한마디 한마디가 기가 차고 소름이 끼칠 지경이었다.
 '유유상종'이 딱 들어맞는 말이다.
 난통에서 있었던 불미스러운 일이 머릿속에 오버랩되면서, 그 바이어 사장이 창피해서 그 일을 이 친구 사장한테는 알리지 않았구나 싶었다.
 이내 나는 그 일을 이 '사장'이라는 작자에게 들려주었다.
 외국에 혼자 나와 있는 어린 여성이 당신들 눈에는 그렇게 어리숙하게 보이냐며, 제발 꿈들 깨라는 말과 함께 자리를 박차고 일어났다.

얼마 후 월급은 며칠분 모자라게 대충 들어왔고, 다른 의류 회사에 취업이 확정되어 그 무역 회사 쪽은 다른 일로도 발길을 아예 끊어 버렸다.

새로 입사한 의류 회사는 서울에 본사를 두고 다롄(大连)에 지사가 있었는데, 앞으로 일이 어찌 될지 몰라 상하이 집은 그대로 유지하면서 서울, 다롄, 상하이를 정신없이 돌며 일하고 있었다.

이전에도 해 봤던 캐주얼 의류지만 여성 전용이라 업무는 재밌게 흘러가고 있었다.

동대문에서 잔뼈가 굵은 사장은 추진력도 좋았고 나와 합이 잘 맞았다.

한 달은 서울 본사로 출근을 하고, 한 달은 다롄 공장에서, 가끔씩 상하이로 출장도 다니면서 업무적으로 다양한 공장들도 접하게 되었다.

여러 분야의 사람을 만나면서 점차 디자이너로서의 반경도 넓어져 뿌듯한 직장 생활이었다.

한국 본사에서 디자인 실장으로 승진도 하고, 생활도 안정적으로 자리를 잡아가고 있을 무렵, 다롄에서 같이 일하던 거래처의 서울 본사에서 자꾸만 회식을 같이 하자고 제의해 왔다.

힘들게 일하는 박봉의 디자이너 후배들 사기도 올려 주고, 매일 전화 통화만 하는 거래처 간에 신뢰도 쌓자 싶어 회식 제의를 수락했다.

나이대도 비슷한 그들과 일얘기도 나누고, 술이 곁들여지자 사는 얘기도 자연스럽게 흘러나온다.

"최 실장님, 부산 분이라고 들었는데, 사투리를 안 쓰시네요?"

사실 나는 부산에서 나고 자란 토박이이다.

그런데 상하이에서 디자이너로 일하면서 서울 거래처와 통화하기만 하면 조선족으로 오해를 받으며 가끔씩 하대당하기도 해서 말투를 표준어로 바꾸었다고 밝혔다.

그러자 "부산 여자분들 술도 잘 드신다 던데…" 하며 다이다이(맞짱) 한판 뜨자 한다. 일대일로 술잔 비우기, 솔직히 질 것 같지는 않았다.

분위기도 띄울 겸 그러자 했다.

어느덧 새벽 3시, 거래처 직원들은 모두 테이블에 엎드려 소위 '꽐라' 상태가 되어 있었다.

나는 후배 디자이너들을 안전하게 귀가시키고, 택시를 타고 회사로 돌아갔다. 다음 날 도저히 제시간에 출근할 자신이 없어서 였다.

시간이 지나면서 직급도 있다 보니, 예전 사장님들처럼 성희롱적인 행태는 많이 사라졌지만, 동등하고픈 나의 기본적 욕구는 자꾸만 건드려졌다.

바이어들과 다롄에 출장을 나가면 저녁 시간에 접대랍시고 룸살롱을 가는데, 사장이 종종 여직원들도 대동했다.

아가씨들이 줄을 지으며 룸으로 들어오면 사장들이 한 명씩 선택해 옆자리에 앉혔다.

그래서 나도 아가씨를 불러 달라 사장에게 말했다.

그 자리에 있던 사장들은 어떤 상황이 펼쳐질지 궁금했는지 그러라 했다.

그날의 마무리는 룸에 들어와 있던 모든 아가씨들이 중국어가 가능한 내 옆에 무리 지어 앉아 하하호호 담소를 나누는 우스꽝스러운 전개로 막을 내렸다.

그 상황에 토를 달 수 없었던 사장들은 두 번 다시 그런 모임에 여직원을 부르지 않게 되었다.

2000년대 초반, 벌써 20년도 전의 일이지 않은가?

그 시대는 그랬다.

남녀 간에 말 못 할 차별도 있었고, 잘 나가는 여자들은 어떻게든 위상을 깎아내리려 근거 없는 루머들도 생겨나곤 했다.

그날 회식도 '부산 가시나' 만만치 않음을 보여 주려 술 대결에 임했다.

지나고 보니 다 보잘것없는 자존심 싸움인 것을 말이다.

그래도 그런 회식을 한번 하고 나면 일하면서 친밀감도 생기고, 서로의 입장을 배려해 과하지 않은 부탁 정도는 들어줄 만해져 일하는 데는 많이 편해지기도 했다.

하지만 업무 공간이 자주 국경을 넘다 보니, 어느 한곳에도 속하지 못한 방랑자와 같은 공허함이 언제나 마음 한구석을 차지했고, 당분간은 집이 있는 상하이에서 생활하자 결심하고 이직을 감행했다.

상하이로 돌아와 평범한 디자이너 생활을 하던 중 생긴 잊지 못할 에피소드가 생각나 적어 본다.

상하이는 중국 경제의 대도시였기에 외지에서 돈벌이를 하러 많이들 몰려왔었다.

대부분 먼저 와 있던 친척이나 지인들의 소개로 들어오지만, 낯선 사람과의 만남에서 막연한 꿈을 꾸며 들어오기도 했다.

회사 업무를 마치고 친구들과 만나 조촐한 저녁 식사를 하고 아파트로 들어서는데, 입구 분수대 앞에 한 아가씨가 몸을 가누지도 못한 채 벤치에 널브러져 있는 모습이 눈에 들어왔다.

경비 아저씨는 멀뚱대며 쳐다보기만 하고, 도저히 그 아가씨를 그대로 두고 갈 수가 없어 일단 경찰에 신고부터 했다.

경찰차가 올 때까지 그 아가씨에게 이런저런 상황을 물어봤는데, 그녀의 말이 이랬다.

기차에서 우연히 만난 사람들이 상하이에서 일할 곳을 약속했고, 그들을 믿고 돈을 벌러 상하이로 오게 되었다 했다.

그 아파트 안에서 그들과 식사를 하던 중, 뭔가를 먹고는 몸이 말을 듣지 않아 일단은 밖으로 나가야겠다는 생각에 문을 열고 나왔지만, 멀리 갈 상태가 아니어서 경비실 근처에 쓰러져 있었다는 것이다.

다행히 같이 식사를 했던 사람늘은 무슨 이유 때문인지 뒤따라 나오지 않아 혼자 있게 된 것 같았다.

다른 일도 있어 보였는데, 약에 취했는지 잠시 정신을 놓았다가 하던 말을 이어가기를 반복하고 있었다.

곧 경찰관들이 나타났는데, 나는 밤늦은 시간에 몸수색을 할 여자 경관이 있는지 물어보았다. 당직 시간이라 여자 경관은 없다는 말에 나도 같이 동행하겠다고 의사를 밝혔다.

경찰서에서 그녀의 지갑과 신분증을 찾아 경찰관에게 건네주고, 그녀로부터 들은 이야기를 진술한 후 협조에 감사하다는 인사를 뒤로하며 귀가한 적이 있다.

실로 위험한 선택이 아닐 수 없다.
중국 18개 도시 중 제2의 인구수를 자랑하는 상하이다.
기회도 많지만 그만큼 종잡을 수 없는 리스크도 따르는 곳이다.

2000년대 초반에는 퇴직금을 챙겨 들고 한인촌에서 식당이나 사업을 하기 위한 한국 이주민들이 많았던 것도 사실이다.

어느 나라를 가나 마찬가지지만, 그곳의 상황을 잘 알 턱이 없고, 언어도 안 통하는 사람들은 자국민을 의지할 수밖에 없다.

중국에는 말이 통하는 조선족도 많아서 처음에는 크게 리스크가 없어 보이지만, 그게 독이 되어 가져온 재산 다 잃고 고국으로 돌아가는 사람들도 허다했다.

코로나 시국을 겪으면서 그 여파는 더욱더 크다.

셀 수 없이 많은 외국인 사업가들이 상하이를 떠났다.

행여 코로나 시국을 잘 견뎌 왔어도, 잠깐 반짝했던 경기가 2024년에 들어서는 파국을 맞으면서 사람들은 지갑 열기에 신중을 기하는 추세다.

'위기가 기회다.'

이 말을 지금 현재에 활용하려면 최근 몇 년간 급변한 사회적 시스템을 잘 이해하고 있어야 한다.

소비자들의 소비 성향도 너무나 많이 변화했다.

AI가 일상 속에 다각적으로 파고든 만큼 이를 활용하지 않고는 퇴보되기 십상이다.

자영업 소상공인이 600만 명으로 이미 포화 상태를 초월한 우리나라는 트렌드가 급격히 바뀐다.

한 아이템이 성공한다 싶으면 너 나 할 것 없이 도전하고 그로 인한 과잉경쟁으로 피해도 잇따른다.

소비는 한정적이고 공급은 풍성한 사회 구조가 이미 오래전부터 형성되어 왔고, 고령화 사회로 접어들면서 이 구조는 점점 더 확고해지는 실정이다.

현재 창업을 준비하는 분들이 이 글을 읽고 있다면, 내 개인적인 조언은 이렇다.

오프라인 매장 사업은 당분간 미뤄 두고, 희소가치가 높은 아이템을 개발한 온라인 사업이 리스크도 적고 안전할 거라는 생각이다.

사업에 정답은 없다.

오랜 분석과 체계화된 노하우가 있다면 과감하게 실천해 보는 것도 좋지만, 이도 저도 아니라면 신중에 신중을 기해야 할 시기라고 감히 조언드린다.

본론으로 돌아와 디자이너로서의 나의 생활은 참으로 빡빡하기 그지없는 유목민, 그 자체였다.

디자인, 제조, 생산, 무역, 유통까지 많은 분야를 접할 수 있었던 황금의 기회이기도 했지만, 내 브랜드가 아닌 이상 수동적일 수밖에 없는 환경이었고, 그만큼 성취감도 크지 않았다.

나와 잘 맞는 브랜드를 고를 수 있는 처지도 아니었고, 그저 주어진 일에만 최선을 다하다 보니 어느새 매너리즘과 번아웃에 서서히 젖어 들어 심리적, 육체적 고갈 상태에 이르렀다.

패기 넘쳤던 내 인생의 몇 년을 온전히 쏟아붓고 나니, 지금까지와는 사뭇 다른 형태의 디자인이 하고 싶어졌다.

그것은 바로 요리, 외식업이었다.

7장
결혼과 현실

여러 도시를 오가며 정신없었던 디자이너 생활에 염증을 느꼈던 나는 상하이에 정착하기로 마음을 먹고, 한 회사에 취업해 안정을 찾아가고 있었다.

경험상 검증된 봉제 공장을 여러 곳 알고 있었기에 한 번씩 예전 거래처 사장들에게서 문의 전화가 걸려 왔지만, 나이 어린 디자이너라는 이유로 대부분 그들의 요구는 '수수료 몇 %'가 아닌 '밥 한 끼 거하게 사겠다'는 말이 뒤따라서 정중히 거절하며 조용히 지내고 있었다.

회사를 가나, 공장을 가나 중국 현지인들이 대부분이었기에 또래의 한국인들과의 대화가 절실해져 갔다.
주변 중국 지인분들의 추천으로 선 아닌 선을 보러도 다녀 봤지만, 마음이 잘 맞는 사람을 찾기는 쉽지 않았다.
그즈음 한 TV프로그램으로 알게 된 방송국 프로듀서 친구와도 내 감정의 속도와 달리 그가 자꾸 앞서가는 게 불편해져서 점차 소원해지던 중이었다.

상하이에서 일하는 한국 사람을 만나고 싶어서 인터넷을 뒤지던 중, 한 온라인 카페에서 '상하이에서 일하는 사람들의 모임'을 찾을 수 있었고, 카페 가입과 함께 그들과 정보도 나누면서 다양한 직업군의 한국 사람을 접하게 되었다.
그러다가 온라인이 아닌 오프라인 만남을 가져보자는 의견이 나왔고, 꽤 많은 사람들이 참석하겠다고 했다.
나도 잠시 고민을 하다 일적인 관계가 아닌 한국 사람들과의 모임은 처음이라 선뜻 참석하겠다고 의견을 밝혔다.

며칠 후 약속된 장소에는 스무 명이 넘는 또래의 사람들로 시끌벅적한 자리가 만들어졌다.

남자들이 좀 더 많았던 것으로 기억되는데, 각양각색의 사람들과 끊이지 않는 주제들로 모임은 즐거웠다.

자연스럽게 명함도 주고받고, 한 번으로 끝날 것 같지 않은 느낌으로 첫 모임을 파했다.

그렇게 알게 된 한 사람, 점잖고, 매너 있고, 유머도 겸비한 그 사람은 병원에서 인턴으로 근무하는 예비 의사였다.

생각과 말이 서로 잘 통해 그와 함께하는 시간은 나쁘지 않았다.

그에 관한 이야기를 이 책에 담을까 말까 집필 마지막까지 고민했다.

헤어짐이 좋았다면 몇 년 되지도 않는 그와의 시간을 고민할 필요도 없었을 것이다.

하지만 나와 같은 이유로 이혼한 분들이 후회 따위는 하지 않기를 바라는 마음에 내용을 담기로 결정했다.

그는 세심한 면도 있었지만 소유욕이 말도 못 하게 강한 사람이었다.

그는 같은 가톨릭 신자라 가족의 환영을 받기는 충분했고, 늘 자신이 의학을 공부한 것이 아픈 나를 만나기 위해서였다며 우리의 인연을 마치 하늘이 정해 준 것처럼 말하곤 했다.

지나고 보니, 이혼하기까지 몇 년간 내 인슐린 약값 한 번 내준 적 없던 사람이었는데 말이다.

그런 그가 늘상 하던 말이 있다.

"아버지처럼은 되지 말아야지!"

술만 마셨다 하면 가족을 폭력의 대상으로 삼는 그런 사람은 결코 되지 않으리라, 주문처럼 그 말을 입에 달고 살았다.

술과 거리가 먼 나의 가족에게서는 단 한 번도 보지 못한 광경이라, 나는 그런 가정 환경이 도대체 어떤 모습인지 상상조차 되지 않았다.

하지만 결혼을 한 직후부터 그의 술 문제는 바로 시작되었다.

매일 어떤 이유로든 술을 마셔야 했고, 술에 취하면 말은 또 얼마나 많아지는지, 그가 하는 모든 말에 내가 반응을 해 줘야 해서 잠을 잘 수도 없었다.

자신의 이런 단점들이 나로 인해 밖으로 새어 나갈까 걱정이 되었는지 주변 친구들, 지인들, 가족들과 맘 편히 전화 통화도 할 수 없게 나를 통제했다.

나의 일거수일투족을 감시하는 것은 물론이고, 이웃과의 단순한 인사에도 화를 내기 일쑤였다.

매일 술을 마셔 대니, 결혼 초부터 각방을 쓰기로 했다.

이건 아무에게도 말하지 않았던 나의 비밀인데, 신혼여행을 가서도 나는 욕실 욕조에 이불을 펴고 잠을 잤다.

그때만 해도 '술만 좀 줄이면 괜찮아질 거야.'라고 희망을 품었었다.

그 희망은 곧 산산조각 나 버리고 말았다.

술만 마시면 잔소리로 시작한 것이 어느새 폭력이 되어 돌아왔다.

그때 나는 깨달았다.

어릴 때부터 보고 배운 것이 크구나!

사람은 바뀌지 않는구나!

내가 설계한 음식점이 잘되기 시작하자, 작은 가게에 나가 있는 게 창피하다던 사람이 한국에 있는 친구들에게는 허세를 부리기 시작했고, 시도 때도 없이 한국 친구들을 상하이로 불러들여 며칠이고 집에 들어오지도 않았다.

의사 일은 아예 쳐다보지도 않고, 건축 자재 수출에 손을 대더니, 가게 분점을 늘리자며 몇 개를 더 열었다가 망하기를 반복했다.

지금까지도 유지되고 있는 조그만 나의 가게에서 발생하는 이익은 그가 만든 다른 사업들 적자 메꾸기에 바빴다.

그래도 나는 남편이 대외적으로 존중받기를 바랐고, 그래서 사람들에게는 그의 장점이 돋보이도록 말과 행동에 노력을 다했다.

그의 가스라이팅에 이미 오래전부터 길들여 있었던 것 같다.

나는 항상 그의 뒤에서, 그는 항상 나의 앞에서 사람들에게 임팩트 있는 인상을 만들어 가고 있었다.

나의 불찰이고, 잘못된 판단과 행동이었다.

아파트 28층에 살면서 창문을 열고 아래 분수대를 바라보며,
'이게 사람이 사는 건가! 이렇게 살아서 뭐 하나!'
수도 없이 눈물을 흘리며 현실을 비탄했다.

첫 가게를 오픈하고 1년이 지났을 무렵, 시부모님이 상하이에서 40여 일을 보내다 가신 적이 있다.

남편의 주문은 이러했다.

식사 때마다 같은 반찬 올리지 않기,

국이나 찌개는 항상 준비하기,

생선이나 고기도 끼니마다 올리기!

그래서 나는 하루에 두 번씩 장을 봐야 했고, 농축된 시집살이가 따로 없

었다.

그래도 그런 나를 예뻐하신 시부모님에게는 아무 감정 없다.

그러던 어느 날, 나도 잘 알던 엄마 친구분의 일가족이 저녁 식사를 하러 가게로 방문하겠다는 연락을 받았다.

그분 딸도 상하이에서 일을 하고 있어서 온 가족이 여행 오신 김에, 일부러 나의 부모님 대신 나를 보고 가겠다 하셨다.

나는 집에서 바삐 저녁 식사를 준비하고, 지인들이 가게에 와 있으니 잠시 다녀오겠다고 시부모님께 말씀을 드렸다.

그랬더니 남편은 부모님 식사 다 하실 때까지 식탁에 앉아 있으라며 외출을 허락하지 않았다.

어른들 앞에서 다투는 모양새밖에 안 되겠다 싶어 조바심 내며 숨죽이고 앉아 있었다.

느긋하게 저녁 식사를 하고 있는 그들을 보며, 내 마음은 온통 가게로 오신 분들에 대한 죄송함과 걱정으로 안절부절못했다.

나를 기다리고 있을 그분들이 식사를 다 하고도 자리를 뜨지 못하겠다는 생각에 벌떡 일어나, "죄송하지만, 지금 다녀오겠습니다." 말씀드리고 집을 나섰다.

가게까지, 그 몇 분 동안 눈물을 뚝뚝 흘리며 달려갔다.

가게 앞에 도착해서는 눈물 자국을 대충 지우고, 환히 웃으며 가게로 들어섰다.

식사도 마치고 물잔만 남은 테이블에 온 가족이 앉아 있는 걸 보니 마치 내 부모님이 와 계신 것 같아 설움이 북받쳤지만 애써 참았다.

아버지같은 삼촌이 정감 어린 눈길로 내 손을 잡으며 한마디 하셨다.
"많이 힘들제~~~? 말 안 해도 다 안다~"
나는 따뜻한 그 말씀에 펑펑 소리 내며 울고 말았다.
지금도 잊을 수 없는 순간이다.

시부모님이 한국으로 가시고 얼마 후, 나의 가족도 일주일간 상하이로 여행을 왔다.
그 남편이라는 사람은 단 한 끼의 식사만 나의 가족들과 함께하고, 매일 밖을 돌며 집에 잘 들어오지도 않았다.

그래도 나는 오랜만에 가족들과 하는 여행에 신이 났다.
외국으로 나와 산 지 6년이 넘어 처음으로 가족을 초대한 것이었기에 나에게는 특별했고, 하루하루가 쏜살같이 흘러갔다.
나의 가족 어느 누구도 그런 남편의 행동에 불평하지 않았다.

하루는 가게에서 온 가족이 점심 식사를 하고 있는데, 친한 건물주 삼촌이 말도 없이 가게에 왔다가 외모도 성격도 판박이인 아버지를 보고, 자석처럼 이끌려 인사를 나누었던 장면은 지금도 때마다 서로 안부를 물으며 추억하게 되는 첫 만남의 순간이다.

가족을 한국으로 보내고 한동안은 아쉬운 마음에 꽤 우울했다.
매일같이 이어지는 남편과의 다툼으로 한참을 울다가도 부모님의 안부 전화가 오면 아무일 없는 척, 행복한 척 연기를 했다.
누구에게도 들키고 싶지 않은 비밀을 남몰래 키워 가고 있었다.

그리고 다음 해에 대학을 졸업한 남동생이 상하이에서 어학연수를 하고 싶다고 전해 왔다.

　남편은 들키고 싶지 않은 자신의 사생활을 가족들이 알게 될까 봐 난색을 표했지만, 나는 남동생이라도 가까이 있으면 의지가 될 것 같았다.

　나의 긴 설득 끝에 남동생이 상하이로 들어왔고, 사무실로 쓰고 있던 집 바로 위 29층 방 한 칸을 내어 주기로 했다.

　남동생은 아무것도 모른 채 상하이로 들어와 새로운 환경에 적응하느라, 학교에서 새 친구들 사귀느라 몹시도 들뜬 일상이었다.

　남동생이 바로 위층에 살고 있음에도 우리는 다툼의 연속이었다.

　가게로 벌어들이는 수익을 다 그가 관리했기에 그의 사업에 대한 욕구는 끝이 없었다.

　망하기도 여러 번, 그럼에도 하고 싶은 건 또 어찌나 많은지, 나는 매번 조목조목 따져 가며 반대할 수밖에 없었고, 그와 나의 갈등은 일적으로도 생활상으로도 갈수록 골이 깊어져만 갔다.

　그러다가 대낮부터 그가 술을 마시기 시작했다.

　자주 있던 일이라 대수롭지는 않았지만, 그날은 술잔을 벽에 내던지고 난동을 부렸다.

　소리도 마구 질러 대 혹시나 남동생이 위층에서 듣지는 않을까 사뭇 걱정스러웠다.

　거실 바닥은 부서져 조각난 유리 잔해들로 발 디딜 틈이 없었고, 그 모습에 지친 나는 더 이상은 이렇게 못 살겠으니, 이렇게 살 바에는 같이 죽자는 말로 처음으로 그에게 덤벼들었다.

　그동안 한 번도 보지 못한 나의 태도에 그는 당황한 듯 여권을 들고 집을 나가 버렸다.

한 번씩 그렇게 나가고 나면 호텔에서 며칠을 지내며 집에 들어 오지도 않았다.

그가 나가고, 잠시 후 남동생이 집으로 뛰어 들어왔다.
"누나, 그동안 이러고 살았어? 도대체 이게 다 무슨 일이야?"
나는 아무에게도 말할 수 없었던 그동안의 사정을 남동생에게 모조리 털어놓았다.
점잖게만 보이던 그에게 이런 면이 있는 줄은 남동생도 예상하지 못했는지 난장판이 된 집을 보고는 충격에 혀를 내둘렀다.

그런 그의 손찌검은 결혼 초반에 한 번으로 그쳤지만, 이후 그는 물건을 깨부수며 분노를 표출하길 반복했다.
이런 사정을 알게 된 남동생은 이렇게 살다가는 누나가 큰일나겠다 싶었는지 오랜 고민 후에 별거를 제안했다.
다른 건 몰라도 음주 문제는 대안이 필요한 시급한 문제처럼 보였을 것이다.
사람들이 술김에 얼마나 많은 일을 저지르는지 뉴스만 봐도 알 수 있지 않은가?
남동생이 나서서 그와 이야기를 나누었고, 체면 때문이었는지, 무엇 때문이었는지 그도 '그러자' 동의를 해 주었다.
그렇게 나와 남동생은 짐을 챙겨 그 집을 나왔다.

가게에서 더 가까운 데로 옮겨 그와 분리되고 나니, 일단은 마음의 안정도 찾아갔다.
결혼과 동시에 스트레스를 극심하게 받아서 그런지 내 가슴에는 섬유선종이 자라고 있었다. 수술로 제거해야 할 정도로 종양이 커져 있었지만, 남편인 그는 신경조차 써 주지 않았다.

그와 별거로 분리되어 있는 동안 한국에 가서 이 수술을 해 버려야겠다 생각하고 있었다.

새집으로 이사해서는 밤마다 시달려야 했던 그의 잔소리도 없으니, 잠도 그나마 제대로 잘 수 있었다.

그러다 얼마 후부터 새벽마다 환청이 들리기 시작했다.

'그의 이메일을 열어 봐!'

매번 똑같은 소리다.

갑자기 웬 이메일?

그렇게 일주일이 흐른 뒤 나는 그의 메일을 들여다보기로 결심했다.

그는 거래처에 업무 메일을 보내야 할 때면 귀찮다며 나에게 대신 써서 보내게 했기에 그의 메일 계정과 비밀번호도 알고 있던 터였다.

메일함에 자신에게 불리한 자료가 있다면 비밀번호도 바꾸었을 테니, 여하튼 시도는 해 보자 싶었다.

새벽 3시, 이유 모를 그 환청이 시키는 대로 그의 메일함에 들어가 보았다.

비밀번호는 그대로였다.

하지만 이후 여섯 시간이 넘도록 읽어야 했던 그 메일함에는 소름 끼치는 내용들로 꽉 들어차 있었다.

'애인(愛人)'이라고 칭해 놓은 그 여자는 그의 옛 동창으로 보였는데, 주고받은 메일만 수십 통에 달했다.

틈만 나면 일 핑계로 한국에 가던 이유가 이거였구나, 싶은 순간이었다.

애틋하기만 한 사랑의 속삭임 끝에는 곧 이혼을 하겠다며, 시부모님도 동의한다는 말과 함께 위자료 따위는 줄 필요 없다는 등 미래를 약속하고 난리도 아니었다.

그와 결혼하기 전에 스토커처럼 집착하는 그의 모습에 결혼을 매우 망설인 적이 있었다.
그럼에도 나를 이렇게나 사랑하니 앞으로 여자 문제는 없을 거라는 그 한 가지에는 믿음이 있었는데, 음주로 인한 폭력에, 여자 문제까지, 이 사람에게 남아 있던 짠한 감정 한 톨도 깡그리 사라지는 찰나였다.

어떤 말로도 다 표현되지 않는 그 복잡한 배신감은 나를 냉정한 상태로 쉬이 돌려놓지 못했다.
그래서 당시 TV에서 상영하던 '사랑과 전쟁' 드라마에 법적 조언을 담당하는 변호사에게 연락을 했다.
나의 상황을 모두 알리고 이혼 과정을 논의했다.

얼마 후, 나는 미뤄 두었던 섬유선종 수술을 받기 위해 한국으로 향했다.
부모님을 뵙고는 답답했던 결혼 생활을 말씀드렸더니, 눈물을 흘리시며 가슴 아파하셨다.
왜 한 번도 언급을 하지 않았냐며 '바보 같은 딸'이라는 말만 반복하셨다.
부모님은 그의 부모를 만나 봐야겠다고 하셨지만, 내가 말렸다.
남편은 아직 내가 그의 여자 문제까지 알고 있다는 걸 인지하지도 못하는 데다, 내 문제에 부모님까지 끌어들이고 싶지 않았다.
깔끔하게 이혼만 하면 해결될 문제라고 부모님을 설득했다.

우선 대학 병원에 가서 검사부터 받고, 다행히 악성 종양은 아니라는 결과가 나와 수술을 진행했다. 3센티나 커져 있던 종양 덩어리를 제거하고, 바로 비행기를 탈 수 없어서 몇 주를 부모님 집에서 몸과 마음의 안식을 위해 명상과 기도로 시간을 보냈다.

 망가져 있던 나의 심적 상태도 추스르고, 긍정적으로 미래를 설계하며 지냈다.

 그를 몇 년간 겪으면서 '사람은 결코 변하지 않는다.'는 것을 뼈저리게 깨달았고, 더 이상은 그런 그에게 나의 피 같은 시간과 나의 어떤 에너지도 희망도 쓰지 않으리라 다짐하며 상하이로 돌아갔다.

 상하이 집에 도착하자마자 가게 건물주에게서 다급하게 나를 찾는 전화가 걸려 왔다.

 '도대체 어디 있었던 거냐?'며, '그동안 무슨 일이 일어난 줄 알기는 하냐?'며, 다그쳐 물으시는데, 나는 이혼에 관련해서 상하이 어느 누구에게도 알린 적이 없어 그저 어안이 벙벙했다.

 만나서 얘기를 들어보자 싶어 건물주를 만났다.

 내가 상하이에 없는 동안 그 남편이라는 사람이 건물주들을 만나 나의 (있지도 않은) 외도를 들먹이며 이혼을 하려는데, 내가 유책 배우자이니 가게를 자기가 갖겠다고 재산에 포함되지 않도록 친구의 이름으로 재계약을 했다는 것이다.

 그 이야기를 들으면서 나는 실성한 사람처럼 헛웃음만 흘러나왔다.

 이 사람의 바닥이 그 정도일 거라고는 생각하지 못했다.

 좋게는 아니더라도 담담하게 헤어지고 싶었는데, 그런 나의 마지막 배려까지도 무너지게 만들었다.

 개인적인 이야기를 공적 관계인 건물주들에게까지 알리고 싶지 않았지만, 돌아가는 상황을 인지한 나로서는 어쩔 수 없었다.

건물주들에게 내가 가진 증거들로 그의 실질적 행태를 상세하게 설명했고, 나에게는 늘 호의적이었던 그들은 그자를 불러 계약서를 찢고 계약 자체를 무효화 해 주었다.

사내새끼가 그 정도밖에 안 되냐며 부끄러운 줄 알라고 호통도 쳐 댔다.

그리고 가게 연장 계약은 내 이름으로 다시 체결했다.

곧이어 등장한 그의 이혼 합의서, 말도 안 되는 조건들이 빼곡히 채워져 있다.

나는 그로부터의 해방이 최상의 목표였기에 그가 원하는 대로 한 글자도 수정하지 않고 사인을 해 주었다.

당시 상하이 친구가 연인과 헤어지면서 염산 테러를 당해 여러 번 화상 수술을 하는 모습을 곁에서 지켜봤기 때문에, 바닥을 알 수 없는 그를 만나러 가면서 온몸을 칭칭 싸매고 갔던 기억이 난다.

그가 합의서로 챙겨간 돈도 억대를 훌쩍 넘는다.

TV 출연을 계속하고 있던 나의 가게가 탐이 나서, 끊임없이 건물주들에게 연락하여 임대료를 두 배로 주겠다는 둥 온갖 회유를 해댔고, 그때마다 건물주들은 썩 꺼지라며 상종 못 할 인간이라고들 했다.

직원으로 내 가게에 스파이를 심어 놓고는, 분점인 것처럼 옆에다 가게를 차려 똑같은 메뉴를 반값에 팔았지만, 그의 가게는 3년을 넘기지 못하고 폭삭 망해 버렸다.

하루는 그의 직원이 나에게 연락을 해 왔다.

그가 남의 눈에 띄지 않을 먼 곳에서 만나자 하여 다른 구의 공원 벤치에서 그를 만났다. 그가 나에게 털어놓은 말은 한 번 더 나를 아연실색하게 만들었다.

나와 내 남동생을 해칠 계획으로 전남편이 조직폭력배를 고용했다고 한다. 혼자 다니지 말고, 항상 조심하라는 말로 경각심을 일깨워 주었다.
이혼과 동시에 그와 동거하고 있는 여자에 대해서도 알려 줬다.
술집 출신의 여자이고, 나와의 혼인 기간에 그 여자 고향인 웨이하이(威海)에 집도 한 채 사 주었다며 소송으로 절반이라도 찾으라고 조언해 주었다.

그 직원은 전남편에게서 월급을 받고 있는 입장이었지만, 예전부터 나도 아는 사람이었고, 심지가 곧고 성실해서 믿을 수 있는 사람이었다.
위험을 무릅쓰고도 나에게 이런 이야기를 해 주는 데에는 다 이유가 있다고 설명했다.
그 이유는 여기서 밝히지 않겠다.
전남편에 대한 최소한의 예의 차원이다.

그의 가족도 그가 이 정도의 사람인 줄은 아마 모를 것이다.
나를 어찌하지 못해 안달이 나 있던 그 사람은 억대의 돈을 챙기고도 돈을 더 요구해 와서 참다못한 나는 그에게 한마디 해야만 했다.
당신한테 유리하기만 했던 합의서의 내용을 꼼꼼히 잘 읽어보라고, 계약을 위반한 건 당신이지 내가 아니라고, 그동안 받은 돈 모두 도로 뱉어 놓고 싶지 않으면 내 앞에서 당장 꺼지라고, 어디 가서 내가 당신 전처라는 얘기도 하지 말라고 쏘아붙였다.
그리고 얼마 뒤 그는 영원히 사라졌다.

그와 별거를 하고 있을 무렵, 가게 오픈 당시 다른 한국 식당에서 스카웃

해 온 매니저(시앙메이)가 고향에서 전화를 해 왔다.

그녀 꿈에 내가 나와 산꼭대기에서 뭔가 막 소리를 지르고 있는데 무슨 말인지 알아들을 수가 없었다며, 내 신변에 무슨 일이 생긴 것 같아 전화해 보았다 했다.

상황을 자세히 말하지는 않았지만, 그 전화 한 통이 참 고마웠다.

영혼의 커넥션인지 모르겠지만, 멀리 있어도 느껴지는 게 확실히 있나 보다.

나도 그런 경험을 많이 하고 있는 사람이고, 누군가가 또 그렇게 챙겨 줘서 살아 있음이 고맙다.

나는 확실히 인복이 많은 사람이다.
진심은 항상 통하는 게 세상 이치인 듯 보인다.
국적을 불문하고 내게는 좋은 사람들이 많다.
그들은 언제나 나의 편에서 나를 응원하고 지지하고 격려해 주었다.
그리고 나를 아프게 한 사람들은 어디선가 꼭 벌을 받았다.

길지 않았던 결혼 생활을 하면서 그나마 자식이 없었음이 천만다행이었다.

처음부터 환상 따위는 접어 둔, 평범하기만 바랐던 결혼 생활을 지옥 같은 일상들로 치르고 나니 결혼에 대한 기대치는 바닥을 쳤다. 그래도 지나온 인생 중 가장 후회 없이 잘한 일이 '이혼'이라며 스스로 당당하게 '이혼녀 메달'을 걸게 된, 처량하다는 말로도 모자란 내 젊은 날의 한 페이지다.

세상 어느 누가 미래를 짐작하고 준비하겠는가?

예측하지 못한 일들과 마주치면서 마치 도를 닦는 듯한 마음으로 살아온 것 같다.

결혼과 이혼에 있어서만큼은 나의 부족함도 인정한다.

나라고 성인군자처럼 모든 일에 신중을 다해 최선의 길을 찾으려 했을까? 그렇지 못했다.

그가 나를 사회와 고립시켜 왔기에 오랜 우울감이 내 판단을 흐려 놓았을 때도 많았고, 분명 나도 그에게 본의 아닌 상처를 안겨 주었을 것이다.

모난 구석으로 서로를 끊임없이 상처 내야 하는 관계라면 놓아주는 것도 방법이다.

인간이라면 행복하게 살 권리가 있지 않은가!

나는 이혼 후에도 몇 년간 그 사람으로 인한 스트레스가 많았지만, 그래도 가장 기본적인 행복이 시작되었다.

가족들과 언제든 전화 통화도 할 수 있고, 이웃들과도 인사와 온정을 나누고, 친구들과도 마음껏 소통할 수 있었기에 나의 예전 모습을 찾아가며, 그간 감추고 있었던 오리지널 '나'로 차츰 돌아가고 있었다.

가게 건물주 삼촌과 이모는 아침마다 향을 피우며, 오늘 하루도 나에게 아무 일 없기를, 그 사람이 더 이상 나를 해코지하지 않기를, 피를 나눈 가족처럼 기도해 주었다.

가게 리모델링을 여러 번 해 준 인테리어 사장도 내가 그의 아들 결혼식에 참석한 후 답례품을 주러 왔다가 이런 말을 하고 갔다.

"앞으로 너한테 무슨 일이 생기면 내 모든 인맥을 다 동원해서 해결해 줄 테니 걱정 마! 나한테 너는 가족과 다름없으니 어떤 문제든 다 상의해!"라고 말이다.

인테리어 사장은 최근까지도 나의 일에 많은 도움을 주었다.

실제로 그의 모든 인맥을 다 동원하여 내 문제를 해결하려 애썼던 걸 나는 잘 안다. 그 감사함은 어떤 말로도 표현이 부족하다.

나를 처음 만나는 사람들은 나의 밝은 모습에 근심 걱정 하나 없이 살아온 온실 속의 화초 같다고들 한다.

굳이 겪지 않아도 되었을 파란만장한 인생을 살아온 나인데 말이다.

나에게는 폭풍 같았던 불행이 한 번 휩쓸고 지나가면,

'이제 한 번 겪었으니 이런 일은 또다시 겪지 않을 거야, 이 정도에 그쳐서 다행이야, 나에게 부족했던 한 부분을 또 채웠네!' 하며 긍정적으로 생각을 전환하는 버릇이 생겼다.

이혼을 한 지도 어언 15년이 넘어가고 있다.

그 사람이 어디에서 무엇을 하는지 관심도 없다.

그저 더 이상 나를 찾지 않아서 고맙기는 하다.

몇 해 전 잘 쓰지 않던 예전 메일에서 그의 애정 어린 편지를 다시 읽어 볼 기회가 있었다.

한참을 추억하며 '이럴 때도 있었지~' 하다가 날짜를 보니, 그 동거녀에게 집을 사 주었다던 해여서 잠시나마 좋았던 기억마저 모두 쓰레기통으로 쓸어 버렸다.

사실 이 글을 쓰기 전에는 일부러 생각지도 않던 그냥 과거의 일부인 그다.

짧은 글로 다 옮겨 놓지 못한 고통스럽고 비참한 일들이 여전히 머리 속에 고스란히 남아 있지만, 누군가는 알고 있을 그의 체면을 위해 이쯤에서 기억의 장을 덮으려 한다.

그가 더 이상은 나와 연관된 어떤 이야기도 하지 않길 바란다.

나도 그럴 것이다.

가치 없는 일에는 나의 소중한 시간을, 감정을, 에너지를 하나도 쓰고 싶지 않다.

8장
보이스피싱

보이스피싱이란?

보이스피싱(Voice Phishing)은 전기통신금융사기의 종류 중 하나이다. 범행 대상자에게 전화를 걸어 금융감독원이나 수사기관을 사칭하여 허위 사실을 말하면서 협박하여 불안감을 조성하는 방법으로 송금을 요구하거나 특정 개인정보를 수집하는 사기 수법을 말한다. 영어 Phishing은 Fishing에서 파생된 것으로 타인의 개인정보를 낚는다는 의미 또는 그 정보를 이용해 사기를 친다는 의미이다.

위키백과

2012년 5월, 자꾸만 인민법원에서 집으로 전화가 걸려 왔다.

나는 전화를 받고 인공지능 목소리가 나오면 그대로 끊어 버렸다. 아무리 생각을 해 봐도 나에게 인민법원의 전화가 올 리 만무해 한창 유행하는 보이스피싱이겠거니 단정 짓고 마음에 두지도 않았다.

그러던 어느 날, 가게에 나갔다가 집으로 돌아오니 현관문에 쪽지가 하나 붙어 있었다.

우체국에서 온 통지서였다.

이 집 주소로 온 물건을 찾아가라는 안내문이었는데, 이름도 없고 뭔가 엉성해서 그냥 떼어 버렸다.

누가 물건을 보내면 문자나 전화로 보내는 측에서 꼭 연락을 해 주는데, 당시엔 받을 물건이 분명 아무것도 없었다.

이틀 정도 지났을까, 집 전화로 우체국에서 전화가 한 통 걸려 왔다.

낯선 여자의 목소리, 우체국의 배경 소리들이 같이 들려왔는데, 그녀는 왜 통지서를 찾아가지 않냐며 이걸 어떻게 처리할지 내게 물었다.

나는 통지서의 내용을 알려 달라 부탁했고, 그녀는 그 내용을 읽어 주었다.

베이징에 있는 자오샹은행(招商銀行)에서 발급된 신용카드의 결제 촉구 내용이었다.

8,400위안이라는 결제 금액도 알려 줬다.

나는 그 우체국 직원에게 분명히 잘못 온 것이라 얘기했다.

나는 자오샹은행의 신용카드를 만든 적도 없고, 외국인이며, 여기는 베이징이 아닌 상하이이지 않냐며 반박했다.

그 직원은 확인해 보겠다며 내 개인 정보를 물었다.

이름과 주소, 휴대폰과 여권 번호도 함께 말이다.

나는 아무런 의심 없이 알려 줬고, 이내 그 여직원이 말문을 연다.

"아마도 너의 개인 정보가 유출되어 명의가 도용된 것 같다.

누가 너의 정보로 신용카드를 발급받아 사용한 것 같다.

요즘 이런 일이 많이 일어나는데, 여기 우체국이랑 공안국이 연계되어 있어 바로 신고가 가능한데, 전화를 공안국으로 돌려줄까?"라며 내게 물었다.

'명의 도용'이라는 말을 듣는 순간 나는 긴장하기 시작했다.

어서 빨리 이 문제를 해결하고만 싶었다.

잠시 후 한 남자가 베이징 공안국 경제팀 모 경관이라고 소개하며 전화를 이어받았다.

무슨 문제인지 물어 와서 지금까지의 상황을 설명하고 나니, 나의 여권 번호와 이름 등을 확인하고 이렇게 말을 이어 갔다.

지금 자기네도 골머리를 앓고 있다며 난데없는 돈세탁 얘기를 꺼냈다.

몇 개의 중국인 이름을 늘어놓으며 내가 아는 사람인지 물었다.

모른다 하니, "방금 그 사람들이 이번 사건의 주모자들인데 여기에 너의 이름이 연루되어 있을 가능성이 있고, 너는 이 사건과 무관함을 최대한 빨리 밝혀내야 한다."며 고압적인 태도를 보였다.

"더욱이 너는 외국인이기에 불이익을 당하거나 추방될 수도 있다." 말하며 나의 불안감을 가중시켰다.

경관이 이어 말하길, 일단 유선 전화를 끊고 포털 사이트에서 검색을 해 보라 했다.

자신이 근무하고 있는 경제팀 전화번호를 줄 테니 그 번호가 베이징 공안국 경제팀의 번호인지 확인하라 했다.

그리고 자신이 경제팀 번호로 내 휴대폰에 전화를 걸어 겁먹은 나를 안심시켜 주겠다 말했다.

나는 전화를 끊고 중국 포털 사이트에 그 전화번호를 검색해 보았다.

정확하게 맞는 번호다.

이 모든 일은 순식간에 흘러가고 있었고, 다른 가능성을 생각할 여유도 주지 않고, 검색해 본 전화번호로 연이어 전화가 걸려 왔다.
잔뜩 주눅이 든 목소리로 전화를 받았다.
지금부터는 자기가 시키는 대로 하라 했다.
그러면 나의 결백이 다 증명될 거라며, 크게 걱정하지 않아도 된다고 덧붙여 이야기했다.
나의 휴대폰이 도청되고 있으니 다른 사람과 통화를 하지 말라 했다. 그 누구에게도 이 상황을 알려서는 안 되며, 내가 외부에 알리는 순간 자신들은 내가 그 주모자들과 연락하는 것으로 알고 체포하겠노라 으름장을 놓았다.
나는 하라는 대로 다 할 테니, 할 일을 알려달라 말했다.

그는 나의 자금 사정을 캐묻기 시작했다.
현재 은행에 돈이 얼마나 예치되어 있는지, 집에 보관하고 있는 현금은 얼마나 되는지 자세히도 물었다.
대답을 하면서도 사회주의 국가에서 공권력을 가진 경찰이 이런 걸 알아보는 건 식은 죽 먹기일 것이라 짐작했고, 사실대로 얘기하고 도움을 청하는 게 가장 안전하고 최선일 거라 판단했다.
경관은 이제부터 나를 이 사건의 직속 담당자인 검사에게 넘기겠다며 곧 검찰청에서 전화가 갈 것이라는 말을 하고는 전화를 끊었다.

검찰청에서 수십 년간 근무하고 퇴직하여 법무사로 일하고 있던 나의 아버지와, 법대를 나와 경찰로 경제팀에 재직 중이었던 여동생이 갑자기 뇌리에 떠올라 어떻게든 빨리 이 억울함을 풀어야겠다는 생각만 커져 갔다.

다른 사람과의 통화가 도청당한다 생각하니 가족들에게 연락할 엄두도 나지 않았다.

행여 나의 실수로 가족들까지 불명예를 떠안아서는 안 된다는 걱정과 자책만이 머릿속을 채워 가고 있었다.

나는 컴퓨터 앞에 앉아 전화를 기다렸다.

걸려 오는 번호를 검색해 봐야겠다 생각하고 있는데, 몇 분도 지나지 않아 곧이어 다른 번호의 전화가 울려 댔다.

번호를 확인하고는 컴퓨터에 입력해 놓고서야 전화를 받았다.

검사라는 사람이다.

목소리부터 공권력의 이미지가 연상되는 딱딱하기만 한 위압감이 봇물 터지듯 흘러내렸다.

그 검사는 낯선 법률 용어를 나열해 대며 이 사건의 개요를 설명했는데, 솔직히 알아들을 수가 없었다.

내가 외국인이라 잘 못 알아듣겠다 하니 친절하게도 쉬운 단어들로 풀어서 설명해 주었다.

컴퓨터에는 검색된 번호가 검찰청 번호라고 표시되고 있었다.

후에 돌이켜보니 신용카드 결제 촉구 통지서에서 돈세탁까지 참으로 뜬금없고 허술하기 짝이 없는 각본이었지만, 그 순간에는 차오르는 답답함과 억울함을 풀고 싶은 욕구로 다른 모든 감각을 마비시켜 들리는 대로 믿는 상태가 되어 갔다.

검사는 나의 재산이 모두 정당하게 벌어들인 수익인지, 아니면 범죄로 인한 수익인지 확인 절차가 불가피하다 했다.

나는 전화상으로 내가 하는 일과 수익의 출처를 상세하게 설명했고, 원하면 매일 엑셀 파일로 저장해 놓은 영업 일지를 전송하겠다 사정했다.

검사는 문서 파일 따위는 얼마든지 조작 가능하다며 증거가 될 수 없다고 딱 잘라 말했다.

나는 다시 조급해졌다.
도대체 이걸 어떻게 증명하지'?
어찌할 바를 모르던 나의 머릿속은 깜깜해져만 갔다.
검사는 겁에 질린 나에게 모든 현금을 국가가 지정한 '안전금고'로 이체하라 했다.
그리고 이 안건은 모두 비밀리에 수행 중이라 안전금고의 명의도 국가가 아닌 개인 명의의 계좌라 협조 바란다는 말을 덧붙였다.

'안전금고', 보이스피싱 범죄에서 수차례 들어 본 단어임에도 막상 내 일이 되고 나니 그 어떤 단어도 나에게 부합되지 않았다.
그저 어서 빨리 이 상황에서 벗어나고 싶은 마음뿐이었다.
검사는 다그치는 말투로 당장 휴대폰과 은행 카드(체크카드), 여권을 들고 은행으로 출발하라 했다. 그러면서 전화는 절대 끊지 말고 모든 소리가 잘 들리도록 얼굴 가까이에 들고 있으라 했다.
이체 수취인이 아는 사람이냐고 은행에서 물어보면 그렇다 얘기하고, 그 은행 직원도 믿지 말라 했다.
나를 잘 아는 주변 지인이 나를 이 사건에 연루시킨 것이 분명하다며, 그 누구에게도 현재의 협조 과정을 절대 발설하지 말 것을 재차 확인, 강조했다.

혼이 나간 나는 헐레벌떡 슬리퍼를 신고 길을 나섰다.
급한 가게 일을 위해 준비해 둔 현금 다발과, 항상 빳빳한 새 돈으로만 정성스레 챙겨 둔 직원들의 월급을 다 모두 가방에 쓸어 담고 은행에 도착했다.

한 번에 40만 위안을 이체하려니 이 또한 쉽지가 않았다.

우선 은행 직원이 검사가 얘기했던 것처럼 이체 계좌가 어떤 관계의 사람 것인지 확인했다.

대충 거래처라 말하고, 검사에게 이 말이 잘 전달되도록 손에 쥐고 있던 휴대폰을 땀을 닦는 척 얼굴 가까이로 가져갔다.

은행 직원이 말했다.

이런 큰 액수는 한 번에 이체가 안 된다며 며칠에 나누어 이체해야 함을 알려 줬다.

자기네 창구에서 한 번 이체를 하고, ATM기계에서 한 번 더, 전화나 컴퓨터로 이체하면 하루에 세 번은 할 수 있으니 급하면 그렇게라도 해 보라고 친절하게도(?) 방법을 설명해 줬다.

다음 날 또다시 이체를 해야 하지만, 일단은 검사가 하라는 대로 할 수 있는 모든 일을 끝내고 나니 뭔지 모를 안도감과 피로감이 급격히 몰려왔다.

검사는 다음 날 오전 7시 반에 전화할 테니 은행으로 갈 모든 준비를 하고 기다리라며, 그 누구와도 통화나 대화를 하지 말 것을 당부하고 나의 다짐과 약속을 받고는 전화를 끊었다.

혼자만의 세계로 돌아온 나는 어안이 벙벙했다.

이 무슨 일이란 말인가?

인슐린 주사를 맞고, 밥을 먹어야 할 시간도 이미 한참을 놓치고 있었다.

무섭고 떨리는 마음을 부여잡고 차분해지려 안간힘을 썼다.

뒤늦게 허기가 느껴져 차근차근 주사도 맞고 저녁을 먹기 시작했다.

많은 생각이 머릿속을 뭉게구름처럼 뿌옇게 흐려 놓는다.

얼른 나의 결백을 증명해야지!

그것만이 내가 살 길이다 싶었다.

그들과 통화한 여섯 시간 동안 그들에 의해 나의 머리는 완벽하게 정복당하고 만 것이다.

다음 날 아침 나는 나갈 준비를 다 히고 검사의 전화를 기다렸다.

1분의 오차도 없는 7시 반에 휴대폰이 울린다.

신호음이 몇 번 울리기도 전에 나는 전화를 받았다.

검사는 어제처럼 오늘도 잘 협조해 주길 바란다 했고, 나는 전 날처럼 휴대폰을 켠 채로 은행으로 가 남은 금액을 모조리 이체했다.

그들이 말한 '안전금고'로 말이다.

그리고 검사가 말한다.

자신이 나의 상황을 윗선에 보고했는데, 내가 외국인이라 담보금이 필요하다고 말을 이어 나간다.

있는 자산을 다 긁어 보내서 담보금 낼 현금이 없다고 답했다.

검사는 강압적인 어투로 어차피 인증 절차만 거치고 나면 그대로 다 돌려받을 돈이니, 빌려서라도 준비하라 했다.

담보금이 얼마인지 들어나 보자 싶어 물어보니, 20만 위안이라 했다.

머릿속이 다시 하얘졌다.

검사는 내가 다른 생각을 할 겨를도 없이 몰아갔다.

가족에게라도 얘기하라고, 너의 결백을 증명하는 게 지금 가장 시급한 문제 아니냐며 선의의 거짓말이라도 하라 한다.

절대 지금의 상황을 있는 그대로 얘기해서는 안 된다며, 내 전화를 다 도청하고 있다는 사실을 기억하라 말한다.

한국에 있는 여동생에게 전화를 걸었다.

아무것도 묻지 말고 돈을 좀 보내 달라 말했다.

사업을 시작하고 처음 해 보는 부탁이었다.

동생은 내가 말한 돈의 액수가 적은 게 아니어서 남편과 상의를 해야 한다고 양해를 구했다.

그러라고 하고 초조하게 답변을 기다렸다.

몇 시간이나 흘렀을까, 모르는 번호의 전화가 걸려 온다.

받고 보니 상하이 주재 한국 총영사관의 영사였다.

여동생의 얘기를 전해 들은 제부가 추측하기를, 처형이 분명 무슨 일을 당하고 있는 게 확실하다며 외교통상부에 전화해 나의 안전을 확인해 달라고 요청한 것이었다.

영사는 현재 무슨 일을 겪고 있는 건지 물어 왔다.

나는 조용히 숨죽여 얘기했다.

"말씀드릴 수 없어요. 이 전화가 지금 도청당하고 있거든요~"

"네? 한국 영사관에서 거는 전화는 도청할 수 없어요. 안심하시고 말씀해 보세요!"

나는 어제부터 겪고 있는 일을 하나하나 상세하게 이야기했다.

나는 완전히 그들에게 세뇌되어 확신에 찬 목소리로 이야기하고 있었다.

영사가 어렵게 입을 연다.

"전화번호 정도는 기계 하나만 거치면 완벽하게 조작 가능합니다. 지금 속고 계신 겁니다. 일단 거기서 걸려 오는 전화는 절대 받지 마세요."고 당부한다.

그리고 이체한 영수증 등 모든 자료를 가지고 가장 가까운 파출소로 당장 출발하라 했다.

이게 도대체 또 무슨 일인가?

10분 전까지만 해도 '나의 결백이 어떻게든 밝혀져야 할 텐데~' 하며 머릿속을 가득 채우고 있던 근심이 순식간에 '멍청하게도 내가 속고 있었나?'로 곤두박질치며 마치 내리막 롤러코스터를 질주하는 느낌이었다.

여권과 은행 통장, 이체 영수증 등을 챙겨 들고 집 근처 파출소로 미친듯이 달려갔다.

입구에서 사건을 접수하고 나니, 경찰관들끼리 수군댄다.

"오늘은 외국인이 왔어. 매일 할머니 할아버지들이 그렇게들 신고하러 오더니……"

보이스피싱, 뉴스를 통해 너무나도 많이 접했던 당대 최고 이슈(물론 지금은 그 수법이 더욱 진화되어 여전히 기승을 부리고 있는), 늘 남의 일로만 치부했던 그 일을 내가 겪고 있다니, 기가 막힐 노릇이었다.

이 모든 과정이 처음부터 설계된 사기라니……

하지만 아귀가 정확하게 들어맞지는 않았다.

집 현관문에 붙어 있던 우체국 통지서와 집으로 걸려 온 우체국 전화, 나에 대해 정말이지 뭔가를 알고 있는 사람이 나의 정보를 그쪽에다 팔지 않고서야 어쩜 이렇게 속을 수밖에 없게끔 만들 수 있었을까 싶었다.

40만 위안, 결코 적지 않은 금액이다.

2012년에는 다른 도시로 송금하면 상대방 계좌로 들어가기까지 며칠이 걸리던 시절이다.

그래서 파출소에 도착하자마자 경찰에게 나의 계좌를 즉시 동결시켜 줄 것을 청했다.

나는 그래도 일말의 희망을 부여잡고 싶었다.

'힘들게 번 나의 돈들아, 제발 악당들에게 넘어가지 마라~'

그러면서 한편으로는 '작년에 70만 위안을 들여 가게 리모델링 해 놓기를 잘했다.', '얼마 전 벼르고 별러 2만 5천 위안의 피아노를 미리 잘 샀다.', '큰돈 들여 해야 할 공적인 일들은 잘 끝내 놓았다.'

엄청난 바보짓을 해버린 나 자신을 위로할 만한 일들은 뭐 하나라도 끄

집어내 숭숭 뚫린 마음을 땜질하기 바빴다.

사건을 신고 접수하고 일주일이 흘렀다.
공안국에서 연락이 왔다.
조서를 마무리 지어야 하니 출석해서 상황을 한 번 더 진술해 달라 했다.
나는 무엇보다 은행에서 일을 어떻게 처리했는지 너무도 궁금해 한달음에 달려갔다.
경관을 만나자마자 물었다.
"은행 계좌 동결은 어떻게 되었나요?"
경관이 답한다.
"이제 해야죠~"
나는 머리가 멍해졌다.
벌써 일주일이 지났다.
돈이 다 출금되고도 남았을 시간이다.
나는 가슴을 퍽퍽 쳐 댔다.
'매일 파출소를 찾아갈걸~'
'계좌를 동결시켰다는 말을 들을 때까지 파출소에 상주할걸~'
모든 일이 일어나고 난 뒤 후회해 봐야 소용없다는 걸 누구보다 잘 안다.
내 운이 거기까지였던 걸 인정할 수밖에 없는 현실이었다.

부모님은 이 사달을 듣고 나를 안심시키려 무지 애썼다.
한국 법원의 부장판사도 보이스피싱을 당했다며, 내가 바보라서 당한 게 아니라, 사람을 너무 잘 믿어서 일어난 일이라고, 어디 납치라도 되어 몸이 다치지 않은 것만 해도 다행이라고 나를 무진장 위로했다.
돈은 다시 벌면 되니까, 다른 일 없이 돈만 잃은 게 천만다행이라고 매일같이 똑같은 말로 나를 다독였다.

얼마 후 독일 친구에게 이 사건을 얘기했더니, 당장 언론 매체에 알리자며 난리를 쳤다.

더 많은 사람들이 피해를 보지 않게 만들고, 돈의 일부라도 찾으려면 그렇게 해야 한다며 열심히 자신의 의견을 피력했지만, 나는 이 모든 일이 온전한 나의 잘못으로 벌어진 일이라고 결론을 내렸고, 더 이상 이 일에 신경 쓰고 싶지 않다고 일축했다.

내 보이스피싱 사건을 들은 가까운 친구들은 상하이에서도 홍콩에서도 당장 필요한 사업 자금으로 쓰라며 거금을 내놓았지만, 나는 그들의 호의를 받을 수 없었다.

나를 도우려는 친구들의 마음만으로도 나에게는 큰 위로가 되었고, 한두 달 생활비를 거의 쓰지 않으면서 실로 오랜만에 경제적 궁핍으로 인한 절약을 실천할 기회를 가질 수 있었다.

그 사건 이후로 상하이 공안국에서는 언제든 통화 가능한 전담 경찰관을 한 명 배정해 주었다. 외국인의 안전을 보장해 주는 치안만큼은 중국 최고의 도시임이 분명하다.

하지만 나를 한 번 훑고 지나간 그 일로 일 년이 넘도록 그 보이스피싱 조직 사람들의 목소리가 끊임없이 귓가를 맴돌아 나를 무던히도 괴롭혔다.

끝도 없는 자책만이 내게 남아 '헛똑똑이'라며 자존감을 와르르 무너뜨리는 깊은 책망을 스스로 계속해 댔다.

지금도 세상 곳곳에선 보이스피싱과 로맨스 스캠으로 인한 피해가 여전히 현재진행형이다.

사람을 속이는 수법은 AI를 이용한 딥페이크(deepfake), 딥보이스(deepvoice)로 진화되어 진짜 사람인 양 얼굴과 목소리까지 흉내 내고 있어,

언제 어떻게 걸려들지 모르는 수수께끼가 되어 가고 있는 현실이 정말이지 안타까울 뿐이다.

　모두의 일상이 되어 버린 SNS를 통한 그들의 접근과 행태는 번역기를 통해 외로운 전 세계인을 겨냥하고 있다.

　코로나19 시기가 끝나면서 많은 사업자들이 힘든 행보를 걷고 있다.
　이럴 때일수록 이런 사기 조직들은 더욱 기승을 부린다.
　조직화되고 세분화되어 짜 놓은 시나리오들만 상상을 초월한다.
　사람의 감정을 파고들어 시간을 들여서라도 친밀감을 형성한 뒤, 그들의 목적을 위한 갖가지 이야기들이 미끼처럼 튀어나온다.
　실체를 알 수 없는 SNS 친구 만들기는 그만큼 리스크가 크다.
　검증할 수 있는 친구의 친구가 아니라면, 제발 그런 사람들의 접근을 차단하시길 권유한다.

　독자들 중 나와 같은 경험을 하신 분이 있다면, 하루빨리 자책과 후회 속에서 빠져나오시기를, 결코 자신의 잘못이 아님을 인지하시기를 부탁드린다.
　그 일로 마음과 몸까지 병들지 않으시기를 바란다.
　그러면 정말로 모든 걸 다 잃고 마는 결과밖에 되지 않는다.
　'이미 한 번 겪었으니 두 번은 겪지 않을 거야!' 자신에 대한 믿음을 가지시고, '이만하길 다행이다.' 지속적으로 스스로를 위안하며 그 어둠에 갇히지 않고, 그로 인해 한 단계 성장한 모습으로 한 걸음 앞으로 내딛으시길 간절히 바라는 마음이다.

　누군가를 속여 쉽게 벌어들인 돈은 그 만큼 또 쉽게 나간다.
　남의 눈에 눈물 흘리게 만들면 자신의 눈에는 피눈물 흘릴 날이 반드시 온다.

그 업보는 대물림을 할지도 모른다.

건강한 신체와 정신을 통한 신성한 노동으로 벌어들인 돈이야말로 진정한 나의 자산이 될 수 있다.

경험도 나의 자산이다.

최근에 '비터스위트(BitterSweet)'라는 말을 듣게 되었다.

고통스러운 경험을 가졌던 사람들이 비관적으로 자신을 내몰지 않고, 그 슬픔과 고통을 어떤 방식으로든 창의적으로 승화시킬 수 있다면 남들과는 다른 차원의 창의력을 발휘할 수 있다는 말이다.

나는 이 단어를 듣고 참 많은 위안을 얻었다.

앞으로 서술하게 될 나의 참담한 에피소드는 인간으로서의 자존감을 철저히 무너뜨렸고, 죽음을 수도 없이 생각하게끔 만들었다.

하지만 그 모든 일들이 지나가고 나니, 나름의 인생 지혜도 체득하게 되었고, 내가 어떤 사람인지 객관적으로 돌이켜 보면서 무슨 일을 해야 할지도 가늠할 수 있게 되었다.

괴로움은 언젠가는 끝이 난다.

버텨야만 한다.

체념은 금물이다.

'기회비용'이었다 여기시기를 바란다.

반드시 다른 기회가 온다.

나의 얼굴에 온기를 불어넣어 줄 일이 찾아온다고 믿어야 한다.

9장
예술은 내 친구

조안나밴드

아주 어렸을 때부터 여느 여자아이들처럼 나는 음악과 미술, 글쓰기에 애정이 많았다.

다른 친구들은 각종 학원을 다니면서 원하는 분야에서 재능을 키웠지만, 공무원 월급으로 아이 셋을 키우는 집안 형편에선 녹록지 않았던 게 현실이었다.

피아노를 배우고 싶어 하는 나에게 엄마는 종이에 그려진 피아노 건반을 사 주었다.

혼자서 건반 소리를 머릿속으로 상상하며 얼마나 열심히 연습했는지 지금도 기억이 난다.

덕분에 종이 피아노로 오른손 왼손 분리까지 해낼 수 있었다.

그런 내 모습이 마음에 쓰였는지 엄마는 여동생과 남동생 다 같이, 성당 이모가 운영하는 피아노 학원에 다니게 해 주었다. 나중에 알게 된 사실은 한 명 수업료로 성당 이모가 배려해 가능한 일이었다.

피아노가 두 대였던 그 가정집 학원은 어린 학생들로 복작거렸는데, 내 차례가 올 때까지 테이블에 앉아 음표를 그리며 음악 이론 공부를 하다가 피아노 연습을 하는 건 내가 제일 좋아하는 하루의 일과가 되었다.

몇 달 되지도 않아 바이엘은 물론 체르니도 금세 익혔던지라 선생님은 나를 피아노 천재라며 칭찬을 아끼지 않았다. 몇 년 지나서는 친할아버지가 피아노를 한 대 선물해 주셔서, 우리 집엔 피아노 소리와 노랫소리가 끊이질 않았다.

중학교 시절엔 학교에서 개최한 가곡대회에도 매년 빠지지 않고 참여해 상을 타 오면서 음악에 대한 나의 열정은 뿌리를 엉글어 가고 있었다.

상하이에서의 생활이 안정되어 가면서 가장 먼저 구입한 것이 디지털 피아노였다. 헤드폰을 쓰면 밤에도 언제든 연주할 수 있었고, 내 최고의 친구이자, 나만의 위로가 되어 갔다.

보이스피싱으로 모든 재산을 잃었을 때도, 그 전해에 오랜 고심 후 비싸게 구매한 새 디지털 피아노가 곁에 있어 정말 다행이라 여겼었다.
그러다 다른 악기에도 욕심이 생겨 기타를 배우기 시작했다.
여러 중국 선생님을 거치면서 새로운 음악 친구들도 사귀게 되었고, 외로웠던 타국 생활에 동반자 역할을 톡톡히 해 준 것이 나에게는 음악이었다.

상해대학교 옆에 가게를 연 지 5년차 되어갈 즈음, 늘 가게를 가득 채워주던 상해대학교 학생들과 유학생들을 위해 뭐 할 게 없을까 고민하기 시작했다.
각종 행사 MC를 맡으며 주변에서는 연예인으로 알려진 대학원생이자 학생회 부회장을 맡고 있던 단골 친구에게, 사회 환원 차원에서 학교에 기부를 하고 싶다고 알렸더니 극구 나를 말렸다.
학교 측에 기부 형식으로 전달하면 분명히 누군가의 주머니로 들어갈 것이 뻔하다는 것이다. 차라리 적게라도 생활이 어려운 친구를 찾아 직접 도와주는 게 나을 거라고 솔직한 의견을 보내왔다.
그래서 그 친구에게 도움이 필요한 '친구 찾기'를 부탁해 놓고, 세계 곳곳에서 온 유학생을 먼저 챙기기로 마음먹었다.
가게 바쁜 시간이 지나고 나면 양손 무겁게 맥주와 간식거리를 사 들고 기숙사를 찾곤 했다.

상해대학교는 한국 친구들보다 유럽, 미주, 일본, 러시아 등 다양한 나라의 친구들이 많았다. 그나마 다른 대학에 비해 유학생 수가 적은 편이었기에 대부분의 친구들과 알고 지낼 수 있었고, 가게 음식에 대한 피드백도 듣고, 유학 생활에 대한 고민도 같이 나눌 수 있어 나로서도 즐겁고 유쾌한 시간이었다.

그러던 어느 날, 상해대학교에서 어학연수를 마치고 인구 외국어대학교로 진학한 일본 친구가 주말이라며 옛 친구들을 만나러 기숙사를 방문했다.
마치 만화책을 뚫고 나온 듯한 그의 모습은 다소 비현실적이었고, 앳된 얼굴 한구석에는 나이에 걸맞지 않은 우수를 머금은 신비로운 인상이었다.
그와 이런저런 이야기를 한창 나누다가 그의 최근 고민이 시도 때도 없이 그를 찾는 한 스토커에 관한 것임을 털어놓았고, 당시 나도 TV프로그램 출연 이후 생겨난 스토커들 때문에 골머리를 앓고 있던 터라 공감대를 이루며 이야기를 이어 나갈 수 있었다.
그러다 그 친구가 기타를 연주한다는 걸 알게 되었고, 나도 2년 전부터 기타를 배우고 있어 자연스럽게 우리의 화제는 음악으로 흘러갔다.

유학생 친구들 중에는 드럼을 치는 친구도, 베이스기타를 치는 친구도, 노래를 잘하는 친구도 있어서 무리 없이 밴드 결성이 이루어졌다. 세계 각국의 친구들이었지만, 연습할 곡을 정하는 것은 생각보다 순조로웠다. 전 세계인의 사랑을 받는 유명한 곡이 그만큼 많아서였다.
나는 키보드를 맡았고, 우리는 각자의 악기가 돋보이는 곡들로 여러 곡을 연습해 나갔다.

상하이에는 라이브 공연장도 많고, 연습할 스튜디오도 구석구석 많은 편이다.
특히 일본인들은 직업과 별개로 음악을 취미로 하지만, 공연할 수준의 프로들도 많아서 인맥을 통해 스튜디오 찾기도 쉬웠다.

마치 과제와도 같았던 혼자만의 연습, 그리고 합주, 시간이 지남에 따라 완성도가 메워짐에 다들 행복해하며 그 시간을 즐겼던 건 분명하다.

음악을 매개로 한 팀워크도 좋았고, 다들 외국에 나와 있었기에 남다른 소속감도 생기면서 사이좋게 지냈다.

그해 여름, 나는 예전에 같이 중국어를 공부하면서 우애를 다졌던 일본 친구들을 만나러 갈 계획을 세우고 있었다.

도쿄, 교토, 나고야, 오사카까지 열흘 정도의 일정을 짜고 있는데, 밴드의 기타리스트 친구가 방학이라 귀국해 있으면서 오사카 근처 자신의 동네에 도 와 보길 권했다.

인터넷으로는 그곳의 호텔을 찾을 수 없어 그 친구에게 숙소 예약을 부탁해 두었다.

그렇게 일본으로 여행을 떠났다.

요코하마에서 결혼해 살고 있는 친구가 일부러 나를 만나러 도쿄로 와서 밤늦도록 기나긴 수다에 시간 가는 줄 몰랐다.

8년 만의 만남이었다.

방학이라 집으로 돌아가 있던 다른 친구들도 만나고, 귀국하여 일하고 있던 옛 친구들과도 만나며 매일이 파티였다.

교토에서의 며칠은 정말 조용히 혼자 지냈다.

한국의 경주와 비슷한 분위기여서 사색하기에는 안성맞춤인 곳이었다.

혼자 밤 투어 버스를 타고 고즈넉한 야경을 즐기기도 하고, 기차를 타고 이 도시 저도시를 옮겨 다니면서 눈에 담은 자연과 마을 풍경들이 상상력을 키우기엔 최적의 장소라는 생각도 들었다.

유명 일본 작가들이 많은 데엔 환경적 요소도 크게 작용했으려니 싶었다.

어느 도시를 가나 오랜 친구들이 환영해 주었고, 나로 인해 만나 서로 모르던 친구들도 '중국 유학'이라는 공통분모로 금세 친해질 수 있었다.

말이 잘 통하지 않아도 제스처나 표정만으로 이해가 되었고, 낯익음이 얼마나 큰 역할을 해 주는지 체험할 수 있었다.

오사카에서는 정말 많은 친구들이 모여 다양한 음식과 공연도 즐겼고, 부산과도 비슷한 그곳 분위기와 인심에 이후에도 여러 번 그곳을 다시 방문했었다.

기타리스트 친구의 동네에는 기차를 타고 도착하였는데, 친구가 아버지와 함께 마중을 나와 주었다.

인사를 나누고 차에 타서는 짐을 내려놓아야 하니 예약해 놓은 숙소로 가자고 친구에게 말을 건넸다.

그 친구는 씨익 웃으며 다 알아서 해 놓았으니 따라오기만 하면 된단다.

그리고 도착한 곳은 3층짜리 건물이었는데, 도무지 숙소 같지가 않았다.

"여긴 어디야?"

일단 2층으로 올라가 보라는 그의 말에 짐을 들고 올라갔다.

커다란 구스타프 클림트의 그림 '키스'가 눈에 들어온다.

가정집 현관이었다.

그곳은 그의 집이었다.

현관문을 열고 들어가니, 등을 지고 식탁에 앉아 화장을 하고 있던 패셔너블한 그의 어머니가 뒤돌아보며 환한 미소를 지었다.

그녀 앞으로 고흐의 그림도 보였다.

내가 좋아하는 두 작품을 친구의 집에서 만나게 되자, 그곳이 낯설지 않게 느껴졌다. 편안함도 살그머니 다가왔다.

외동아들이던 그는 그의 어머니가 늦게 결혼하면서 낳은 귀한 자식이었다.

9장 예술은 내 친구

그의 아버지는 무뚝뚝한 오사카 분이었지만 눈만 마주치면 미소로 화답하는 젠틀맨이었다.

나는 일본을 여행하면서 그곳 전통 의상을 한 벌 구입하고 싶었다. 다른 나라를 가도 마찬가지지만, 의상을 공부했던 터라 호기심이 발동했다.
내가 전한 아들의 얘기를 듣고 그의 어머니는 여러 군데 전화를 돌렸다. 어디서 유카타를 살 수 있는지 여기저기 물어보고는 당장 출발하자 했다. 가족이 모두 나서서 카페에서 커피도 한 잔 즐기고, 천천히 쇼핑에 나섰다.

다채로운 색상의 유카타들이 행거에 쭈욱 걸려 있었는데, 그의 어머니가 적극적으로 이것저것 추천해 왔다.
가장 마음에 드는 걸로 구입을 하고 집으로 돌아오는 길에 그녀가 말했다.
"조안나 상, 내가 유카타를 입어본 적이 없어서 이걸 어떻게 입는지 방법을 몰라, 내 엄마를 부를게, 괜찮겠어?"
어이쿠야, 내가 일을 키웠네 싶었지만, 그래 주시면 감사하겠다고 조심스레 전했다.

집으로 돌아온 잠시 후, 근처에 있던 할머니가 오셔서 전통 의상을 입혀 주시면서 그러신다.
"너는 한국 사람인데, 유카타가 어째 이리 잘 어울리는고?"
웃으시며 옷 매무새를 요리조리 꼼꼼하게 챙기는 할머니의 모습이 나도 그들의 가족 같은 느낌을 들게 했다.
일본과는 역사적 일들 때문에 한없이 멀게만 느껴졌는데, 중국 유학 생활을 하면서부터 서로 챙겨 주고, 아껴 주는 일본 친구들이 늘어나면서, 과거와 현재를 분리하는 의식 작업을 끊임없이 해야 했다.
하지만 한국인으로서 유카타를 소장하고 있는 것이 못내 맘에 걸려 결국에는 친한 일본 친구에게 선물하며 내 품에서 떠나보냈다.

그의 할머니는 할 일을 하러 가야 한다며 발걸음을 재촉하셨고, 우리는 거실에 모여 앉아 차를 마시며 담소를 나누기 시작했다.

그의 어머니는 나에게 끊임없는 질문을 했다.

일본어를 잘하지 못하는 나 때문에 아들이 통역을 하느라 대화 시간은 더디게 흘러갔지만, 하하호호 웃을 이야깃거리들이 너무도 많았다.

저녁 먹을 시간이 되어 온 가족은 다 같이 스모 선수들이 자주 간다는 유명한 찬코(전골) 식당으로 향했다.

소스 만드는 법과 먹는 방법을 알려 주셔서 맛난 음식을 즐기는 와중에도 어머니의 질문은 계속되었다.

나의 엄마와도 나이가 같았던 그녀는 밝은 에너지가 넘쳐 났다.

"조안나 상, 마지막으로 남자 친구와 밤을 보낸 게 언제야?"

뜬금없는 그녀의 질문에 나는 "뭐?" 하며 통역하던 친구에게 휘둥그레 놀란 표정을 지었고, 그 친구는 나를 응시하며 같은 질문을 반복했다.

나는 내 이름을 건 가게 이미지 때문에 몇 년 전 짧았던 결혼 생활과 이혼 이후로는 남자 친구를 만들지 않고 살았다.

그래서 그저 기억이 나지 않는다고만 답했다.

그녀는 몹시 안타까워하며, "내 나이 60이 되고 보니 이젠 하고 싶어도 못 해. 연애할 수 있을 때 놓치지 말고 많이 해!"

생각지도 않았던 질문과 답변에 많은 생각을 하게 되었다.

나는 외로웠던 타국 생활을 하며 많은 것을 배웠다.

기타도, 유화 그림도, 재즈 댄스도, 클라이밍도, 무에타이도 어찌 보면 끝없이 솟아나는 배움에 대한 갈증을 채우기 위함도 있었지만, 궁극적으로는 외로움과 우울감에서 벗어나기 위한 나 자신과의 고독한 사투였다.

그러다 보니 내 주변엔 항상 사람들로 넘쳐 났지만, 단지 인간 대 인간의 단순한 친구 관계였지, 내 생활까지 파고든 인연은 없었다. 아니, 만들지를 않았다.

가게 일은 휴일이 따로 없는, 24시간 촉각을 곤두세워야 하는 일이다. 언제 어디에서 문제가 발생할지 모르기에 늘 긴장하고, 준비되어 있어야 했다.

에너지를 남자에게는 더 이상 쏟고 싶지 않다는 게, 나의 지론이 되어 버렸다.

그녀의 조언도 당시 나에게 시기적절한 물음을 던진 건 맞지만, 그냥 흘려들으려고 했다.

아직은 아니라고, 마음 다지기만 반복하고 있었다.

즐겁게 저녁을 먹고 집으로 돌아와 거실에 둘러앉아 간단하게 술상을 폈는데, 뒷벽으로 둘러쳐진 비어 있는 술병들이 같은 각도의 라벨로 주르르 세워져 있다.

나와 비슷한 정리벽이 느껴졌다.

이 친구도 상하이 나의 집에 올 때마다 그런 얘기를 했다.

자기 엄마와 너무 닮았다고, 실제로 만나 보니, 엉뚱한 4차원적 질문과 여러 면에서 그럴지도 모르겠다 싶었다.

과거에 플로리스트였던 그녀는 말과 행동에 거침이 없었고, 자신은 두꺼운 성벽에 갇혀 너무 오랜 세월을 허비하다가 세상에 나온 지 얼마 되지 않았다 했다.

거기엔 가슴 아픈 사연이 있지만, 여기서 밝히지는 않겠다.

그의 아버지는 태블릿으로 우리나라에서 일본으로 건너가 알려진 '계은

숙' 가수의 노래를 찾아 들려주면서 제일 좋아하는 가수라고 했다.
과묵하지만, 인자하고도 세심한 모습이 인상적이었다.

밤늦도록 이어진 술자리에서 기타 치며 노래도 하고, 얘기도 나누면서 마지막에 그녀가 한 가지를 요청해 왔다.
자신은 이제 나이가 들어 새로운 언어를 배울 수 없지만, 나는 아직 젊으니 일본어를 배워 보라고, 다음번엔 아들 빼고 둘이서 얘기를 실컷 나눠 보자고 했다.
꼭 그렇게 하겠다고 약속을 하고서는 다음 만남을 기약했다.

그 집에서의 1박 2일은 한 가족을 알게 되면서, 다른 환경에서 오는 문화적인 차이도 신선하게 다가왔고, 다른 곳에서 경험할 수 없었던 색다른 따뜻함이 내 마음을 은은하게 데워 주었다.
열흘간의 일본 여행은 친구들과의 새로운 추억도 만들어 주었고, 다양한 문화 체험의 장이 되어 주었다.

상하이로 돌아간 뒤, 방학이어서 귀국했던 친구들도 모두 자신의 자리로 돌아왔다.
몇 달의 공백이 그리움으로 뭉쳐 다시 음악 활동도 하고, 나의 집에서는 날마다 파티가 이어졌다. 집에 악기들이 많았던 덕에 이를 다룰 줄 알던 세계 각국 친구들의 즉흥 잼 연주가 매일 타국의 작은 공간을 예술적 온기로 가득 채워 주었다.
중국은 자주 이어지는 인테리어 공사 소리로 층간 소음에 별로 예민하지 않았다. 시끄러운 기계 소리보다는 음악 소리였기에 이웃 주민들도 많이 양해한 듯하다.

온 가족을 만날 수 있었던 그 친구와도 왠지 모르게 더 각별해져 갔다.

기타를 치며 노래할 기회가 생기면 언제나 나와 눈을 맞추며 노래를 했기에 주변 친구들은 항상 그 친구와의 관계를 부추겨 댔다.

그러거나 말거나 우리는 계속 일반적인 친구 관계를 유지했는데, 어느 날은 내 손가락에 끼워져 있던 쌍으로 된 반지 중 하나를 슬그머니 빼더니 자신의 손가락에 껴 본다.

그리고 그 반지는 내게 돌아오지 않았다.

마음의 표현인가 의문은 들었지만, 묻지 않았다.

그러다 어느 친구 관계에나 있을 법한 다툼이 일어났고, 나는 그 친구와 연을 끊었었다.

우리 음악 밴드의 활동도 흐지부지 막을 내렸고, 그 친구 소식은 다른 사람을 통해 간간이 듣는 정도였다.

2년여 시간이 흘러 우연히 그 친구와 전화 통화를 할 기회가 있었는데, 그때는 2년 전에 무엇 때문에 손절했었는지 그 이유조차도 흐릿해져 그저 반갑기만 했다.

여러 번 연락하기를 망설였다는 그, 그리고 하는 말이 살던 집을 이사했다 한다.

어디로 갔는지 물어봤더니, 학교에서는 더 멀고 내 집에선 걸어서 10분이면 되는 가까운 곳이었다.

"언제부터 거기 살았어?"

"2년 다 되어 가는 것 같애…"

연락을 끊었던 그 즈음이다.

"이렇게 가까운 곳으로 이사 왔으면, 가게에 오지 그랬어?"

"그냥 우연히 길에서 마주치고 싶었어…"

자세히 이야기하지 않는 한 그의 진심은 알 길이 없었기에 그냥 덮어 두고, 곧 있을 프랑스 친구의 생일 파티에서 그동안 소원해진 친구들과도 함께 만나자고 제안하며 전화를 끊었다.
  그리고 2년 만의 재회, 어색해하는 그를 끌고 다니며 친구들과의 우정도 이어 주고, 왁자지껄 즐거운 저녁 시간을 보냈다.

  상하이에서 친구들의 생일 파티는 전 세계 친구를 만날 수 있는 기회이기도 해서 다양한 정보 공유를 비롯해 커플 매칭 등 많은 일들이 일어난다.
  나로서는 친구의 범위가 넓어지는 계기가 되었고, 각양각색 직업군의 정보도 들을 수 있어 의미 있는 자리이기도 했다.

  그를 다시 만나고, 그가 속해 있던 새 음악 밴드 멤버들을 알게 되면서 자연스럽게 나의 음악 활동도 재개되었다.
  이번에는 공연을 하는 곳 대부분이 일본인이 경영하는 라이브 무대가 겸비 된 생맥주 가게라, 다양한 장르의 공연이나 모임이 요일을 가리지 않고 거의 매일 있었다.
  덕분에 연령대도 장르도 국한되지 않은 수많은 음악인을 만나게 되었고, 대화의 주제도 그만큼 폭넓어져 개인적으로는 재미로 낭비되지 않는 배움의 시간이었다.

  그곳에서 알게 된 밥(Bob), 예전에 TV에서 쉽게 그림을 그릴 수 있게 해 주었던 풍성한 머리의 밥 아저씨를 떠오르게 한 동양인 밥은 영어도 중국어도 너무 유창한 데다 여러 악기도 가능한 사람이었다. 그와 외국어로 한창 대화를 나누고 있는데, 한 일본 친구가 다가와서는 하하하 웃으며 너희 뭐하는 거냐며, 밥이 한국 사람이라는 거다.
  둘이 마주 보며 한참을 웃다가 한국말로 수다를 마구 떨었다.
  좋은 직장에 다니며, 긍정적인 그는 어떤 대화의 주제도 잘 이끌어 주는 친구였다.

밥도 그렇지만 그때의 친구들은 지금까지도 안부를 물으며 좋은 관계를 유지하고 있다.

어디에 있든 공유하는 추억이 있어 가능한 일이지 싶다.

하야시 상은 드러머이자, 무대 사운드를 컨트롤해 주는 뮤지션인데, 그가 나를 처음 만나고 한 말이 있다.

"조안나 상, 내가 고등학생일 때 쿨앤더갱(Kool & the Gang)밴드가 부른 'Joanna'라는 노래를 정말 좋아했는데, 너를 만나고 그 노래가 계속 머리에 맴돌아~"

나는 그의 말에 그 노래가 궁금해져 찾아 들어보았다.

그리고 80년대에 제작된 뮤직비디오를 보고 소스라치게 놀랐다.

음악가 친구들이 차를 타고 도착한 조안나즈(Joanna's) 식당, 음악을 연주하며 가게 주인인 조안나의 화려했던 옛 시절을 추억하며 노래하는데, 손님들에게 커피를 리필해 주며 음악하는 친구들과 주거니 받거니 홀을 거니는 그녀의 모습이 상하이에 위치한 나의 조안나즈(JOANNA'S) 가게와 이미지가 겹치면서 마치 내가 거기 있는 것 같다.

시간을 거슬러 어떻게 몇십 년 전에 이런 음악과 뮤직비디오가 만들어졌을까?

그녀의 삶은 또 어찌 그리 나와 닮아 있을까?

말이 안 되는 상황처럼 보였고, 이런 선물을 받을 수 있다는 게 신기하기만 했다.

"너는 서쪽으로 가야 해!"

"지구는 둥근데, 서쪽이라 하시면……"

"중국, 중국이 너랑 딱 맞아~"

중국 첫 출장을 앞두고 들렸던 대학교 앞 철학관 아주머니의 목소리가 생생히 떠올랐다.

어찌 보면 나의 르네상스는 상하이에서 서서히 불씨가 지펴졌고, 예술과 관련된 많은 사람을 만나면서 그들과의 교류가 지금의 나를 만들어 놓은 것 같다.

음악을 하는 예술가를 많이 접하게 되면서 자연스럽게 이성적으로 다가오는 친구들도 많아졌다.

그러다 우연히 마주치기를 고대했다던 그 친구가 말 문을 열었다.

"왜 그런지 모르겠지만, 사람들이 너에게 관심을 보이면 화가 나…"

주변 친구들이 나와 그가 잘 되기를 대놓고 밀어주던 게 벌써 4년 전 일인 데다가, 그 중 2년은 아예 접촉도 없었던 터라 무슨 감정인지 가늠이 안 되었고, 그냥 친구로서의 질투겠거니 했다.

그 친구에게 나는 잘 생각해 보라고, 그게 무슨 감정인지, 그러고는 며칠이 흘렀다.

다시 만나게 되면서부터는 둘이서 얘기할 기회도 많아졌고, 그가 음악을 만들면 제일 먼저 들려주는 사람이 나였고, 나의 조언대로 음악을 수정하기도 했다. 한번씩 집에서 파티를 하다가 그가 내 방에서 잠들면 나는 옆 방으로 가 잤는데, 아침이면 거실에서 기타를 치며 나를 깨워 주는 그저 친구 관계일 뿐이었다.

그렇게 오랜 시간을 함께 보내어 왔기에 우리의 관계가 자칫 발전했다가는 우정도 같이 날려 보낼까 봐 무척이나 조심스러웠다.

얼마 후 그는 '사랑'이라는 감정을 한 번도 경험해 보지 않아서 이게 사랑의 감정인지 무엇인지 나에게 물었다.

오랜 대화 끝에 그 감정이 무엇인지 함께 찾아가 보자고 답을 했고, 대외적으로는 우리 사이를 사귀는 남녀관계라며 그가 주도적으로 알리기 시작했다.

더 이상 다른 이성의 접근은 없었지만, 나는 괜찮았다.

무대에서 나를 향한 음악도 연주하고 노래하는 그와의 정신적 교감은 더욱 단단하게 흘러가고 있었다.

몇 달이 지나도록 우리는 정신적인 플라토닉 관계여서, 나는 의문이 들었다. 이게 정상적인 남녀관계가 맞나 하고 말이다.

그의 애정 어린 눈빛도, 음악으로 들려주는 사랑의 표현도 확실한데, 멀리 떨어져 있는 것도 아니고 매일 많은 시간을 함께하는데, 신체적인 접촉은 손을 잡는 것 외에는 전혀 일어나고 있지 않아서 한번은 그에게 물어보았다.

친구들이 우리 관계에 대해 물어보는데, 나는 거짓말은 하고 싶지 않으니, 그 이유를 말해 달라 하였다.

그는 한참을 망설이더니, 자신의 얘기를 듣고 나면 내가 떠나 버릴지도 몰라 숨겨 왔다며 말을 이어갔다.

중학생 시절부터 해외에서 지내면서 그동안 수많은 동성 친구들에 의한 성적 트라우마에 시달려 왔다는 것이다.

나는 상상하지도 못한 이야기를 들으면서, 항상 더 상남자인 척 친구를 대했던 그의 모습이 이해되기도 했지만, 동시에 안타깝기도 했다.

그는 그 트라우마가 일시적일 거라며, 자신을 기다려 달라 했다.

어려운 이야기를 솔직하게 털어놓은 건 정말 고마운 일이지만, 나에게는 생각할 시간이 필요하다 답을 주고는 며칠을 고민해 보았다.

그와의 관계에서 행복한 순간은 어떤 것들이었는지, 나이는 나보다 한참 어리지만, 외국인 친구들 사이에서 국적이 문제가 되지 않듯 나이 또한 별문제 될 게 없었다.

게다가 그의 어머니가 적극 지지해 주고 있지 않은가?

아마도 그 어머니는 아들의 고민을 잘 알고 있었던 듯하다.

4년 전 나를 만나본 적도 있고, 성향도 자신과 비슷한 내가 아들과 잘 맞을 거라고 판단한 듯 보였다.

그리고 그는 한국에서 여행 온 나의 부모님과도 만나본 적이 있는데, 그의 눈빛이 비범해 보인다며 남들이 뭐라하든 둘만의 그림을 그려 보라 했던 부모님의 모습도 떠올라 한동안 복잡하기만 했던 생각을 단순화하기로 마음먹었다.

그래, 남들과 좀 다른 형태면 어때?
지금도 아무 문제 없지 않은가?
괜히 그의 아픔을 들춰내 고민거리를 만들었구나, 하는 미안한 마음마저 들었다.

다시 이어가고 있던 우리 관계에서 그가 하루는 질문을 해 왔다.
"곧 대학을 졸업하면 일본으로 돌아갈 텐데, 같이 갈래?"
처음에는 농담처럼 들려서 "그럴까? 하하하하~" 웃었지만, 그의 얼굴은 진지하기만 했다.

솔직히 10년 가까이 운영하던 나의 가게는 여전히 사람들의 행렬이 이어지고 있었고, 문전성시 영업 중인 매장을 어떻게 될지도 모를 남자 하나 때문에 접는다는 건 사업가로서 할 수 없는 판단이기도 했다.

이듬해에 만난 디즈니의 알렉 때와 같은 고민거리가 처음으로 내 인생에 등장했다.

나의 상황을 인지한 그의 얼굴에는 어둠이 드리워졌다.
예전의 친구 관계로 돌아가자 전해 온다.
지금까지도 그런 친구 관계이지 않았는가?
그가 주변에 남녀관계로 떠벌리지만 않았다면, 애써 이 '무의미한 이별'

을 알리지 않아도 되었을 것을 그가 원망스럽기만 했다.

나에게 관심 있어 하는 이성들의 접근을 막기 위한 이기심이었나 싶기도 했고, 5년을 알고 지내며 '사랑'을 논했던 그의 진짜 의도가 무엇인지 알 수 없었다.

물론 시시때때로 심경의 변화를 겪었겠지만, 근본을 흔들어 놓는 그의 발언에 나는 화를 내고 말았다.

그냥 영원히 이별하자고 말이다.

상하이에 있는 동안 나를 이용한 것밖에 되지 않네 싶었다.

나의 이러한 감정을 설명해 주고 우리는 '이별 아닌 이별'을 하며 영원히 보지 않고 살아갈 줄 알았다.

다른 밴드의 기타리스트 친구가 자신의 귀국 무대를 나와 함께 하고 싶어 해서, 헤어진 그와도 잠시나마 음악 활동으로만 만남을 유지했고, 나를 제외한 모든 멤버들이 일본 친구들로 결성된 프로젝트 그룹 '조안나 밴드'가 탄생했다.

역사적으로 우리나라 국민들에게는 의미가 있는 이곳, 상하이에서 공연을 하게 되어, 멤버들에게 이유는 밝히지 않았지만, 한 번도 연주해 본 적 없던 그들에게는 신선한 한국 노래들로 무대를 만들어 보자 제안하였다.

고맙게도 멤버들은 나의 제안을 수락해 한국 노래를 같이 연습했다. 덕분에 많은 일본 음악가들과 중국인과 외국인 친구들이 공연장을 가득 메워 준, 나로서는 대한민국 국민으로서 실로 의미 있는 무대를 만들 수 있었다.

실제로 외국에서는 각 나라 정부들 간의 문제는 개인적으로 개의치 않는 편이다. 어쩌다 논쟁거리가 나오더라도 농담으로 흘려 버리고 만다.

'한국은 오랫동안 중국에 조공을 바치던 소국'이라며 일부러 심지 박힌 말을 하는 손님을 가게에서 한 번씩 만날 때도 있지만, "예전엔 그랬었죠~"

라며 나는 별로 반응해 주지 않고 화제를 바꾸곤 했었다.

한류의 열기가 가득했던 때라 오히려 나를 찾아오는 손님들이 더 많았다.

그 친구와도 졸업을 기점으로 담담하게 이별을 맞이했다.
늘 안부를 주고받던 그의 어머니와도 서서히 멀어져만 갔다.
그러다가 생일 때나 문자가 오가던 그와 2020년 겨울에 연락할 일이 생겼는데, 내가 가지고 있던 그의 어머니가 선물한 작은 거울이 잘 열지 않던 서랍에서 발견되어, 오랜만에 그 친구에게 이 거울 기억나냐며 사진을 전송했다.
사실 그 거울은 그의 어머니가 두 개를 사서 아들과 나에게 하나씩 선물했던 거였다.
"당연히 기억하지!"
"근데 조안나, 너한테 할 말이 있어."
왠지 모를 느낌에 아무것도 얘기하지 말라며 그의 말을 끊었다.
그리고 몇 시간의 정적이 흘렀다.
언젠가부터 그녀가 보내왔던 선물들이 자꾸 눈앞에 나타나는 게 그녀에게 무슨 일이 생긴 것만 같았다.
10년 전부터 그렇게도 서로를 그리워했는데, 단 한 차례도 만날 기회를 가지지 못했던 그녀, 마치 그녀의 영혼이 내 곁에서 자꾸만 물건들로 자신을 기억해 달라는 듯했다.
그의 한마디가 더 날아온다.
"엄마는 더 이상 이곳에 없어……"

그날 밤 나는 편의점에서 밤샘 근무를 하고 있었는데, 왈칵 눈물이 쏟아졌다.
짧았지만 강렬했던 그녀와의 대화와 주고받았던 수많은 표정들이 머릿속을 가득 휘감았다.

　돌아가시기 전에 나에 대한 이야기도 많이 했다고 그가 알려 왔다. 같은 언어로 폭풍 수다를 나누기로 약속했던 그녀를 생각하면 지금도 슬픔에 목이 멘다.

　그녀와의 약속을 지키지 못했음이 너무도 죄송하고, 자신의 아픈 모습을 나한테는 가뜩이나 보여주기 싫어했음을 잘 알고 있었기에 그저 느낌으로만 예측하고 있었는데, 막상 현실로 맞닥뜨리고 나니 막역한 분신과도 같았던 그녀와 함께 나도 무너져 내림을 실감했다.

　사람들의 발길이 멈춰진 그 편의점 공간에서 혼자 눈물을 훔치며 오랜 시간 그녀를 추도했다.

　얼마의 시간이 흐른 후, 그 친구가 2년 전 중국어로 만들어 놓은 노래를 유튜브로 들을 기회가 있었는데, 혼자서 만든 곡은 아니었지만, 그의 목소리로 부른 그 노래는 마치 나를 생각하며 만든 것 같은 착각이 들게 했다.

　그때의 상황을 잘 아는 친구들은 하나같이 나의 착각에 동조해 주었지만, 그에게 사실을 확인해 보지는 않았다.

　그냥 그렇게 착각이라도 하는 게, 그로 인한 지난 내 상실감을 보상해 주는 듯했기 때문이다.

　상하이에서 처음 결성했던 밴드의 보컬은 몇 년 후 한국 쇼프로그램 '너의 목소리가 보여'에 출연해 재즈풍의 노래를 선보였는데, 중간에 밴드 사진도 잠시 등장해 그 시절을 추억하게 했었다. 전 세계로 흩어져 있던 밴드 멤버들이 이 동영상을 보고서 '온라인 밴드라도 만들까?' 하며 즐거운 담소를 나누기도 했었다.

　세상이 디지털화되면서 동시에 스몰 월드가 되어 버린 지금, 언제 어디서든 친구들과 얘기를 나눌 수 있게 되었고 소소한 일상도 공유할 수 있게 된 것이 큰 장점이기도 하지만, 한편으로는 그때 그 시절의 감성과 오감을 더 이상 함께 하기는 어렵겠다는 현실에 막막해지기도 한다.

어떤 이유로든 다시 만나게 될 거라는 작은 희망의 불씨만 가슴속에 묻은 채, 이 순간을 열심히 실이기는 게 현재로서는 최선이지 싶다.

2023년 8월 15일 일본으로부터 해방의 날, 광복절을 맞이하여 윤봉길 의사의 매헌 기념관이 자리하고 있는 홍커우(루쉰) 공원으로 향했다.

나는 가게 근처 홍커우 공원을 자주 찾았다.

윤봉길 의사를 추모하고 기리기도 여러 번, 상하이 임시정부도 일이 있을 때마다 들러 이러한 순국열사들이 없었다면 지금의 내가 과연 존재할까, 생각하며 가슴 아픈 역사에 고개를 숙이곤 했다.

한 번씩 상하이를 방문하는 한국 친구들이 "네가 1930, 40년대 상하이에 있었다면 아마도 독립투사가 되어 있지 않을까 싶어!"라는 말도 해 주었다. 솔직히 외국에 나오면 자연스럽게 애국심이 마음에 장착되어 한국인으로서 좋은 이미지를 비춰 주려고 부단히도 많은 노력을 하기는 했다.

그날따라 날씨도 40도의 폭염이 사라진, 거리를 거닐기 좋은 상쾌한 날씨라 기분 좋게 길을 나섰다. 넓디넓은 홍커우 축구장을 한편에 끼고 있는 공원은 평일이라 생각보다 한가로웠다.

제일 먼저 매헌 기념관을 들러 묵념을 올린 후 2층으로 올라가 윤봉길 의사와 관련된 다큐멘터리를 홀로 시청하며 펑펑 목놓아 울었다.

25세밖에 되지 않은 청년의 목숨을 건 결의가 나와 비할 바는 아니지만, 타국에서의 내 현실도 고스란히 적용되는 것 같아 안타까움과 설움이 북받쳐 한참을 그곳에서 기도와 애도로 시간을 보내다 밖으로 걸음을 옮겼다.

눈물을 훔치고는 공원의 기운을 느끼며 〈아Q정전〉의 루쉰 작가의 동상도 둘러보며 산책로를 걷고 있는데, 물붓으로 글을 쓰고 계신 할아버지가 눈에 들어왔다.

가까이 이동하여 들여다보니, 중간에 "중국 여행, 어서 오세요." 한글이 적혀 있다.

나는 글을 쓰고 계신 할아버지에게 한글을 어떻게 아시냐며 반가움에 인사를 건넸다.

나를 한번 쓰윽 훑어보시더니, "지금부터 내가 쓰는 한글을 네가 다 읽어 내면 한국인임을 인정해 줄게!" 하신다.

그리고 그가 쓴 한글은 내가 예상치도 못한 윤봉길 의사와 관련된 글이었다.

놀라지 않을 수가 없다.

매헌미술제 출품작

나는 또박또박 한글을 읽어 내려갔다.

마치 윤봉길 의사 즉석 다큐를 찍는 것 같은 묘한 상황에 감정이 애국심으로 나를 완전무장하게 한다.

북적대며 몰려든 수많은 중국인들, 그들의 시선이 모두 나에게 집중되었다.

나는 무슨 용기가 났는지, 큰 소리로 그들에게 중국어로 설명을 하기 시작했다.

"1945년 8월 15일, 78년 전 오늘 조선이 일본으로부터 해방된 날입니다~~~"

근처 모든 중국인들이 박수를 쳐 주었다.

한국 TV에도 여러 번 촬영한 적이 있다던 할아버지가 물붓을 나에게 건네며 뭔가를 써 보라기에 부끄러워하며 내 이름을 썼다.

"이름이 네 글자네." 하시며, 그 밑에 한글로 '이쁘다'라고 써 주셨다.

물붓 할아버지의 한글

나는 그 즈음 윤봉길 의사를 기념하는 매헌미술제에 낼 작품을 구상하고 있었는데, 그날의 에피소드를 그려 보면 좋겠다 싶어 구도를 짜고 완벽하진 않았지만 의도는 충분히 담겼다 싶을 만큼의 작품을 제출했다.

그리고 주최 측에서 연락이 왔다.

사실 그 미술제는 학생을 대상으로 한 경연 대회였는데, 내가 학생이 아니어서 상을 주기엔 적합하지 않지만, 담고 있는 메시지가 아까워 오랜 회의 끝에 초청작으로 올려도 되겠냐는 제안이었다.

나는 너무나 감사했고, 날아갈 듯 기뻤다.

2009년, 유화 그림을 너무나 배우고 싶어 여기저기 수소문 중이었는데, 우연히 알게 된 미대생 차오차오와 그녀의 친구가 나의 집 앞에서 나를 기다리고 있었다.

아파트 공동 현관 앞에 사람은 없고 커다란 박스만 놓여 있는 게 영 마음에 걸렸는데, 친구들이 나의 귀가를 전화로 확인하고 집으로 올라오면서 아까 그 박스를 가지고 온 것이었다.
선물이라며 열어 보라는데, 그 박스는 마법의 상자였다.

두 친구가 화방에서 구입한 서른 가지 색상의 아크릴 물감, 사이즈별로 구비된 붓들과 캔버스들, 휴대용 목조 이젤 가방……
그리고 차오차오가 직접 작성한 유화 그리는 방법이 상세히 설명되어 있던 두 장의 쪽지까지, 생각지 못한 감동적인 선물로 눈물을 훔치던 그때가 생각난다.

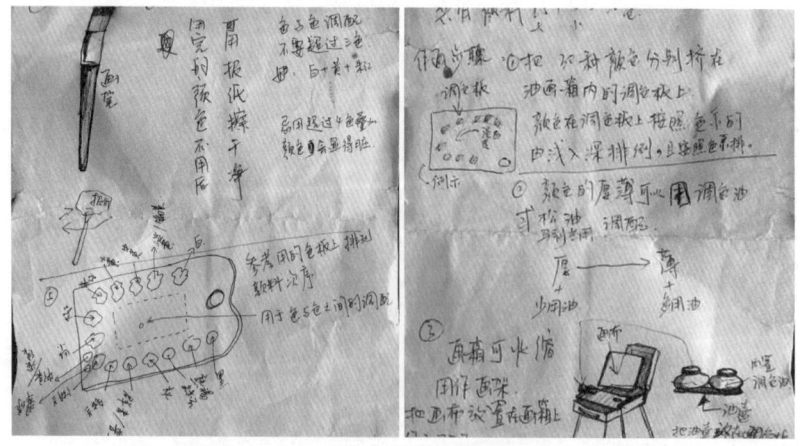

차오차오의 정성스런 유화설명

얼마 전 차오차오를 10여 년 만에 만났다.

길었던 공백의 시간도 우리 사이를 일말의 간격으로 벌려 놓지 못했다. 오히려 그간의 이야기를 나누며, '아' 하면 '어' 하는 대화의 호흡을 찰떡같이 맞춰 나갔다.

30대 중반이 된 차오차오는 나이가 들면서 무서운 게 점점 사라져 세상 살기가 편해졌다며 여유를 부렸다.

나는 그런 차오차오가 더 좋아졌다.

마치 내 마음을 대신 표현해 주는 것 같았기 때문이다.

미대생일 때는 내 얼굴을 도화지 삼아 멋진 메이크업도 해 주고, 추억이 많은 친구다.

불과 몇 년 전 보내온 광고 모델 제안도 너무나 감사했는데, 역시 친구 간에는 맞는 코드라는 게 있는 것 같다.

마음이 통하는 친구는 언제, 얼마 만에 만나든 예전과 마찬가지로 끈끈한 유대감을 이어간다.

감사하게도 나에게는 그런 친구들이 많다.

몇 달 후에 일본에서 가수 쇼세(Shosei)의 초청으로 10년 만에 재회하여 함께 즐겼던 음악 콜라보레이션 공연도 나에게는 너무 의미 있는 이벤트였다.

일본에서의 공연이라, 일본어 영어 한국어 노래를 준비했다.

좋아하던 영화 '나나'의 주인공이었던 나카시마 미카의 노래를 연습할 때는, 오랜 뮤지션 친구 마코토가 일본어 발음과 내게 맞는 음정을 체크해 주며 도움을 주었다.

이렇듯 알고 지낸 예술가 친구들과 지금도 인간적으로 예술적으로 교류를 하고 있음이 참 감사할 따름이다.

2014년 공연을 위해 상하이로 왔다가 인연을 맺게 된 쇼세와도 지금까지 연을 잇게 될 줄 미처 몰랐다.

언제나 든든한 친구로 격려와 응원을 보내 주는 고마운 셀럽 친구 마루오 쇼세(Maruo Shosei)의 멋진 음악도 소개하고 싶다.

쇼세와의 공연 포스터

예술은 꼭 특출나게 잘해야만 하는 건 아니다.

나는 그렇게 생각한다.

내가 알리고자 하는 바를 어떤 방식으로든 진심을 담아 표현할 수 있고, 스스로 만족할 만큼 최선을 다하면 된다.

그걸 보고 평가하는 건 타인의 몫이다.

표현에도, 평가에도 정확한 답은 없다.

개인의 경험에 따라 얼마든지 다르게 해석해도 된다.

그렇기에 나에게는 요리도 예술의 한 분야다.

내 삶 속에는 많은 예술적 요소들이 담쟁이덩굴처럼 속속들이 자리 잡아

가고 있는 중이다.

피어나는 감성을 떨구지 않고, 알알이 그 속을 채워 가고 싶은 마음이다.

10장

4차원의 괴짜, 알렉

알렉과 목하 열애 중인 조안나

2015년 늦여름, 헝산루(衡山路)에 위치한 '오스카'라는 바에서 일본 뮤지션 친구 마코토가 그의 밴드와 연주 중이라는 소식을 듣고 오랜 친구와 그곳에서 만나기로 했다.
　친구는 고향도 같은 부산이고, 여러 방면으로 말이 잘 통해 5년 넘게 개인적으로 우정을 쌓아 가던 사이였다.

　바에 도착하니 흥겹게 음악이 연주되고 있었고, 날씨도 더위가 한풀 꺾여 늦여름 저녁의 정취를 한껏 올려 주고 있었다.

　친구와 반갑게 허그로 인사를 나누고 바에 나란히 앉아 칵테일을 한 잔씩 시키고는 그동안 나누지 못한 수다의 포문을 열었다.
　부산 사투리로 온 감정을 실어 나누는 대화는 그야말로 사막의 오아시스 같은 갈증 해소제의 역할을 톡톡히 해 주었다.
　한참을 웃고 떠들다 보니 연주되던 한 곡의 음악이 끝나고 있었다.
　멋진 노래를 들려준 밴드에게 박수로 감사를 전하면서 옆 사람들과도 잔을 부딪치며 인사를 나누었다.

　디근 자(ㄷ) 바, 내 옆자리에 홀로 앉아 있던 금발 머리, 파란 눈의 그도 나에게 씽긋 미소를 보내온다.
　가벼운 눈웃음으로 답례를 하고, 다시 친구와 이야기를 이어갔다.
　마코토도 밴드 연주가 끝나 우리 자리에 왔길래 나의 친구를 소개하고, 같이 잠시 자리를 함께하며 얘기를 나누다 밴드 멤버들이 모여 있는 테이블로 돌아갔다.

　시간이 밤 11시가 넘어가고 있어 나는 친구와 자리에서 일어났다.
　평소 자정이 되기 전에 술자리에서 일어나는 나에게 독일 친구가 붙여 준 별명이 있다.

'신데렐라'. 후훗, 얼른 호박 마차를 타고 집으로 가야 한다.

발걸음을 내딛는데 옆자리 외국인이 나에게 휴대폰을 내밀었다. 실례가 안 된다면 번호를 알고 싶다 했다.

수줍은 눈빛의 그를 빤히 바라보다가 왜 안 되겠냐며 번호를 알려 주고는 우리는 그곳을 떠나 각자의 집으로 향했다.

며칠 후 나는 한국에 예정되어 있던 가족여행을 위해 부산으로 향했다.

그 여행은 중국의 전통 악기 얼후(二胡)[3]도 동행했다.

그동안 상해음악대학 대학원생이 가르쳐 준 한국의 전통 민요 '아리랑'을 얼후로 한국에서 연주해 볼 계획이었다.

공항 검색대에서 얼후의 현을 문지를 송진이 탑승 금지 물품으로 걸려 압수당하면서 검색대 직원들이 물었다.

한국 사람인 내가 얼후를 소지한 것이 궁금한 모양이다.

중국 전통 악기 얼후의 소리가 사람 애간장을 구구절절 녹이는 듯해서 배우고 있다고, 이 소리를 한국 사람들에게도 들려주고 싶다고 했더니 직원들이 박수를 쳐 줬다.

송진은 가격이 얼마 안 할 테니 한국에서 구입하라며, 중국의 전통 문화를 한국에 알려 줘서 고맙다는 말도 더해 줬다.

설레는 마음을 안고 부산으로 향했다.

이번 여행은 온 가족이 함께하는 것이었기에 나만 빠질 수가 없었고, 친

◇◇◇◇◇◇◇◇◇

3) 얼후는 한국의 해금과도 매우 비슷한 악기로, 음색이 부드러워 현대악기들과도 잘 어우러지는 특성이 있다.

구들 셋(미국 뉴욕, 호주 브리즈번, 부산)과 함께 네 친구 완전체의 가을 여행도 준비했기에 다소 긴 여정이지만 기대가 가득했다.

설악산에서 매일 아침 주변을 돌며 산책했던 길이 지금도 뇌리에 또렷하다.
흙바닥을 사각대며 느끼는 상쾌한 아침 공기의 여운, 반짝이며 떠오르던 태양과 평화롭고 잔잔한 호수의 아련한 너울, 눈을 감으면 어느새 그곳에 있는 듯한 착각이 든다.
눈에 넣어도 안 아플 귀여운 조카들과의 시간, 부모님의 행복해하시는 모습, 동생 부부들의 예쁜 애정 행각들도 다 흐뭇한 미소를 짓게 만든다.

그러던 어느 날, 오스카 바에서 만나 전화번호를 물었던 그 미국인 알렉이 전화를 걸어 왔다.
상하이로 돌아오면 집 구하는 문제나 여러 가지를 도와줄 수 있는지 물어 왔다.
나는 돌아가면 연락하겠다 간단히 대답하고, 나의 여행 일정을 충실히 이어갔다.

가족들과의 소중했던 여행을 마치고 설악산에서 재회한 친구들은 마치 10대 소녀들처럼 흥분해 떠들어 댔다.
우리는 춘천, 가평, 남이섬까지 레일바이크에, 짚라인도 타고, 소문난 맛집을 찾아다니며, 정신없이 빠듯한 일정이었지만 너무도 쏠쏠했던 추억 여행을 마무리 지었다.

상하이로 돌아가서 그 미국인 알렉에게 연락을 했다.
우리는 만날 장소와 시간을 정하고 얼마 뒤, 그 바에서의 우연한 만남 이후로 첫 만남을 가졌다.

그는 그의 회사 신분증을 내 앞에 내놓았다.

생각지 못한 그의 행동에 다소 당황했지만, 나도 곧 나의 명함을 한 장 꺼내 주면서 서로의 신분을 확인했다.

기분이 나쁘지 않았다.

오히려 먼저 밝혀 주어 고맙다는 생각도 들었다.

그는 상하이 디즈니랜드 테마파크를 지으러 온 사람이었다.

계약했던 집이 만기가 되면서 새 집을 구해야 한다고, 자신도 동료에게 알아볼 테니 도와달라 했다.

그리고 미국에서 가져온 휴대폰에 유심만 바꿔서 쓰고 있는데, 통화가 잘되지 않는다며 어디서 휴대폰을 구매해야 할지 물어보길래 사용하지 않는 나의 폰을 그에게 빌려주겠다고 했다.

그렇게 우리의 만남은 시작되었다.

얼마 후 그는 자신의 직장 동료와 같이 살기로 했다며 나를 집으로 초대하기도 하고, 요리도 해 주는 등 소위 남들이 얘기하는 커플의 모습을 점차 만들어 가고 있었다.

알렉과 나는 토론하는 걸 정말 좋아했다.

하루는 일본 작가들에 대해 이야기하다가 내가 무라카미 하루키 작가의 작품에 대해 열변을 토하자, 그가 아베 코보 작가의 〈모래의 여자〉를 읽고 나서 그 결말에 대해 토론하자고 제안했다.

나는 그 작가를 들어 본 적도 없었지만, 그의 제안에 문득 궁금해진 그 책을 온라인으로 주문해 급하게 읽어 보았다.

주인공이 현실에 순응하며 살아가는 모습을 보고, 알렉은 "그가 자포자기한 거다."라며 주인공의 결단을 비난했고, 나는 "아니다. 그가 새로운 환경의 삶에서 다른 형태의 행복을 찾은 거다."라며 또다시 열띤 토론을 이어 나갔다.

나중에 알게 된 사실은 그 아베 코보라는 작가가 내가 좋아하는 무라카미 하루키 작가의 스승이라는 점, 두 작가 모두 일본의 초현실주의 작가의 대표주자라는 점은 나를 놀라게 했다.

때로 우리는 스머프 만화 영화의 매 캐릭터를 연구 분석하며 저녁 시간 내내 쉴 새 없이 떠들어 댔고, 이러한 우리 대화의 주제는 영원히 바닥을 드러낼 것 같지 않았다.

하루는 그가 집에서 눈물을 보였다.
자신이 어렸을 때 엄격하신 아버지한테 많이 맞으면서 컸다 말한다.
아시아계 친구들과 어울려 놀기 좋아하는 아들을 그렇게 야단치셨다며, 허리띠로 맞은 얘기를 할 때는 눈망울이 그렁그렁 젖어 있었다.
나는 그를 다독이며 얘기했다.
"결코 너를 미워해서가 아닐 거야. 세상 누구보다 너를 사랑하는 아버지의 기대치가 너무 커서 그런 거야. 다 예전 일이잖아… 지금은 누구보다 너를 자랑스럽게 생각하실 거야."
눈물을 훔치던 알렉이 나를 보며 얘기한다.
"아버지가 너는 분명히 좋아하실 거야!"
나는 환히 웃어 주었다.
그 어떤 칭찬도 이보다 더할 수 없었다.

그는 참으로 4차원적인 사람이었다.
나도 그런 부류이긴 하지만, 그는 나를 넘어서도 한참을 넘어선 사람임이 분명했다.

나의 집에서 그가 갑자기 감자를 찾은 적이 있다.
칼로 슥슥 베더니 꽃을 만든다.
그러고는 내가 그림 그리려고 사 둔 하얀 캔버스를 이젤에 세우더니 감자에 아크릴물감을 덕지덕지 묻혀 마구 꽃을 찍어 댄다.
"97, 98, 99, 끝~~~"
"오늘의 꽃은 중국의 목단인데, 마지막 한 송이는 바로 너야!"
식상하기도 한 표현이지만, 웃어 대는 그의 모습이 생뚱맞으면서도 사랑스러웠다.

어느 날은 자기 집 근처 재래시장에서 만나자 하여 그곳으로 갔더니, 살아 있는 황소개구리를 사자고 보챘다.
'이걸 먹을거야? 어떻게 요리하는지 알아?'
아무리 물어도 답이 없다.
그냥 사자고 우겨 대기 바쁘다.
7마리쯤 산 것 같다.
비닐 안에서 개구리들이 우당탕 난리들이다.
그걸 들고 아파트 호수로 갔다.
뭘 하는 거냐고 물었더니, 자기 하는 것만 보라며 갑자기 비닐을 벌렸다.
개구리를 한 마리씩 호수로 풀어 준다.
내가 소리를 질렀다.
"너 지금 생태계 파괴하는 거야!"
알렉이 짓궂은 표정으로 말했다.
"오늘 애들은 나 때문에 산 거야. 자유를 찾은 거라고~"

또 하루는 그의 아파트 호수 백사장에 앉아 음악을 듣고 있다가 내가 좋아하는 노래, '넬라 판타지아'를 들려주었다.
"나는 머릿속이 너무 복잡하거나 고민이 생기면 이 노래를 들으며 명상을 해. 너도 한 번 들어 봐……" 했더니, 한참을 듣다가 나에게 묻는다.
"내가 너에게 골칫덩어리리 지금 이 음악을 들려주는 거야?"
에고, 못 말리는 친구다.

우리는 각자의 방식으로 종이비행기를 접어 누구의 비행기가 가장 오래 공중에 떠 있는지, 가장 멀리 날아가는지 게임을 했다.
나는 이런 아날로그 놀이가 좋다.
예쁜 색종이로 접어 놓으니 완성품이 꽤 걸작이다.
우리는 베란다에 서서 동시에 하늘을 가르며 비행기를 날려 보냈다. 스톱워치로 시간을 재고, 승패를 가렸다.
계속 내가 이겼더니 도대체 어떻게 접은 거냐고 그가 알려 달라 했다.
그래서 무게 중심이 이쪽으로 가도록 이렇게 접은 거다 했더니, 금세 나를 따라 똑같이 접어 날려 본다.
1층 바깥은 아이들이 색색의 비행기를 줍느라 분주히 뛰어다녔다.
우리가 함께 만들어 놓은 동화 같은 풍경이다.

2016년 1월 10일, 나는 사다 놓고 한 번도 듣지 않았던 데이비드 보위의 음악이 아침부터 유난히 듣고 싶어졌다.
플레이어에 데이비드 보위의 베스트 앨범 CD를 넣고 하루 종일 그의 음악을 반복해서 들었다.
그날 오후 늦게 알렉이 일 끝나고 룸메이트 마이크와 집 근처 어느 카페에 있다고 해서 나도 그곳으로 갔다.
도착하자마자 나는 알렉에게 데이비드 보위를 아느냐고, 그의 음악을 아침부터 지금까지 듣다 왔다고 전했더니, 그가 눈을 부릅뜨며 말했다.

"오늘 그가 암으로 세상을 떠났어."

나는 가끔씩 그럴 때가 있다.

평소에 생각지도 않던 사람이 꿈에 나오거나 갑자기 떠올라 몹시도 연락하고 싶어질 때면 특히 망설여진다.

'뭔가 일이 생겼어!'

좋은 일보다 나쁜 일일 확률이 더 높다.

보통은 누군가가 돌아가셨다.

알고 지냈던 지인들은 그렇다 쳐도 데이비드 보위는 왜일까?

무엇 때문인지 모르겠지만, 내 주위에는 안타까운 영혼들이 많이 머문다. 이상하게도 나는 그들의 영이 느껴진다.

나를 해치러 찾아오는 영혼들이 아니라 영화 '식스센스'처럼 하소연을 들어 달라고 찾는 것 같다.

나는 명상을 하며 그들의 심정을 느껴 보려 한다.

여러 번 죽음을 경험했던 나는 그런 영혼들의 방문이 두렵지 않다. 나도 갑작스러운 죽음을 겪으면 그들처럼 살아 있는 누군가를 찾을 것 같기 때문이다.

이제는 신경 안정제의 도움으로 꿈을 잘 꾸지도 않지만, 정신이 맑을 때도 그런 영감은 언제든지 찾아온다.

마이크와 알렉, 나는 1월 10일 그날 카페에서 데이비드 보위의 음악을 맘껏 신청하며 다 같이 열심히 그의 노래를 따라 불렀다.

아침부터 듣지 않았다면, 그 노래를 그렇게 부를 수도 없었을 것이다.

그의 영혼이 평화롭게 안식처를 찾아가길 기도했다.

알렉이 어느 날 점심을 먹다가 신용카드를 테이블 위에 올려놓았다.

"내가 여기 일하면서 버는 돈이 많아. 이걸로 데이트 비용을 쓰자. 매번 네가 절반씩 부담하는 게 싫어. 내가 남자답게 느껴지지 않아. 앞으로 너는 돈을 아껴~"

나는 속으로 말했다.

'나도 너만큼 벌어. 같이 내면 어때? 나는 너와 평등한 관계이고 싶어!'

하지만 입 밖으로 꺼내지 않았다.

그냥 미소로 고개를 끄덕여 줬고, 그의 입장을 존중해 주고 싶었다.

그는 캘리포니아 집에 나를 데려가고 싶어 했다.

아트 스쿨을 졸업한 예술가인 그는 집 주변에 사는 화가들을 나에게 소개하고 싶어 했고, 나와 같이 성당에도 가고 싶어 했다.

나도 상상은 해 보았다.

옷은 늘 뒤집거나 거꾸로 입고, 악동에, 장난기 많은 그와의 생활을 말이다.

재미있을 것 같지만 함부로 결정할 일이 아니었다.

일로 전 세계를 돌아다니는 사람이다.

상하이는 한국과 거리가 가깝다.

하지만 미국은 멀다.

내가 10년 넘게 여기서 이루어 놓은 일을 모두 접고 떠나기란 결코 쉽지가 않다.

오로지 남자 하나만 보고 가는 미국행은 맘속에서 애초에 놓아 버린 지 오래였다.

알렉이 급히 전화 연락을 해 왔다.

만나서 할 얘기가 있다며 집으로 찾아왔다.

스타워즈 프로젝트를 맡게 되어 상하이를 예정보다 일찍 떠나게 되었는데, 나에게 답을 달라 했다.

아직 상하이 디즈니랜드 개장도 하지 않았는데, 벌써 떠나느냐 물었더니, 놓칠 수 없는 프로젝트라 일단 가겠다 하고는 나를 설득할 계획이었다 했다.

나는 고개를 저었다.

"알렉, 나는 지금 이곳을 떠날 수 없어. 내가 책임져야 하는 직원들도 있고, 나를 찾는 수많은 고객들이 있어. 아마 10년은 더 여기 있어야 할 거야. 우리가 정말 인연이라면 이후 언제라도 다시 만나게 될거야. 가장 좋을 때 잠시 헤어져 있자. 서로를 더 잘 알게 될 좋은 기회일 수도 있어."라며 거절의 뜻을 전했다.

그는 아쉬워했지만, 내 마음을 이해해 주었다.

그리고 얼마 뒤, 나는 그를 공항까지 배웅했다.

우리는 그동안 많은 시간을 함께했지만, 자주 하지 않은 말이 있다.

'사랑한다'는 말이다.

나에게 '사랑'은 특별한 의미를 가지고 있다.

너무나도 쉽게 내뱉는 사랑이 될까 봐, 내가 정해 놓은 기준이 있었다.

그 사람이 언젠가 큰 사고를 당하여 팔다리가 다 사라진다 해도 내가 그 사람 곁에 머물 수 있을지 자문해 보는 거다.

이 물음은 내가 이 사람을 정말 존중하고 내적 교감이 잘 되었을 때 비로소 답할 수 있는 질문이다.

그래서 이성 간에는 '사랑한다'는 말을 잘 하지 않는다.

동성인 친구 간에는 아끼지 않는다.

인간적인 사랑은 가족과 친구 모두에게 통용되는 것이니, 언제나 많이 표현한다.

하지만 이성인 남자에게는 까다롭다.
그런데 알렉도 그랬던 것 같다.
우리는 서로를 정말 아꼈는데, 같이 웃기도 많이 했고, 울기도 했는데, 그 말은 참 아꼈다.
나는 내 감정이 그 말에 다 담기지 않아서였는데, 알렉은 왜 그랬는지 언젠가 물어보고 싶다.

출국장에서 그가 나를 꼭 안아 주며 얘기했다.
"조안나, 나는 너한테서 참 많은 것을 배웠어……"
여러 번 나의 표정을 체크하다가 출국장 안으로 발걸음을 옮겼다.
비행기가 뜨기 전, 우울하게 집으로 향하는 나에게 문자가 날아온다.
"울지 마! 이게 끝이 아니야. 미국 가서 차도 새로 사야 하는데, 무슨 차를 살까?"
"내가 좋아할 만한 차!"
"픽업트럭을 살게~"
마지막까지 나의 기대를 저버리지 않는 친구다.
지금 생각해 봐도 늘 기대 이상의 일상을 선물해 준 괴짜였지만, 멋도 재미도 다 갖춘 친구 알렉이다.

그가 사라진 나의 생활은 많이 단조로워졌고, 그와 정서적인 것을 얼마나 많이 공유하고 있었는지 절절히 느껴지는 나날이었다.
하루가 참 길게 느껴졌다.
한 달쯤 지났을까 그의 생일이 다가왔다.
그리움에 꾸욱 참고 있던 마음을 담아 축하 메시지와 함께 그에게 보냈다.
그리고 몇 시간 뒤 그에게서 답이 왔다.
귀국하고는 술도 끊고 자신의 나쁜 습관도 지우느라 힘들었다 했다.

그러면서 우리의 아름다웠던 추억은 기억 저편으로 노을이 지듯 묻어 놓고, 내일의 밝은 태양이 우리에게 어떤 미래를 가져올지 기대하자 했다.

그도 나처럼 그 글을 쓰면서 '바람과 함께 사라지다' 영화의 마지막 대사, '내일은 내일의 태양이 뜬다.'를 떠올렸을까?

익숙한 환경에 다시금 잘 적응하고 있을 그를 생각하면 나도 잘 지내야지 싶은데, 남겨진 사람은 공허함도 상처도 컸다.

그를 생각나게 하는 요소들이 주위에 많아서인 것 같다.

나도 모르게 서서히 웃음기 사라진 사람이 되어 가고 있었다.

쿨한 척 그 사람을 보내 놓고, 나는 깊은 동굴로 발을 들여놓았다. 내 안에 꿈틀대던 우울감이 밖으로 모습을 드러내기 시작했다.

가게를 나가도, 어떤 일을 해도 즐겁지가 않았다.

모든 것이 그저 의무감으로 하는 일이 되고 말았고, 그러다가 바깥출입도 할 수 없는 지경에 이르렀다.

점입가경으로 윗집 이웃이 베란다 밖으로 투신을 하여 밖에는 폴리스 라인이 쳐져 있다.

아파트 옆 라인 여자도 남편의 불륜 사실을 비관하여 자살을 했다 하고, 주변에 활기는커녕 어둠의 그림자만 드리워진 날들이었다.

이유를 알 수가 없었다.

오랜 외국 생활이 뿌리 깊은 나무가 되지 못하는 환경을 만들었나?

모든 일을 혼자 판단하고 실행해야 하는 현실에 번아웃이 왔나?

소울메이트와도 같았던 그 친구의 부재가 나의 일상을 이렇게 크게 흔들어 놓으리라고는 예상하지 못했다.

몇 년의 시간이 지난 지금은 기억 한편에서 그의 장난기 어린 행동이나 표정을 추억해 보는 것만으로도 기분이 좋아진다.

내 평생 그런 인연은 그 사람 외에 한 번도 없었고, 앞으로도 과연 생길지 의문이다.

그래시 소중한 인연이다.

언젠가 상큼한 미소로 다시 만날 날을 마음속 깊이 그려 본다.

새로운 이슈들로 채워 나갈 이후의 시간이 궁금해지고, 기대도 된다.

그가 건강하고 행복하게 생활하고 있기를 기도한다.

11장
마음의 감기

우울바다로 풍덩

몇 달 전 택시를 탔다가 내가 좋아하는 대만 가수 코코 리가 우울증으로 극단적 선택을 했다는 소식을 라디오로 전해 들었다.

택시 기사는 세상 부러울 것 없이 다 가진 사람이 뭐가 아쉬워서 저렇게 목숨을 버리냐며, 저런 행위마저도 사치라고 야단법석을 떨었다.

나는 아무런 대꾸도 할 수 없었다.

나도 저런 경험을 여러 번 한 적이 있기에, 손에 붙들고 있던 희망 한 가닥도 놓아 버려야 했던 그 심정이 이해가 가고도 남았다.

항상 저혈당의 위험을 안고 살았기에, 그로 인한 갑작스러운 쇼크사는 나 스스로도 인지하고 있었지만, 내 병 때문에 '죽고 싶다'라는 생각은 해 본 적 없다.

나의 소아당뇨는 오히려 나를 남들보다 더 건강하게 관리해 주는 원동력이었다.

내 우울증의 발단은 불행의 연속이었던 결혼 생활이었다.

사람들로부터 고립되어 가던 그때, 속마음을 털어놓을 친구가 한 명만 있었다면 그렇게 급속도로 나빠지지는 않았을 것이다.

우울감은 꼬리에 꼬리를 물게 되어 있다.

급기야 일어나지도 않은 일에 대한 걱정까지 몰고 온다.

점점 무기력해지고, 내가 마치 쓸모없는 존재가 된 것 같은 자괴감에 시달리게 된다.

온전히 나와의 싸움이 시작된다.

수도 없이 마음을 고쳐먹다가도 곧 제자리로 돌아와 버린다.

이 모든 게 무슨 소용이 있나 싶고, 그저 사라지고만 싶다.

결혼 생활이 빨리 마무리되면서 그로 인한 우울감은 사라졌지만, 한 번 싹을 틔운 그 감정은 오래도록 나에게서 떠나지 않았다. 오히려 트라우마가 되어 틈만 나면 내 삶에 비집고 들어와 자리를 잡으려 했다.

혼자서 모든 판단과 결정을 감수해야 하는 이방인으로서의 외국 생활이 원인이었을까?

나와 비슷한 환경의 친구들이 주변에 많았음에도 위로가 되지 않는 게 현실이었다.

다들 각자의 생활에 충실해 보였고, 나만 동굴 속에 갇혀 빠져나오지 못하는 못난이 같았다.

가게는 잘 되고 있었기에 매일 현금 다발의 수익이 들어왔지만, 한동안은 그 돈이 그저 종잇조각에 불과하다 느낄 정도였다.

내 마음의 안정을 해결해 줄 수 없는데, 내 생활에서 평화가 사라져 버렸는데, 그깟 돈이 무슨 의미가 있었겠는가?

그 돈으로 안정감과 평화로움을 살 수만 있다면 당장이라도 사고 싶었다.

도통 밖으로 나오지 않는 나를 친구들이 불러내 하는 말,
"너는 다 가졌는데, 왜 우울해? 네가 가진 것을 생각해 봐~"
맞는 말이다.
하지만 마음에 와 닿지 않았다.
이런 우울감은 누군가와 비교해서 해결될 문제가 아니다.
그리고 이 우울감은 암흑에서 나를 빠져나오게 만들어 줄 무언가에 중독되기 쉬운 성향으로 발전시킨다.
그래서 누군가는 알코올에 의지하고, 게임 중독에 빠지기도 하고, 도파민이 분비될 무언가를 끊임없이 찾게 된다.
호르몬 밸런스가 무너져서 그렇다.

한번은 새벽에 숨을 가쁘게 쉬면서 엄마에게 전화를 걸었다.
"엄마, 숨을 쉴 수가 없어."

울면서 전화를 했더니, 엄마가 내 두 팔로 나를 감싸 안고 괜찮다며 심호흡을 하라 했다.

엄마는 이런 나의 전화를 받을 때마다 담담하게 해결책을 알려 줬다. 당황하는 모습을 본 적이 없다.

그리고 날이 밝으면 비행기표를 사서 바로 부산집으로 오라고 했다.

아침이 되어 무엇을 담는지도 모를 정신으로 울면서 짐가방을 쌌다.

택시를 타고 공항으로 가면서도, 공항내 셔틀버스를 타서도, 비행기 안에서도 주룩주룩 눈물만 흘리고 있었다.

그런 나를 영문 모를 시선으로 쳐다보는 사람들, 나는 체면이고 뭐고 가릴 처지도 상태도 아니었다.

부산 김해국제공항에 도착해 입국장 문이 활짝 열리자, 엄마와 아버지가 환한 미소로 나를 바라보고 있었다.

나는 그 모습을 보자마자 그 자리에 털썩 주저앉아 통곡을 했다.

엄마가 나를 끌어안으며,

"이제 됐어. 집에 왔으니 병원에 가서 약이라도 먹어 보자." 하며 공황 상태의 나를 안심시켰다.

외국 생활을 15년 넘게 해 오면서 아무리 힘들어도 당장 달려와 볼 수 없는 가족을 배려해 혼자서 죽을힘을 다해 견뎌 왔던 게 사실이다.

나의 직원들이 충분히 가족같이 잘해 주었지만, 깊어져만 가는 속앓이를 직원들에게까지 내비칠 수는 없었다.

몸이 아파 잠시 한국에 다녀오겠다고 소식을 전하고, 휴대폰으로 가게에 설치되어 있던 CCTV를 통해 간간이 가게 상황을 파악하면서 한국에서의 치료가 시작되었다.

난생처음 방문한 정신의학과, 끝도 없는 긴 설문지를 작성하며, 걱정의 눈길로 곁을 지켜 준 부모님을 생각하면 마음이 미어졌지만, 내 생활을 만신창이로 정복하고 있는 이 부정적인 생각에서 탈출하고 싶기만 했다.

상하이, 부산.
거리는 가까웠지만, 한동안은 몇 년에 한 번씩 겨우 만났던 부모님이다.
해가 다르게 약해지시는 모습에 이렇게 눈앞에서라도 부모님 마음의 걱정을 씻겨 드리고 싶었다.
가족이 너무나 그립기도 했다.

10여 년 전에 내가 처방받은 정신과 약은 역시나 양이 많았다.
여러 가지 증상이 동시에 있기도 했지만, 그때는 약 때문에 멍한 상태로 잠만 계속 잤던 것 같다.
기본적인 생활 외에는 뭔가 계획을 가지고 생산적인 일을 할 수가 없었다.
아예 생각을 차단당한 것 같았다.
하지만 그조차도 감사했다.
모든 근심 걱정에서 벗어날 수 있어서, 시간 낭비처럼 느껴져도 나의 근본이 무너지는 건 해결되는 것 같았다.

부모님의 보살핌 속에서 안정을 되찾고 한 아름의 약봉지를 챙겨 들고 상하이로 돌아갔다.
전과 다를 것 없는 일상의 시작이다.
해야 할 일만 겨우 하고 있자니, 무력감이 다시 나를 파고든다.
이 세상에 나만 고립되어 있고, 아무 도움도 받을 수 없는 외딴섬에 갇힌 듯 느껴졌다.
마음의 병은 그렇게 지속되었고, 이를 보다 못한 엄마가 한국에서 좀 길게 지내보자며 나를 설득했다.

   10년 넘게 애정을 쏟아부었던 가게를 직원들에게 맡겨 놓고, 언제든 돌아올 준비를 해 놓은 채 부산으로 갔다.
   상하이 집을 정리하면서 컨테이너로 들여온 짐만 50박스가 넘었다.
   이웃에게도 나눠 주고, 많이 버리고 왔는데도 긴 세월의 흔적을 한국으로 많이도 가져왔다.
   부모님의 공간을 나의 물건으로 여기저기 채우면서, 부모님을 책임져야 할 상황에 오히려 그 반대가 된 건 아닌지 너무나 죄스러웠다.

   몸이 아픈 것도 부모님의 탓이 아님에도 부모님은 늘 미안해 했고, 이혼했을 때도 옆에서 내 상처와 고통을 보듬어 주지 못했음을 가슴 아파했고, 크고 작은 일을 수없이 겪으면서 내 마음의 병이 점점 깊어짐 또한 너무나 안타까워했다.

   안정을 찾기 위해 한국에 들어온 지 1년 만에 그 사기꾼('로맨스 스캠' 장)을 만나 석 달도 채 되지 않아 전 재산을 다 잃었을 때도 나만큼 부모님 마음도 상처투성이였을 텐데, 내가 행여라도 잘못될까 조마조마했던 모습을 돌이켜 보면, 세상 그런 불효가 없다.

   2년을 집 밖으로 나가지 못하고, 사람들과의 소통도 다 끊고 지냈을 때도 부모님은 한 번도 나를 채근하지 않았다.
   나의 자존감은 이미 바닥을 치고 지하로 한참을 내려가는데도 늘 나의 상태를 체크하며 묵묵히 기다리셨다.
   그런 부모님이 있기에 나는 힘을 낼 수 있었고, 지금도 이 세상에 굳건히 존재하고 있다.

지금은 간소하게 항우울제와 신경 안정제로 큰 우울감 없이 일상생활을 하고 있다.

내가 일기를 오래 써 왔던 것도 어찌 보면 우울감을 없애기 위한 한 방법이었다.

누군가에게 털어놓을 수 없는 일은 일기를 쓰면서, 나와 대화를 나누며 해결책을 찾았다.

그리고 자존감을 높이기 위해 내가 남들보다 조금은 잘하는 일도 적어 보면서 나의 가치를 되짚어 보기도 했다.

이럴 땐 나를 삼인칭화해 가며 객관적으로 생각해 보는 것도 좋은 방법이었다.

누구나 실수를 한다.

그로 인해 얻는 게 있으면 그걸로 수업료 낸 셈 치면 된다.

나는 수업료를 정말 많이 써 온 사람이지만, 그것을 내 목숨값과 비교하면 하나도 아깝지 않다.

지금 내가 사랑하는 사람들 곁에서 목소리 내며 웃을 수 있으니까 말이다.

자신을 괴롭히는 요인은 언제나 존재하기 마련이다.

나도 그렇다.

하지만 그 때문에 자신을 해치지는 않으시길 간곡히 부탁드린다.

나도 죽으면 그만이라는 이기적인 생각을 수도 없이 했던 사람이다.

하지만 나를 사랑하고 아끼는 사람들의 남은 생을 지옥으로 만드는 행위임을 깨닫고 나서는 그런 생각조차도 하지 않는다.

매일 기도와 명상으로 마음을 다스리고, 호르몬 밸런스를 위해 약도 빼놓지 않는다.

결코 실패자로 낙인찍히고 싶지 않다.

내가 겪었던 그 칠흑 같은 어둠의 일들이 지금의 나로 성장시켰음을 증명하고 싶었다.

　인생에는 '희로애락(喜怒哀乐)'이 반드시 존재한다.
　소소함에서 기쁨과 즐거움을 찾으시길 바란다.
　분노와 슬픔속에서 허우적대지 않으시길 바란다.
　주어진 환경에서 분명히 하실 수 있는 일들이 있다.
　마음을 다지고 밖으로 한 발을 내딛기까지는 시간이 필요하다.
　그 기간이 길어지면 마음의 병은 더욱 악화될 뿐이니, 약 처방으로 감정 호르몬의 밸런스 조절을 권유 드린다.

　우울감을 극복하려고 오만가지 방법을 다 동원해 보았던 사람으로서, 내면의 근본적인 어둠을 지우는 데에는 한계가 있음을 확실히 안다.
　여전히 많은 사람들이 병원에 가는 것을 꺼리는 것도 사실이다.
　하지만 마음의 밸런스를 맞춰 주는 영양제라고 생각하면 이보다 쉬운 해결책 또한 없다.
　폐인처럼 살아온 수많은 날을 돌이켜 보면, 왜 이 방법을 놓치고 살았는지 안타까울 뿐이다.

　내가 좋아하는 어느 노래의 가사 말이 있다.
　'살다 보면, 살아진다.'
　마음이 복잡해질 때면 밖에 나가서 땀이 비 오듯 쏟아질 때까지 걷는다.
　오감을 열고 걷다 보면 머릿속이 비워진다.
　'旧的不去新的不来'
　오래된 것이 가지 않으면 새로운 것도 오지 않는다.
　마음속을, 머릿속을 자꾸 비워내야만 한다.
　그래야 낙관적이고 긍정적인 생각이 그 자리를 채워 준다.

어차피 이 세상에 태어난 거, 이왕이면 즐겁게 매 순간을 누리며 살고 싶지 않은가?

슬픔과 고통이 많을수록 남은 인생에서의 보상은 더 크다고 믿는다. 그 또한 나의 자산이 되었을 테니, 앞으로 요모조모 유익하게 쓰일 것이다.

우리네 인생을 빠져나올 수 없는 시커먼 늪으로 빠뜨리지 않기를 염원해 본다.

췌장이 기능을 잃고, 인슐린 주사로 하루하루를 이어가는 형편이다 보니, 언제부터인가 내게는 죽음이 가깝게 느껴졌다.

이를 안타까움으로 바라보는 부모님께 항상 이런 말로 위로를 전했다.

"제가 언제 갑자기 가더라도 슬퍼하지 마세요. 더 이상 주사를 맞을 필요도 없잖아요. 쓰러지는 그날까지 즐겁고 행복하게 살다 갈 테니, 저의 천국행을 축복해 주세요!"

말은 그렇게 하지만, 부모님보다 먼저 가지 않으려고 안간힘을 쓰는 중이다.

아직은 부모님과 하고 싶은 일이 너무도 많은 '나'이기에, 건강 관리가 최우선이다.

12장

로맨스 스캠

로맨스 스캠이란?

로맨스(Romance)와 스캠(Scam)의 합성어로, 소셜네트워크서비스(SNS) 등을 통해 이성에게 환심을 산 뒤 돈을 가로채는 사기방식을 말한다. 피해자의 금품이나 은행 계좌, 여권, 신용 카드, 이메일 계정, 주민등록번호에 접근하거나 피해자가 피의자의 이익을 위하여 사기를 저지르도록 강요하는 것 또한 포함된다.

위키백과

오랜 외국 생활을 잠시 접고 한국으로 요양 차 들어온 지 1년이 넘어가고 있을 무렵, 나에게는 갑자기 불어닥친 토네이도와도 같은 사건이 있다.

몇 년 전까지도 나를 세상 밖으로 나오지 못하게 하고 숨을 쉬는 것조차 사치로 느끼게 했던 일이다.

이쯤에서 그 일을 정리하지 않으면 일부 전진은 물론, 묵은 심적 체증도 해소할 길이 없어 여기에 풀어놓으려 한다.

그리고 어쩌면 어디선가 나와 같은 상황에서 힘들어하고 있을 누군가에게 힘이 되고 싶기도 하다.

'나'라는 존재를 송두리째 부정하게 만들었던 고국에서의 절망감, 내 인생을 온통 뒤흔들었던 그 일은 마치 반복되는 악몽과도 같아 깡그리 잊어버리고 싶다.

그러나 길고 긴 인생 여정에서 절대 잊어서는 안 될 일이기에 타이핑으로 얄팍한 방부제를 뿌리는 심정으로 써 본다.

2017년 7월 상하이 가게 계약 연장 일로 중국을 다녀온 직후였다.

나는 상하이에서의 인연을 한국에서도 이어가고 있던 예나를 만나러 나갔다.

길이 막혀 조금 늦겠다는 그녀의 메시지에 카페에 앉아 있던 나는 잠시 동안 '친구 만들기' 앱에 접속했다.

외국인 친구들이 추천해 준 그 앱에서 간간이 사람들과 채팅만 즐겼고, 거의 외국인들이 이용자였기에 멀리서 일상의 교류 정도가 다였다.

누군가가 친구 신청을 해 왔다.

○○○○ 학교라고 프로필이 표기된 그가 말을 걸었다.

서울에 산다는 그는 준비하는 책의 원고를 쓰러 부산에 잠깐 내려와 있다고 했다.

예나가 도착했다.
간단하게 커피 한 잔을 하고는 근처 내가 좋아하는 포장마차로 향했다.
그가 계속 문자로 말을 걸어 왔다.
누군가와 함께 있을 때 급한 전화 외에는 휴대폰을 꺼내지 않는 게 내 생활 원칙인데, 끊임없이 울려 대는 메시지 알림 진동이 내내 신경을 거슬렸다.
'글이 잘 안 써지면, 친구랑 같이 있는데 바람이나 쐬러 나오시든가요.'
술을 마시지 않는다는 그가 차는 한잔 하겠다며 나온다고 했다.
군인이었다던 그가 쓰고 있는 책은 어떤 내용인지, 어떤 사람인지 짤막한 대화로 내 일말의 호기심을 자극해 놓은 터라 내친김에 불쑥 나와 보라고 했다.

크지 않은 키에 다부진 체격, 부리부리한 눈빛과 유창한 언변이 예사롭지가 않았다.
○○○○ 학교 생도 시절의 일화를 무용담처럼 늘어놓던 그는 오랜 정보 기관 시절을 거쳐 국방부와의 연으로 무기 관련 무역을 하고 있다 했다.
당시 예나와 무역 회사를 시작해 볼까 준비하고 있었기에 이것저것 물어보고 조언도 구했다.
앞서 말한 모든 것이 만약 거짓이라면 사업을 하면서 키워 온 내 직감으로 분명히 어느 한 지점에서는 포착될 것이었기에 그의 말에 반신반의하면서도 경청했다.
정치, 문화, 경제 전반에 걸친 나의 질문에 막힘없이 대답하는 그가 왠지 모르게 그럴듯해 보였다.

셋이서 여러 장소를 옮겨 다니며 커피만 몇 잔째인지 모르겠다.

그러는 와중에 그에게는 쉴 새 없이 전화가 걸려 왔고, 일과 관련된 전화
(파트너와의 거짓 전화) 외에는 모두 멀찌감치 자리를 떠나 통화를 했다.

"언니, 저 사람 유부남인 거 아니에요? 전화는 꼭 나가서 받아. 이상해~
머리부터 발끝까지 명품을 두르고, 몰고 나온 저 벤츠 SUV, 얼마짜린지 알
아요?"

외국 생활을 오래 한 나로서는 드러내기를 좋아하며 그걸로 사람을 평가
하는 그런 사회적 분위기가 익숙하지 않아, 예나가 유별나다는 생각을 하
며 대수롭지 않게 여겼다.

내 기준에선 나도 세상 부러울 것 없이 다 가져 봤었기에, 적어도 나에게
는 그런 외부적인 조건들이 환심의 이유가 되지 않았고, 부럽지도 궁금하
지도 않았다.

집에 갈 시간이 되어 예나를 먼저 데려다주고 나도 집으로 가는 길에 그
사람이 한마디 던진다.

원래 술을 마시지 않는데, 차를 자신의 오피스텔에 주차시키고 광안리
해변에서 맥주를 한잔하고 싶다며, 조금만 더 얘기할 수 있는지 물었다. 다
음 날 서울로 돌아가야 한다는 말이 내 발목을 잡았다.

광안대교가 한눈에 펼쳐진 전망 좋은 펍에서 그와 얘기를 나누다 나는
일어섰다. 만나서 반가웠다고 인사를 나누고 택시를 타려는데, 그가 나를
멈춰 세웠다.

오랜 파병 생활로 결혼도 못 해 본 자신인데, 나와 대화를 나누며 뭔가 느
낌이 왔으니 자신과 만나 보자 했다.

"저는 오늘 님을 그런 의도로 만난 게 아니에요. 그리고 남녀 사이로 만
날 거면 이렇게 갑자기 결정하지 않아요. 여러 단계의 검증을 거쳐야 한다
고요. 속된 말로 누구 소개도 아니고 온라인으로 만난 사람, 뭘 믿고 사귀

겠어요?"

"그럼 검증해 봐요. 다 보여 줄게요. 난 자신 있으니까!"

그의 그 자신만만함은 어디서 나오는 건지 궁금해졌다.

다음 날 서울로 돌아간다던 그에게서 연락이 왔다.

식사를 하러 근처 식당에 들렀다가 밖에서 담배 한 대 태우는 사이에 지갑이며 자동차 키며 손가방을 통째로 잃어버렸다 한다.

어쩔 수 없이 부산에 며칠 더 있어야 할 것 같다며 한 번 더 만날 수 있는지 물어 왔다.

나는 바보같이 아무런 의심도 없이 뭐, 그러자 했다.

그와 얘기를 더 나누면서 최근에 수면제 과용으로 자신도 모르게 운전을 해 사고를 냈고, 의식을 잃어 며칠 만에 깨어났는데, 그 때문에 가족들이 끊임없이 자기를 체크한다며 시도 때도 없는 전화가 다 그런 이유 때문이라 했다.(실제로는 수십 명의 작업 중인 여자들의 전화였다)

그러더니 뜬금없이 몇 년 전 자살한 여동생의 남편 얘기를 꺼내며 포털 사이트를 검색해서 사진을 보여 줬다.

연예인에 관심이 없어 바로 알아보지는 못했지만, 한참 후에 90년대를 풍미했던 그는 나도 TV로 본 적 있는 알 만한 사람이었다.

여동생이라는 사람도 남편과 함께 여러 프로그램에 출연한 적이 있었고, 친오빠인 자신도 동생 부부로 인한 연예인들과의 친분을 은근슬쩍 자랑했다.

그때까지만 해도 정보 기관에 있었다던 사람이, 알려진 얼굴의 여동생이 모두 다 한통속이라는 사실을 꿈에도 예측하지 못했다.

사회적으로 몇 년간 스캔들로 떠들썩했던 모 연예인이 여동생의 절친한 친구였다며, 자신의 어머니를 때마다 잘 챙겨 줘서 그렇게 죽지 않았다면 자신과 결혼했을 거라는 말과 함께 그가 목격했다던 그녀의 마지막 모습도 상세히 설명했다.

　거짓말로 고인의 마지막 명예마저 실추시키며 자신을 부각하던 그 모습은 더 이상 인간으로 느껴지지도 않는다.

　그러더니 이번엔 자신의 SNS에 올려놓은 동영상을 보여 준다. 시사 프로그램에 방송된 내용이었는데, 자신의 뇌졸중과 관련한 보험금 지급에 대한 내용이었다.

　그리고 나중에는 보험 사기에 관한 정황도 직접 알려 주었다.

　그러면서 그가 쓰고 있다던 글도 보여 줬다.

　웬만한 베스트셀러 작가도 인세 11%는 못 받는다며, 자신은 정보 기관 근무 시절 청와대에서 여러 대통령을 모시며 봐 왔던 비리도 같이 폭로할 것이라 책이 출간되면 후폭풍이 거셀 거라고 으스댔다.

　언뜻 봐도 삼류 연애소설일 뿐인 그 책 어디에 그런 내용이 실린다는 건지, 그는 허세와 거짓의 산물 그 자체였다.

　2년 후 출판사 직원을 작업해 그녀의 돈으로 책을 출판해 놓고, 그렇게 얻은 작가 타이틀로 SNS에서 열심히 또 다른 먹잇감을 물색하던 그였다.

　6대째 가톨릭 집안인 내게 명동성당 교리반 출석 카드를 보여 주며, 세례명도 '프란체스코'로 정했다 한다.

　글을 쓰러 왔다는 사람이 성당 출석 카드는 왜 가지고 왔는지, 시일이 한참 지나 교리반 출석도 하지 않는 사람이 말이다.

　지나고 보니, 여러모로 신은 내게 암시를 한 것이 아닌가 싶다.

　예전에 해운대에 아버지 소유의 8층짜리 건물에 살았는데, IMF외환 위기에 자금상의 문제로 힘들 때, 그걸 안 세입자들이 단합하여 월세를 고의로 내지 않아 어쩔 수 없이 그 건물을 매각할 수밖에 없었다며, 쫓기듯 나온 그 건물을 몇 년 전 자신이 30억에 재구매해 아버지에게 선물로 드렸다 말했다.

 아버지가 한번 떠난 건물을 왜 다시 샀냐며 받기를 고사해서, 자신에겐 자식이 없으니 나중에 여동생이 낳은 그 연예인의 아들에게 그 건물을 물려줄 거라는 말도 흘렸다.

 다 큰 자식이 둘이나 있는 이혼남이 총각인 척 연기를 잘도 해 댔다. 인터넷에 올려놓은 다 큰 딸의 사진은 조카라 둘러대고, 가족 사진에 찍혀 있는 전처는 친한 사촌 누나라는 쓰레기 같은 사람이다.

 자신의 무역 회사에서 중국에 물건을 수출하는데, 결제를 비트코인으로 받아 한국에서 현금화하면 30% 차액이 생긴다고 한다.

 서너 번만 해도 1억 만드는 건 금방이라며 무역업을 준비하는 나에게도 권했다. 코인 밑밥 깔기도 같이 시작된 것이다.

 서울로 돌아가기 전 나의 부모님에게 인사는 하고 가야겠단다.

 그냥 가 버리면 다른 사람에게 나를 뺏길 것 같으니, 부모님께 얼굴도장이라도 찍고 가야 맘 편하겠다는 그를 나는 만류했다. 아직은 그럴 단계가 아니라고, 시간을 두고 검증의 단계를 거쳐야 한다고 거듭 잘라 말했다.

 이후에 피해자들에게 들어보니, 그런 식으로 인사를 드린 집이 한둘이 아니었다.

 그리고 그는 서울로 돌아갔다.

 운영하던 무역 회사도 남동생(실상은 외국에서 감옥살이 중이었던)에게 넘겨주고, 지긋지긋한 서울 생활을 정리하고 부산으로 돌아와 조용히 글이나 쓰면서 살고 싶다며 일주일 정도의 시간을 달라 했다.

 사귀겠다는 답도 하지 않았는데, 혼자 너무 앞서 나가는 것 아닌가 싶었다.

 며칠 뒤, 그가 책을 마무리하러 외국을 다녀와야겠다 알려 왔다. 이 사람을 좀 더 지켜봐야겠다는 생각에 그러라고 했다.

갑자기 내 인생에 훅 치고 들어온 이 사람, 나는 이런 류의 남자를 처음 봤다.

만난 지 여섯 시간 만에 자신이 평생 기다려 온 인연인 양 포장하며 다가오는, 내 성향이 어떤지 그 몇 시간의 대화로 파악하고 확신에 차서 달려드는 그런 사람을 여태껏 한 번도 만나 본 적이 없었다.

그건 백마 탄 왕자를 기다리는 여자들 공통의 기대 심리를 이용하여 과시로 환심을 사고, 아픈 얘기들로 모성애를 자극하여 자신을 동조하게 만든 다음, 계획된 매뉴얼대로 작업이 진행되는데, 이후 작업은 속전속결이다.

타깃이 사정권에 들어오면 빠르게 치고 빠진다.

안타까운 건, 그 당시에는 그게 작업인 줄 여자들은 모른다는 것이다.

누군가 주변에서 언질을 해 줘도 이미 자신도 모르게 덫에 걸려 버린 여자들은 영화 같은 이 꿈에서 깨어나기를 거부한다.

'설마, 아닐 거야~'

자기 최면을 걸며 자꾸만 긍정적인 방향으로 상황을 몰고 나간다.

나 역시도 바보같이 그랬다.

그가 외국으로 떠나고 며칠 뒤 전화가 와서는 급하게 해외로 나오느라 회사 결제 대금 통장에 돈을 못 넣어 놓고 나왔다 한다.

홍콩에서도 받을 게 있고, 다른 데서도 들어올 게 있으니 걱정하지 말라고는 하는데, 만난 지 얼마 안 되어 이런 화두를 꺼내는 의도가 심히 의심스러웠다.

'이 남자 수상하다. 이건 아니잖아...'라고 다짐도 여러 번 해 본다.

○○ 출신이라더니, 갑자기 ROTC선배가 베트남 K회사에서 일하는데, 차와 숙소에 생활비까지 해 줘서 편하게 지낸다며 늘 하듯이 셀프 카메라 사진을 수도 없이 찍어 보낸다.

이것도 한 달여 뒤 알고 보니, 한국에서 데이팅 앱으로 만난 다른 여자를 포섭하러 외국까지 찾아간 거였다.

외국에서도 여러 명의 여자를 만나면서 아침부터 밤까지 틈만 나면 문자와 사진을 부지런히도 보내왔다.

나중에 다른 피해자들의 이야기를 들어 보니, 모두 동시다발적으로 수신인만 바꿔 보낸 것이었다.

그러더니 도저히 돈이 안 구해진다며 500만 원 정도 해 줄 수 없는지 다급한 전화가 왔다.

나는 솔직히 이건 사기라고 인지하면서도 어떤 모자란 사기꾼이 저렇게 대놓고 돈을 요구할까, 그 돈으로 이 사람 한번 테스트해 봐야겠다는 위험한 생각을 하고 있었다.

나의 자만심이 머리를 치켜든 것이다.

아니다 싶으면 돈과 함께 이 사람도 같이 버리자고, 평생을 가야 할 사람을 테스트하기엔 큰돈이 아니라고 스스로를 달랬다. 그건 물꼬를 틔울 시작일 뿐이었는데 말이다.

다음 날 요가 명상원에서 스트레칭을 하고 있는데, 스마트시계가 그의 전화를 알린다.

탈의실로 가서 전화를 받았더니, 내가 넣어 준 돈이 엉뚱한 곳으로 다 빠져나갔다며 300만 원을 더 넣어 달라 했다.

여동생 명의의 계좌로 말이다.

두 동생들이 자신의 무역 회사를 맡아서 하고 있는데, 회사 자금은 대표인 자신이 해결해 줘야 한다며 도움을 요청했다.

한국에 돌아오는 즉시 갚겠다며 말이다.

사람 심리가 참 묘한 게 한 번 500만 원을 내놓고 나니, 300만 원은 적게 느껴진다.

통장에 돈이 없었다면 다 크게 느껴졌을 금액이다.

게다가 누군가에게 빌려야 했다면 아예 생각도 않고 그 사람과의 연을 끊었을 텐데, 가지고 있었던 게 문제였다.

그렇게 또 돈이 넘어갔다.

세상 사람들이 다 나 같을 거라는 착각을 하며 사는가?

나는 그랬다.

내가 거짓말을 하지 않으면 남들도 그럴 것이라 여겼고, 그 남자의 말에 과장은 좀 있겠지만 전혀 근거 없는 말은 아닐 거라며 그가 미리 깔아 둔 밑밥에서 있지도 않은 진정성을 찾으려 애를 썼다. 어리석게도 말이다.

2주가 넘어서야 그 사람은 한국으로 돌아왔다.

그러고는 자신이 여동생 집에서 지내고 있는데, 독립을 하고 싶다며 집을 얻어 달라고, 예전에 살았던 강남의 한 오피스텔을 콕 집어 보증금을 또해 달라고 했다.

왜 자꾸 돈 얘기를 하는지 한 번은 짚고 넘어가야겠다 싶어 어렵게 말을 꺼냈다.

정보 기관 출신인 자기가 무기상으로 무역을 하다가 억울하게 감옥살이를 한 적이 있는데, 추징금이 너무 많아 모든 재산을 차명으로 돌려놓고, 마음대로 꺼내 쓸 수가 없는 상황이라며 자초지종을 설명했다.

몇 년만 지나면 추징금도 사라지니 그때는 자기 명의로 다 돌릴 수 있다며 그때까지만 기다려 달라고, 책이 출간되면 자신의 억울함도 다 풀릴 거라고 자꾸만 나를 세뇌시켰다.

이후 포털 사이트에 검색해 보니, 실제로 그자가 한 일로 감옥살이를 한 적이 있었고, 또 다른 피해자가 보여 준 판결문엔 징역 1년 6월에 추징금 3억 4천만 원이라고 적혀 있었다.

건물을 몇십억에 샀다던 사람이 3억 4천이 없어서 자신의 명의로 아무것도 만들지 못하는 것이 몹시 미심쩍었다.
 해외로 물건을 보내 결제 대금은 중고 외제차로 받고, 그걸 마치 자신의 차인 것처럼 SNS에 많이도 올려놓았다.
 지금은 그 SNS 계정도 삭제되어 그런 과시는 하고 다니지 않겠지만, 어디선가 되풀이되고 있을 그의 사기 수법을 생각하는 것 자체만으로도 심히 역겹다.
 하지만 사람들이 이러한 사기 수법을 알게 되어 피해자를 줄일 수만 있다면 나는 이 사건을 낱낱이 알려야만 한다.

 그렇게 숙소도 마련해 주고 나니, 매뉴얼대로 2차 요구 조건이 불거져 나왔다.
 쓸데없는 전화들이 많이 걸려 온다며 내 명의의 휴대폰을 하나 만들어 달라 한다. 그 휴대폰으로 무슨 짓까지 벌일지, 그때의 나는 상상도 하지 못했다.
 가족을 비롯해 주변에서 명의는 절대로 빌려주는 것 아니라고 수도 없이 들어왔지만, 어느새 나는 그의 거짓말에 마구 퍼 주는 사람이 되고 있었다.

 여동생을 같이 만나자고 했다.
 유명인도 아닌데, 모자에 선글라스까지 이목을 다 가리고 나타난 그녀는 입만 열면 쌍스러운 말을 해 대는 몰상식, 그 자체였다.
 그는 나를 자신과 결혼할 여자라고 소개하며, 모든 상황을 다 알고 있을 여동생에게 자신이 지금껏 결혼 한 번 못 해 본 이유가 다 있었다는 둥 온갖 허세를 부렸다.
 수많은 여자들이 그 여동생을 만났고, 돈을 위해 똘똘 뭉친 가족 사기단이 따로 없었다.
 내 계좌에서 그 여동생 계좌로도 적지 않은 돈이 흘러 들어갔고, 뿐만 아니라 이혼한 전처 계좌로도 돈이 송금되고 있었다.

　내 명의로 만들어 준 휴대폰이었기에 나는 통화 내역을 다 뽑아 볼 수 있었다.
　그리고 한 명 한 명, 다 통화를 해 보았다.
　서른 명에 육박하는 여성들이 다 그의 여자 친구라고 자처했다.
　거기엔 유부녀도, 이혼녀도, 처녀도, 대상은 각양각색이었다.
　누군가에게는 홀로 아이를 키우는 싱글 대디로, 누군가에게는 내게도 읊어 댄 혼기 놓친 총각으로, 그야말로 역할이 제각각이라 자칫 술을 마셨다간 기껏 해 놓은 작업을 망치기 딱 좋은 상태였다.
　그에겐 같은 정보 기관 출신인 사기 파트너가 하나 있었는데, 그들은 매일 만나서 각 대상들에 대한 분석과 브리핑을 해 가며 열심히도 사기 작업에 몰두하고 있었다.
　그러다가 그가 코인 회사를 만들어야 하는데 천만 원이 부족하다며 안달복달 그 파트너까지 대동해 나의 돈을 털어 갔다.
　그런 상황까지는 잘 모르고 있던 나의 가족들은 내 옆에 근본도 모르는 그런 작자가 붙어 있는 것이 걱정이 되어, 나와 그를 떼어 놓으려 무던히도 애를 썼다.
　그는 가족들로 인한 나의 불안을 직감했는지 혼인 신고를 참 많이도 보챘다.
　그 상황까지 가지 않아 천만다행이지만, 그마저도 나에게서 가져간 돈을 상환하지 않을 목적의 수단이었다는 것을 생각하면 소름이 끼칠 뿐이다.

　처음에는 ○○ 출신이라고 했다가, 그 학교에 전화해 확인을 해 보니 개인 정보는 알려드릴 수 없지만, 그 사람을 확인하는 전화가 끝도 없이 걸려 온다는 말만으로도 답은 충분했다.

그가 잠시 ○○○○ 학교에서 근무한 적이 있어 그때 입었던 로고가 찍혀 있는 제복을 애지중지 보관하는 것도 다 사기의 일환이었다.

그 일을 따지고 묻자 이제는 D대학교 ROTC 출신이라며 또 말을 바꾼다. 그 학교에도 확인을 했더니, 그런 사람 없다는 답변만 들려올 뿐이었다.

그 사람은 같이 학교로 가서 확인을 시켜 주겠다며 출발하는 척, 강남의 한 주민센터로 향했다.

그곳에서 자신의 군 경력증을 프린트해 왔다.

짧은 시간 머리 굴림이 잽싼 사기꾼이 확실하다.

하지만 그때는 몰랐다.

학사 장교 출신에 정보 기관에서의 파병 기록도 자세히 나와 있는 종이 몇 장에 나는 다시 속아 넘어갔다.

4년제 대학만 나오면 군에 들어가서도 시험을 치러 학사 장교가 될 수 있었음을 내가 어찌 알았겠는가?

출신 대학도 지방 캠퍼스 출신이 창피했는지 끝까지 거짓말로 일관했다. 자신의 거짓말이 들통날 만한 기회는 요리조리 잘도 피해 갔다.

나는 이미 드러난 거짓말에 빨리 돌아섰어야 했는데, 수많은 피해자들의 존재도 모르고 있을 때라 그를 오해하고 화를 낸 건 아닌가 싶어 미안한 마음마저 들었다.

그리고 그의 작업은 이어졌다.

자신이 언제 나한테 금전을 요구한 적 있느냐며, 미안함에 울고 있는 나에게 따져 물었다.

사실은 그게 아니지만, 억울함에 격분한 그를 진정시키려 "아니라고……" 그를 불신하고 있는 내 가족을 향한 그의 분노를 누그러뜨리려고 대답해 준 걸, 그는 휴대폰으로 다 녹음하고 있었다. 이후 형사 고소를 대비한 그의 철저한 사전 준비였다.

사실 그때까지만 해도 억대의 손해는 보기 전이어서 그렇게 말한 것이었는데, 그걸 방패 삼아 그의 사기 행각은 본격적으로 시작되었다.
이미 판은 짜여졌으니, 뽑아내기만 하면 되는 단계로 접어든 것이다.

나는 부산에서 무역 회사를 차려 놓고 있었는데, 내 신용카드를 여러 장 들고 있었던 그가 사람들과 식사를 하거나 커피 마시는 것까지 나의 휴대폰으로 메시지가 날아가니 눈치가 보인다 말했다.
어차피 자신의 휴대폰도 내 명의이니, 카드 회사들에 전화해 그 번호로 바꿔 달라는 요구를 했다.
나는 한국에 들어와서야 신용카드를 쓰기 시작했기에 나의 신용 점수나 한도에 관해 알아보지도 않고 그에게 빌려주었다.
그리고 그때만 해도 그가 쓴 건 다 지불하고 있어서 자잘한 것들이리니 예상만 했다.
그가 타고 다니던 SUV 벤츠도 추징금 때문에 다른 사람 명의로 돌려 놓은 것을 내 명의로 바꾸자 했다.
남은 할부금은 2천만 원이 안 되니 그 돈으로 벤츠를 나의 명의로 가지는 게 이득이지 않냐며, 내 주소지를 여동생 집으로 옮기는 것부터 그 여동생과 함께 하루 종일 나를 이리저리 끌고 다녔다.
관공서만 몇 군데째인지 모르겠다.
밥 먹을 시간도 없이 끌고 다녀서 나는 저혈당에 정신이 혼미해져 가고 있었다.
그러는 동안 그와 그 여동생은 캐피탈에 연락해 내 이름으로 5천만 원 대출이 이루어지고 있었고, 자세한 얘기도 없이 여기 여기 사인만 하면 된다는 그의 말에, 쓰러져 있던 나는 마리오네트 인형처럼 사인을 해 주고 있었다.
며칠 뒤, 그 모든 과정을 파악한 나는 그에게 또 따져 물었다.

2천만 원이라더니, 갑자기 무슨 5천만 원이냐고, 이게 도대체 어떻게 돌아가는 상황인지 물었지만, 그의 대답은 한결같았다.

대출금도 자신이 다 갚을 것이고, 나중에 정 안되면 차만 팔아도 5천만 원은 해결할 수 있다고 큰소리를 쳤다.

이것도 나중에 알게 된 사실이지만, 대출을 차 시세보다 늘려 받아 차액은 현금으로 돌려받는 형식이었다.

신용카드보다 체크카드만 썼던 내가 대출이 어떻게 이루어지는지도 알 길 없었던 지라, 겁도 없이 그의 말만 믿고 이자 25%의 캐피탈 대출을 받은 것이다.

그런 와중에 그가 가지고 있던 여러 장의 내 신용카드로 장기대출이 동시에 일어나고 있었다.

그를 만난 지 석 달도 채 되지 않아 이 모든 일이 일어났다.

나는 부산에 있었고, 그는 서울에 있었기에 몇 번 만난 적도 없는 사이에 일어난 일이었다.

바보라고 욕해도 나는 할 말이 없다.

'경제 공동체'를 운운하며 자신이 번 돈도 다 나의 것이라 안심시키며, 내 예금을 자기 것인 양 마구 꺼내 쓰던 그 내역 안에는 바로 현금화할 수 있는 수많은 명품 구매도 있었다.

백여 장에 달하는 신용카드 내역을 다 출력하여 정리해 보니, 보이스피싱을 당했을 때보다 심적 충격이 이루 다 말로 표현할 수 없을 정도였다.

이후에 피해자라 주장하는 수십 명의 여자들은 내가 그동안 몰랐던 그에 관한 많은 정보를 제공하기도 했지만, 한편으론 소소하기만 한 자신들의 손실을 그로부터 배상받고자 나와의 대화나 문자 내용을 그에게 넘기기도 했다.

그 여자들에게 그를 어떻게 만났는지 물어보니, 하나같이 다른 데이팅 앱으로 만났다 했다.

　나는 그렇게 많은 앱이 존재하는지도 처음 알았고, 남편이 알게 될까 고소를 꺼리는 많은 여성들의 일탈이 한탄스러웠다.

　그가 여자들로부터 확보한 문자들은 몇 달 후 나를 명예훼손으로 맞고소하는 결과를 낳았다. 그것으로 나를 압박하여 사기에 대한 고소 취하를 염두에 둔 행보였다.

　분명히 이것은 한두 번으로 학습된 것이 아니다.

　한 피해자는 내가 마련해 준 그 오피스텔에 혼자 며칠을 묵을 기회가 있었는데, 그가 그 피해자에게 협박용으로 쓰던 사진을 찾기 위해 그의 물건을 뒤지다가 한 외장 하드를 발견하여 컴퓨터에 연결해 보고는 소스라치게 놀랐던 경험을 알려 왔다.

　그 안에는 언제부터인지도 모를 방대한 양의 성 동영상들과 여성들의 나체 사진들로 가득 차 있었다고 했다.

　자신의 사진만 지우려다 그 안에 각기 다른 얼굴의 여성들이 입을 피해를 염려하여 그 외장 하드를 아예 초기화시켜 버렸다고 했다.

　범죄의 증거 자료로 충분했을 그것들이 날아갔음이 심히 안타까웠지만, 같은 여자로서 이해는 한다.

　받지도 못 할 돈을 받겠다고, 그의 심기를 건드릴 행동은 하지도 못한 그녀와 같은 사람들이, 어쩌면 그를 도와서라도 피해를 보상받고자 한 사람들이 한둘이 아니었음을 안다.

　여자의 적을 결국 여자로 끝맺게 만든 그의 악랄한 심산에 구역질이 날 지경이다.

　내 카드로 결제된 명품 시계를 선물 받은 한 여자는 그에게서 받은 수많은 정황 사진과 그에 대해 몰랐던 정보도 제공해 주었지만, 내가 그 범죄 증거품을 경찰에 제출해야겠다며 돌려 달라 하니, 사우나에서 잃어버렸다고 얼버무리고는 연락이 끊겼다.

 내 손에 끼워 줬다가 사이즈 맞춰 다시 가져오겠다던 반지, 다른 피해자가 그나마 이거라도 건졌다며 그 반지를 끼고 있는 사진을 보내왔다.
 그 명품 반지를 껴 본 여자들 역시 한둘이 아니었다.

 큰 피해를 보진 않았지만, 이 사기 사건의 타깃이 될 뻔한 여자들에게 내 상황은 너무나 흥미진진한 화젯거리였을 거다.
 매일 울려 대는 전화벨 소리와 기가 막히는 통화 내용에 나는 삶의 중심을 잃고 휘청댈 수밖에 없었다.
 그 인간과 생일도 같은 그 정보 기관 출신의 파트너도, 그 여동생도 다 공범으로 고소하겠다 결심하고 일을 진행했다.
 카드 내역도, 장기 대출금도, 자동차 할부금도 어느 하나 제대로 결제가 이루어지지 않고 있었다.
 본인 확인의 전화 통화 한 번 없이 수천만 원씩의 대출이 일어나는 것도 이해되지 않아 금융 감독원에도 민원을 제출하고, 카드 회사마다 이의를 제기했다.

 내가 좋아하는 숫자 '일팔', 중국어로 풀이하면 '내가 흥한다'라는 뜻의 이 숫자는 나와 에피소드도 많아 2018년 1월 8일 오후 1시 8분에 서울 중앙 지검에 고소장을 제출했다.
 나는 일말의 희망을 부여잡고, 제발이지 그를 감옥에 넣을 수 있기를 간절히 기도했다.
 늘 그렇지만 일은 항상 내 뜻대로 흘러가 주지 않는다.
 그 여동생은 나에게 전화를 걸어와 입에 담지도 못할 욕설들로 변치 않는 천성을 퍼부었고, 정보 기관 시절 어떤 범죄에서도 다 빠져나갈 기술을 그곳에서 배웠다며 그는 오히려 당당한 태도였다.

나를 돕던 피해자가 그 정보 기관에 전화해 이 사람이 그 시절의 일로 사람들을 현혹시키고 사기 행각을 벌이고 있다고 제보해 그들은 긴급회의까지 했지만, 이제는 민간인 신분인 그를 법적으로 제재할 방법은 없다며 안타깝고 죄송하다는 답변만 전해 왔다.

주변에서는 방송국에 제보하자며 나를 부추겼지만, 명예훼손의 빌미만 그의 손에 쥐여 주는 꼴이 될 것 같아 그마저도 접어야 했다.

내가 얻어 준 강남 오피스텔에 매주 청소를 하러 오는 분이 있었는데, 유명한 소설가의 딸이었던 그녀가 내 상황을 딱하게 여겨, 이후 많은 도움을 주었다.

어느 날은 그녀가 역술가인 친구에게 내 이야기를 할 기회가 생겼다며 태어난 시와 사진 한 장을 보내 달라 했다.

그녀는 친구의 말을 내게 전하면서 무척이나 안타까워했는데, 내 손으로 그를 감옥에 넣어서는 안 된다고, 그렇게 되면 그의 해코지가 끊이지 않을 거라며, 그는 내가 아니어도 다른 누군가에 의해 다시 감옥살이를 할 사람이니 아무것도 하지 말라 했다.

내가 할 일은 다른 데 있으니, 모두 내려놓고 내 갈 길을 찾아가라 말했다.

서울중앙지검 검사실에서 연락이 왔다.

할 얘기가 있으니 사무실로 와 줄 것을 요청해 왔다.

담당 검사도 많이 안타까워하며 말문을 열었다.

이 피고인이 자신에게 유리한 그 녹취록을 앞세워 사기가 아니라 증여라고 주장하고 있는데, 내가 다른 피해자들과 나눈 문자 때문에 명예훼손죄를 역풍으로 맞고 있으니, 최선의 방법은 '쌍방 고소 취하'밖에 없을 듯하다며 어떻게 생각하는지 물었다.

죄의 경중으로 따지면 말도 안 되는 비교이지만, 명예훼손죄도 범죄 경력으로 남으니, 이런 꼬리표를 달고 사는 건 더 억울하지 않냐며 나를 설득했다.

다른 피해자 한 사람도 이 피고인을 고소했는데, 일단은 자신이 중재를 해 보고 그가 받아들이지 않으면 두 사건을 병합해서 크게 밀어붙여 보자 했다.

얼마 뒤, 그가 검사실에 출두했다.

옆방에서 그들의 대화를 듣고 있는데, 어이없게도 너무나 기꺼이 검사의 제안을 받아들였다.

사실 나는 알고 있었다.

형사 고소에서 유죄 판결을 받더라도 그가 써 버린 억대의 돈은 민사 소송으로도 되찾을 방도가 없다는 것을, 평생 자신의 명의로는 아무것도 하지 않을 사람임을 알고 있었기에 검사 말대로 똥 밟았다 치자 싶기도 했다.

스스로에 대한 자책으로 자살 시도까지 나를 내몰았던 이 사건은 쌍방 고소 취하로 흐지부지 막을 내리는 듯했다.

그리고 몇 달 후, 서울 수서경찰서에서 나에게 고소장이 접수되었다며 조사를 받으러 오라는 연락이 왔다.

한 피해자가 그 사람과의 통화 녹음 파일을 내게 보내며, 나와는 아무 관련도 없는 그녀의 사문서 위조 사건에 그 인간이 일부러 나를 끌어들인 거라고 미안해하며 연락을 해 왔다. 그녀의 사문서 위조가 나의 사주였다는 주장이었다.

다행히 나에게는 그의 주장을 뒤집을 증거가 있었다.

그 증거를 챙겨 들고 경찰서로 가 조사를 마치고, 무혐의로 결론은 났지만, 솔직히 거지 같은 그의 행태에 화가 나서 받아 놓은 음성 파일로 무고죄 고소를 할까도 생각했다.

너무도 명백한 고의적 의도가 그 음성 파일에 다 들어 있었고, 그 여자도 돕겠다 고소를 부추겼지만, 더 이상은 그와 엮이고 싶지 않았다. 그리고 마치 그 여자가 자신의 복수에 나를 이용하는 것만 같기도 했다.

그리고 6개월 후, 생각지도 않았던 다른 피해자로부터 연락이 왔다
그를 총각으로 알고 있던 그녀는, 내가 고소하기 직전에 다른 여자와의 혼인 신고로 이미 유부남이 된 그의 정체를 뒤늦게 알게 되었다 했다. 그래도 그나마 나와 빨리 연락이 닿아 변호사 선임부터 그 이후의 일을 함께 의논하며 힘든 와중에도 잘 버티고 있었.
1년 전 나의 고소 사건을 맡았던 담당 경찰관이 그녀의 담당 경찰관과 한 팀이어서 나는 내 사건 경관에게 내 자료를 그쪽으로 다 넘기라고 부탁 전화도 넣었다.
수법이 비슷한 패턴이었기에 사전에 계획된 사기 범죄임이 잘 드러날 것 같았다.
두 번 다시 듣고 싶지도 않은 그자의 이름을 입에 올리는 것조차 싫었지만, 고소까지 감행한 그 피해자는 도와주고 싶었다.
1년 하고도 6개월이 넘는 지치고 지루한 시간이 걸렸지만, 도주 중이었던 그자는 끝내 경찰에 체포되었고, 잠시나마 사회로부터 격리가 이루어졌다.

그자가 서울 동부구치소에 수감되고, 연이은 그곳의 코로나 확산까지. 죄수들이 다 그런 건 아니겠지만, 떠벌리기 좋아하는 그의 성격상 딱 들어맞는 뉴스였다.
내 손으로 처벌하지 않아도 대가를 치러야 할 사람들은 응당 갈 곳으로 가게 되어 있다.
피해자는 결코 나 혼자만이 아니었을 테니, 누군가는 정의를 위해 반드

12장 로맨스 스캠 177

시 움직인다.

그자로 인해 우리 가족은 엄청난 충격을 받았고, 우리 집으로 택배 배달을 하는 기사의 이름이 우연히도 그자와 똑같아 그 이름을 본 가족들이 매번 화들짝 놀라곤 해서 일부러 택배 기사에게 문자를 남겼다.

'기사님, 저희 집에 택배를 보내실 때 기사님 성함이 적혀 있는 스티커는 좀 떼어 주세요, 죄송합니다.'

민폐가 아닐 수 없지만, 한동안 그 택배 기사는 아무것도 묻지 않고 부탁한 대로 해 주었다.

그자를 겪으면서 나도 많은 것을 배웠다.

이제는 사람이 하는 말 그대로 믿던 순진무구한 그때의 내가 아니다.

그와 싸우면서 배운 법적 지식이나 경험들로 나의 브랜드를 집어삼키려는 중국 직원들과도 열심히 싸웠다.

중국 공안국의 보호를 받으면서 말이다.

이 또한 내 뜻대로 흘러가 주지 않았지만, 하나를 잃으면 하나를 얻는 게 인생사다.

비싼 수업료를 지불하고 얻은 것들은 모두 나의 자산으로서 역할을 할 것이다.

예전처럼 우울 속에 멈춰 있거나 비겁하게 도망치지도 않을 것이다.

그 사기꾼도 한 인간이라 최소한의 예의로 그가 특정되지 않도록 많은 부분을 가리고 삭제했다. 이 글의 목적은 범죄 예방의 공익을 위한 폭로임을 밝힌다. 그럼에도 그가 나를 명예훼손으로 고소한다면, 나는 공소 시효가 남은 그에 대한 무고죄로 대응할 것이다.

앞서 언급했던 비터스위트(BitterSweet), 달콤쌉쌀함, 멜랑콜리 그리고 프로이트에 의하면, 우울증이라고도 볼 수 있는 이 미묘한 감정은 오랜 역사를 지녔다. 이를 잘 활용한다면 창의성과 리더십을 발휘하여 사랑과 죽음, 절망에 대한 관념을 변화시킬 수 있는 촉매제가 되어 줄 것이라고 나는 믿고 있다.

죽고 싶을 만큼의 불행은, 그동안 간과했던 작은 행복을 소중히 여기게 했고, 한 뼘 더 성장한 나를 발견하게도 했다.

<함부로 인연을 맺지 마라>

진정한 인연과 스쳐 가는 인연은 구분을 해서 인연을 맺어야 한다.

진정한 인연이라면 최선을 다해서 좋은 인연을 맺도록 노력하고, 스쳐 가는 인연이라면 무심코 지나쳐 버려야 한다.

그것을 구분하지 못하고 만나는 모든 사람과 헤프게 인연을 맺어 놓으면 쓸 만한 인연을 만나지 못하는 대신에 어설픈 인연만 만나게 되어 그들에 의해 삶이 침해되는 고통을 받아야 한다.

인연을 맺음에 너무 헤퍼서는 안 된다.
옷깃을 한 번 스친 사람들까지 인연을 맺으려고 하는 것은 불필요한 소모적인 일이다.

수많은 사람들과 접촉하고 살아가고 있는 우리지만 인간적인 필요에서 접촉하고 살아가는 사람들은 주위에 몇몇 사람들에 불과하고, 그들만이라도 진실한 인연을 맺어 놓으면 좋은 삶을 마련하는 데는 부족함이 없다.

> 진실은 진실된 사람에게만 투자해야 한다.
> 그래야 그것이 좋은 일로 결실을 맺는다.
> 아무에게나 진실을 투자하는 것은 위험한 일이다.
> 그것은 상대방에게 내가 쥔 화투패를 일방적으로 보여 주는 것과 다름없는 어리석은 짓이다.
>
> 우리는 인연을 맺음으로써 도움을 받기도 하지만 그에 못지않게 피해도 많이 당하는데, 대부분의 피해는 진실 없는 사람에게 진실을 쏟아부은 대가로 받는 벌이다.

새로운 사람을 만날 때마다 되새겨 보는 법정 스님의 말씀을 발췌하여 담아 본다.

진실된 인연도 많았지만 독이 되는 악연 역시 많았기에, 사람에 대한 공부도 게을리할 수 없다.

이제는 인연도 가려 가며 맺을 준비가 된 것 같다.

13장

한국에서의 직업 도전기

사회복지사 실습 강연 중

공장 생산 계약직 시절

편의점 점원 시절

원예업 길거리 매대

2023년 7월 3일, 실로 오랜만에 부산 김해국제공항으로 향했다.

지난 1년간 한 공장에서 직장 생활을 하며 절친한 친구로 발전한 민경이가 일부러 시간을 내어 자기 차에 내 짐을 모두 싣고 공항으로 출발했다.

그녀 말로는 진짜 중국으로 가는 것이 맞는지 확인하러 왔다고 농을 쳤지만, 나는 안다. 공항까지 가는 차비라도 아끼라고 배웅한 것임을 말이다.

조금 일찍 공항에 도착해 티켓팅을 모두 마친 후, 둘이 빵집에서 커피 한 잔의 여유를 즐겼다.

공장에서의 1년이 쏜살같이 흘러갔다.

한국으로 돌아온 후 6년 동안, 나는 영양사로서, 디자이너로서, 사회복지사로서 200여 군데 이상 이력서를 제출하고 직장을 구했다.

하지만 나의 모든 경력이 외국에서 쌓인 것이었기에 그 어느 회사도 나를 환영하지 않는 현실이었다.

나이도 많고, 오랜 CEO생활로 모두가 마다하는 '경력 단절녀'가 될 수밖에 없었다.

차라리 이력서를 고졸로 줄여 볼까도 생각하던 중에, 쉬는 동안 공부하며 자격증까지 취득한 사회복지사로 일할 기회가 주어졌다.

(1) 사회복지사

노인 주간 보호 센터에서 급하게 연락이 와서 사회복지사로 근무를 시작했는데, 한 달 사이 5킬로그램이나 살이 빠지면서 이보다 더한 일자리는 없는 듯 최악의 경험을 하게 되었다.

아침 6시부터 메신저가 울려 댄다.

그날 병원에 모시고 가야 할 회원과 개인 사정으로 못 오시는 회원까지 체크해야 오전 등원 차량 동선을 짤 수 있다.

7시 반쯤 센터로 출근을 하면 어른들이 마실 보리차부터 끓인다. 컴퓨터를 켜고, 등원 차량 기사가 오면 직원들이 돌아가면서 차량에 올라타 모든 회원의 집을 돌면서 한 분 한 분 차량에 탑승시킨다.

몸이 불편한 분도 있고, 어른 혼자 사시는 집에 부축해 드리려 들어갔다가 개한테 물리는 사고도 발생한다.

그렇게 수십 분을 센터로 모시고 나면, 다시 그 모든 분의 혈압과 체온을 체크하여 일지에 기록해야 한다.

사회복지사들은 매일 해야 하는 서류 작업도 많지만, 다양한 수업도 동시에 준비해야 했다.

중간중간 어른을 병원에도 모셔 가야 하고, 하루 종일 어떠한 일정을 소화했는지 보호자들이 볼 수 있게 인터넷에 올릴 사진과 동영상을 끊임없이 촬영해야 했다.

한 명도 빠뜨려선 안 된다.

사진도 여러 어른을 같이 찍을 때는 옆 사람의 모습이 잘리지 않게 갖춰야 하는 요령도 많았다.

나의 휴대폰은 매일 수백 장의 사진과 영상들이 메모리를 빼곡히 차지했고, 나는 그걸 다시 글로 옮겨 보호자들이 보기 편하게 인터넷 일지를 올렸다.

점심시간에는 어른들 사이에 앉아 그들이 식사를 제대로 하는지 관찰하며 얘기도 나눠야 했다.

식사가 끝나고 양치까지 도운 후 어른들은 오수를 잠시 즐기지만, 직원들은 해야 할 일이 산더미였다.

한 번도 개인 휴식 시간을 가져 본 적이 없었다.

시간에 맞춰 어른들을 깨워 운동도 시켜야 하고, 그렇게 오후 일정을 마친 후엔 어른들 모두 차량으로 귀가를 도왔다.

퇴근을 해도 업무가 끝나지 않았다.

밤 10시가 넘도록 메신저는 계속 울려 댔다.

이런 빡빡한 스케줄로 직원들은 허구한 날 바뀌었다.

하루 일하고 도망가는 사람들도 많았다.

물론 정이 든 어른들은 지금도 그들의 환한 미소가 떠오르며 어떻게 지내실까 궁금하기도 하다.

하지만, 그 센터는 넘쳐 나는 사회복지사를 언제든 대체 가능한 일회용처럼 대했다. 쉬는 날에도 하루 종일 울려 대는 메신저에 답하느라 제대로 쉴 수가 없었다. 먼저 들어온 상사의 일까지 대신하는 무한 멀티태스킹은 기본이고, 마라톤 풀코스같이 뛰면서도 나라에서 지급하는 최저 시급에 만족해야 했다.

요양보호사도 요즘은 고학력임에도 나이 때문에 취업이 마땅치 않아 시작한 사람들이 많은데, 다른 센터도 마찬가지겠지만 노인 주간 보호 센터에서 육체적 피로도는 극에 달했다.

어른들을 케어하다 결국엔 본인이 병치레로 그만두는 사례도 여럿 봤다.

고령화 사회가 되면서 경쟁적으로 생겨나는 복지 센터나 요양 병원, 그곳에서 일하는 사람들은 다 눈치를 채고 있다.

지원받은 국가 예산이 어떤 구실로 빠져나가고 있는지, 진정 복지를 위한 센터나 병원들은 얼마나 되는지 굳이 힘들게 떠들지 않아도 다들 안다.

나도 힘든 센터 일로 갑작스러운 수술까지 받고 나서야 그곳을 나올 수 있었다.

센터를 그만두고 나니, 센터장의 바닥 인성이 드러나는 메시지를 받게 되었다. 전부터 소문이 자자했지만, 그 정도인 줄은 몰랐다. 겪어 보니 확실히 알겠다.

　어른들을 돈으로만 보는 인간 말종이 따로 없다.

　자신도 곧 그 나이가 될 텐데, 오랜 시간 그런 직업 윤리로 그 직종에 종사하고 있다는 게, 나로서는 끔찍할 뿐이다.

　돈보다 봉사의 마음으로 희생도 마다하지 않는 사회복지사와 요양보호사가 제대로 된 처우를 받는 우리나라가 되었으면 하는 바람도 생겨났다.

　복지 혜택을 가장 누리지 못하는 계층이 그 직업군이지 싶어 모순된 사회 구조에 답답할 뿐이다.

　나의 경험은 그러했기에 두 번 다시 그 일을 하고 싶지 않다.

　센터 간부들과 회원 보호자들의 갑질을 겪으면서, 학비에 시간까지 들여 공부하고 가장 후회한 직업이다.

　여전히 그 일을 하고 있는 친구는 그 센터가 비정상적이었다며, 다른 곳에서 일해 볼 것을 권했다.

　물론 좋은 센터도 많다는 걸 안다.

　그럼에도 나는 그냥 자원봉사가 심적으로는 훨씬 뿌듯할 것 같다.

　최악의 근무 조건에서 일하면서 그래도 느낀 바가 있다.

　어떤 일도 이보다는 낫겠다는 확신, 어떤 일도 두렵지 않게 만들었다.

　지금도 끊임없이 직원을 모집하는 그 센터를 보면서, 복지 관련 일을 하면서 국가 재정으로 자신의 배를 채우고, 사람을 돈으로만 보는 그런 몰지각한 사람들은 제발 사라졌으면 좋겠다.

　어른들의 출석률이 돈과 연관되다 보니, 몸이 불편해서 결석한 어른을 향해 욕지거리도 서슴지 않는 시설장과 센터장을 보고 나는 할 말을 잃었다.

　결국엔 다 드러날 그자들 인성의 바닥을 보고서야 그곳에서 발을 떼어 낼 수 있었음이 다행스럽기도 하고, 씁쓸한 현실이다.

(2) 공장 생산직

사촌 동생의 전화를 한 통 받았다.

동생의 친구가 일하는 공장에 인력이 부족해서 채용 공고가 떴는데, 시급도 높고 신축 건물이라 환경이 괜찮다며 일주일이라도 일해 보지 않겠냐 물어 왔다.

나는 당장 면접을 보러 갔다.

면접관은 출신 학교도 그렇고, 사는 곳도 그렇고, 이전에 했던 일도 있는데, 여기서 일할 수 있겠는지 재차 물었다.

서비스직에 오래 몸담아 와서 뭐든 잘 적응할 수 있다며, 면접관만 아무 말 않으면 다른 직원들에게는 내 개인 사정을 알리지 않을 테니, 일만 하게 해 달라고 부탁했다.

그렇게 나의 공장 생활이 시작되었다.

복지 센터에서의 각박한 근무 경험이 뭐든 가능하게 만들었다.

오전 8시에 시작되는 업무 일정에 맞추려면 새벽 5시 반에는 기상해야 했다.

육체적 노동을 해야 했기에 하루 두 번이던 식사도 세 번으로 늘리고 인슐린 투여량도 늘려야 했지만, 도전의 의미로 잘해 보고 싶은 간절함이 마음 한가득이었다.

7시 15분쯤 회사에 도착하면 탈의실에서 유니폼으로 갈아입는다.

회사는 입사한 이듬해에 45주년을 맞은 중견기업이었고, 센서 제작으로 입지를 굳힌 회사였다.

많을 때는 해외 지사까지 천오백여 명의 직원이 근무하고 있어, 나로서는 큰 조직의 시스템을 경험할 좋은 기회라 여겼다.

차장으로 재직 중인 친구와 다른 라인 과장 동생까지 아는 사람들이 있었지만, 나는 나의 직무에 충실했다.

길었던 CEO 생활에 나 스스로를 테스트해 보고도 싶었다.

나에게 공장 생활은 신세계였다.

마치 고등학생으로 돌아간 느낌도 들었다.

반복되는 일이지만, 이 제품들이 어떤 곳으로 납품되는지도 궁금했고, 제품의 원리를 공부하는 것도 재미났다.

한 시간 반마다 찾아오는 10분간의 휴식 시간, 가끔 두꺼운 회사 제품 카테고리 책을 보고 있으면, 동료가 이름 때문에 만들어 준 별명을 부르며 한마디 한다. "아멘 언니, 또 공부한다! 하하하하~"

동기들이 크게 한바탕 웃다가 벨이 울리면 다시 반복된 일정의 현장으로 우르르 몰려 들어갔다.

점심 식사는 두 가지 식단 중에 하나를 고를 수 있었는데, 식단 앱으로 일주일치 식단을 미리 체크할 수 있었고, 디저트까지 구비된 최고의 사내 식당이었다.

나는 기계 다루는 것을 좋아하는 사람이라 여러 파트의 기계를 작동해 보는 것도 재미있었다.

모르는 건 선배들에게 물어보면 다들 잘 가르쳐 주었다.

배울 점이 많은 다양한 연령대의 사람들을 만나면서 인생 공부도 같이하게 된다.

그러다가 일이 발생했다.

새 라인에서 2인 1조로 제품을 조립하고, 그걸 낱개로 포장하고 마지막 박스 포장까지 일사불란하게 움직여야 하는 작업이었는데, 같이 일을 맡은 사람이 쓸데없는 텃세를 부린다.

그 사람과 나는 파트너 관계이지 상하 관계가 아니다.

그냥 정직원과 계약 직원, 회사와의 계약이 다를 뿐 같은 생산직이다.

그녀와 나는 같은 나이였지만, 웬만하면 내가 더 많은 일을 하며 선배 대접을 해 주었다.

파트너들은 자리를 비울 때 꼭 옆 사람에게 어디를 가는지 알려주고 가야 하는데, 그녀는 수도 없이 자리를 비우면서 언질도 주지 않는다.

태블릿에 올리는 실적도 아무렇지 않게 거짓으로 입력했다.

그럼에도 하루에 10시간을 봐야 하는 사람이라서 나는 모르는 척했다.

초반 한 달 동안 자신은 납땜만 하고 조립과 포장은 나 혼자서 하게 했다.

타이머를 조립한 후 30개를 일일이 스티커 붙여 가며 낱개 포장하고, 큰 박스에 낱개 포장된 30개를 방향 맞춰 담아야 한 박스가 완성되는데, 하루에 많게는 28박스를 만들었다.

그 일로 내 오른 손목에는 터널 증후군이 왔고, 오른손 모든 손가락 끝에 감각을 잃고 말았다.

그 파트너 한 명 때문에 '직장 내 괴롭힘' 신고도 고려했지만, 아무 죄 없는 상사들까지 시말서를 써야 할까 봐 참았다.

이후에 퇴직을 하고 MRI 촬영까지 하며 약을 복용했지만, 차도가 없었다.

의사는 최대한 오른손을 쓰지 말고 지켜보자 했다.

요리가 주 업이었지만, 그림도, 글도, 악기도 다루는 아마추어 예술인이라 나에게 손은 보배와도 같다.

감각을 잃고 지냈던 몇 달의 시간 동안 나의 원망은 그 파트너에게 뻗쳐 소송을 걸까 심각하게 고민도 했었다.

그래도 회사를 그만두기 직전, 그 파트너의 황당한 요구에 큰소리로 반박한 후 많은 동료들의 한을 풀어줬던 통쾌함을 떠올리면 속은 시원했다.

그리고 상하이로 돌아가기 한 달 전 기적처럼 모든 손가락의 감각이 원상태로 복구되었다.

온 가족이 얼마나 다행으로 여겼는지 모른다.

1년 동안 큰 회사의 시스템을 보면서 여러 생각을 하게 되었다.

실무자들의 다각적 능력이 라인과 파트를 유기적으로 컨트롤하며 활용할 수 있을 텐데, 그런 능력이 계발되도록 사측에서도 꾸준히 교육하고 장려하면 좋을 텐데, 일하면서 조금만 생각을 달리하면 가장 효율적인 작업의 동선과 순서가 나오는데, 매일 쳇바퀴 돌 듯 반복되는 업무에 별생각 없이 안주하는 태도가 발전을 더디게 만드는 것 같았다.

동기 부여가 조금만 더 가미되면 지속되는 긴장감 속에 생동적인 활기로 분위기가 한결 부드러워질 것 같은 아쉬움이 남는다.

처음 이 회사에 출근하며 만난 한 친구는 매일 나에게 한 가지씩 칭찬을 해 주었다.

한번은 내가 물어보았다.

"내 장점들이 어쩜 자기 눈에는 그렇게 잘 보여요?"

그러자 그 친구가 대답했다.

"칭찬은 돈을 들이지 않고도 사람을 기분 좋게 하잖아요. 아주 작은 관심일 뿐이에요."

나는 만나는 사람들의 좋은 점을 흡수하려고 애쓰는 사람인데, 그 말을 듣고 그 친구에게서 귀한 선물을 받은 느낌이었다.

칭찬해 주자, 칭찬은 고래도 춤추게 하지 않는가?

사람들은 이렇듯 잊어버리고 있던 진실을 예기치 않게 선물하곤 한다.

내가 퇴직을 하고 두 달여 후, 회사의 모든 계약 직원들이 일을 그만두게 되었다.

한국의 제조 공장에도 빨간 불이 켜진 것이다.

많은 생산 라인이 인건비가 낮은 동남아로 이주했고, 그 때문에 나의 공장 친구들도 각기 다른 업계로 이직이나 창업을 했다.

다시 있지도 않을 소중한 공장 체험은 좋았던 것만 기억하며 마무리 짓는다. 나의 자랑스러운 공순이 친구들과는 지금도 간간이 만나며 우정을 이어가고 있다.

(3) 편의점 파트타임

나에게는 조심스럽지만 인생 선배로서 쓴소리도 아끼지 않는 존경하는 멘토가 있다.

그녀는 참 남달랐다.

우리가 가까워지면서 서로의 약점도 거리낌없이 얘기할 수 있어, 나는 그녀와의 수다가 참 좋았다.

2020년 코로나 시기, 나는 전 재산을 잃는 사기를 당하고 바깥출입을 2년째 하지 않고 있었다. 그랬기에 누군가의 냉정한 조언이 절실한 때이기도 했다.

다양한 소재의 이야기를 나누면서 나의 자존감도 충분히 높여 주고 있었던 그녀가 한 가지 제안을 해 왔다.

집에만 있지 말고 밖으로 나와서 누구나 할 수 있는 일부터 해 보라며, 편의점 아르바이트를 소개해 주었다.

서비스직은 오랜 경험이 있었기에, 사람을 대면하는 그 일을 일단 해 보자 싶어 과감히 발을 들여 밖으로 나갔다.

코로나19 때문에 매일 마스크를 쓰고 얼굴의 절반은 가리고 일하는 게, 다소 방어적이었던 나의 심리 상태에도 도움이 되었다.

당연히 초반에는 익혀야 하는 새로운 업무들이 많아 적응하는 데에 힘이 들었지만, 차차 익숙해지면서 재미를 찾아갔다.

일주일에 3일만, 그것도 이틀은 밤샘 근무를 해야 해서 새벽에는 쏟아지는 잠과 사투를 벌여야 했지만, 편의점은 내 취향의 음악도 들을 수 있고, 손님이 비는 시간에는 책도 읽을 수 있어서 나에겐 안성맞춤의 일이었다.

자주 만나는 단골들과 잠깐의 담소도 나에게는 생기로, 에너지로 충전이 되었고, 밤 근무가 걱정되어 일부러 찾아와 주는 친구들도 고마웠다.
　어느 날은 얼굴 한가득 고민을 품은 젊은이가 물건을 사러 왔다가 잠시 이야기를 나누어도 될지 물어 와, 의자를 내어 주고 앉으라 했더니, 몇 시간이고 자신의 고민을 풀어놓았다.
　나의 경험과 생각을 커피와 함께 그와 공유하며 편의점에서 일어나기 드문 특별한 시간을 가지기도 했다.

　편의점 맞은편엔 대단지 아파트 공사가 한창이었는데, 가게 청소를 중간중간 하다가 새벽 5시에 각종 쓰레기 분리수거를 위해 밖으로 나가면 공사장에서 일하는 사람들을 위한 저렴한 한정식 뷔페식당에도 불이 환하게 켜지면서 하루의 시작을 알렸다.
　새벽 6시가 되면 건설 회사 직원들과 인부들이 편의점에 들러 아침 식사를 해결하기도 하고, 음료수도 잔뜩 사서는 일터로 향했다.
　편의점이 위치한 아파트의 경비들도 근무 교대를 하면서 가게에 들러 필요한 물품이며 간식거리를 사 갔다.
　바쁘게 시간을 채우며 생활하는 많은 사람들 속에서 나도 그 시간과 공간의 일부를 같이 차지하고 있음이 대견하기도 하고, 내 존재가 얼마 전과는 달리 점점 의미를 찾아가는 데 감사한 마음도 생겨났다.

　주말이 시작되는 금요일 밤에는 편의점 냉장고 안에 각종 술과 안주가 동이 났다.
　코로나19로 인해 가게도 일찍 문을 닫았고, 단속도 엄격해져 모두들 집에서 조촐하게 술자리를 갖는 모양이었다.
　밤거리를 누비는 배달 오토바이들이 질주하는 소리만 도로 위를 가득 채웠다.

술과 담배의 소비는 역대 최고조로 달했고, 뉴스에는 자영업자와 같은 소상공인들의 아우성과 비보가 매일같이 쏟아져 나왔다.

전 세계가 실로 안타까운 나날이었다.

그러다가 편의점에서 일하는 동안 가장 행복했던 날이 있었다.

나에게서 억대의 돈을 기망과 사기로 갈취해 간, 결코 잊을 수 없는 그 사기꾼이 도주 중 체포되었다는 소식이었다..

숨 쉬는 것 외에 입 밖으로 나오는 모든 말은 근본도 없는 엉성한 각본일 뿐인 그 사기꾼에 관한 내용은 이 책에서 이미 다 밝혔다.

몇 개월 되지도 않는 실형을 살고 나와서, 지금도 분명히 어디선가 똑같은 레퍼토리로 작업 중일 그런 작자가 독자들 주변에 없는지 잘 살펴보시길 바란다.

편의점에서 근무하며 좋은 이웃들과 단골들과 정을 듬뿍 나누며 즐거웠지만, 마지막에는 나의 친절을 오해한 손님이 스토커로 돌변해 위협을 느끼게 되면서 하던 일을 접을 수밖에 없었다.

나의 부탁으로 늘 유심히 편의점을 관찰해 주던 아파트 경비실의 근무자들에게도 감사드린다. 몇 달간 따뜻한 사람의 온기를 한껏 누릴 수 있었던 나에게는 각별했던 치유의 시간이었다.

내 인생의 전환점을 찍게 해 준, 그리고 나를 세상 밖으로 꺼내 준 멘토 언니에게도 진심 어린 감사를 전한다.

(4) 무역 회사

2018년에 상하이에서 가게를 맡고 있던 직원들에게 다시 돌아가 사업을 계속 하겠노라 소식을 전했다.

그러자 10년을 매니저로 일하던 직원이 주방장과 자신이 조금만 더 가게를 운영하게 해 달라며 구구절절 애원하는데 차마 뿌리칠 수 없었다.

어차피 언제든 내가 돌아가면 원래 자리로 내려가서 직분에 충실하겠다고 수없이 얘기하던 터라 나는 또 시간을 주었다.

당시에 나는 사기 고소 사건 때문에 서울에 갈 일이 많기도 했다.

때마침 상하이에서 영국 자동차 회사 광고 마케팅 업무를 맡고 있던 오랜 친구가 연락을 해 왔다. 자신의 회사에서 새로 수입하는 자동차의 이미지가 나와 잘 부합되어 상사에게 나를 모델로 추천했는데, 오케이 승인이 떨어졌다며 상하이로 와 줄 것을 요청했다.

하지만 내 모든 재산을 잃게 만든 그 사기꾼을 감옥에 처넣고 싶었던 나는 그 친구의 요청도 거절한 상태였다.

한국에서의 생활은 나에게는 한마디로 이방인의 생활 그 자체였다.

중국에서 내 사회적 위치는 외국인이었지만, 사람들의 사랑을 많이 받는 남부러울 것 없는 인생이었다.

그러나 한국으로 돌아와서는 오랜 해외 생활로 인한 사고의 차이와 여전히 이해되지 않는 한국 문화와의 거리감으로 외국인도 아니고 한국인도 아닌 그냥 이방인의 입장에 처할 때가 많았다.

그러한 상황을 고려해 생각해 낸 일이 무역업이었다.

이전에 디자이너 업무를 하며 수출입도 경험해 보았고, 십수 년을 상하이에 거주하면서 한국에 없는, 내가 좋아하는 아이템을 수입해 보면 좋겠다는 생각에 회사를 설립했다.

하지만 일을 모색할 때마다 그 사기꾼과 관련된 많은 피해자들이 나를 찾았고, 도무지 업무에 전념할 수가 없었다.

내가 형사 고소를 한 상태라 서른 명이 넘는 여자 친구라는 사람들의 제보를 간과할 수 없었던 것이 당시 내 최대 장애물이 되고 말았다.

날이 갈수록 그 사건 때문에 나의 정신 상태는 피폐해져 갔고, 단 한 건도 무역다운 일을 성사시키지도 못하고 결국 회사 문을 닫아야 했다.

내 컴퓨터에는 무역에 관련된 자료보다 그 사기꾼에 관한 자료만 쌓여 갔다.

지금은 아예 그에 관한 내용을 외장 하드에 따로 저장해 나의 소중한 컴퓨터에 남겨 놓지도 않았지만, 그 자료들은 정말 방대한 분량이었다.

시기적으로 여러 면에서 아쉬웠던 무역 회사지만, 언젠가 또 기회가 오지 않을까 하는 기대는 저버리지 않고 있다.

(5) 원예 사업

2021년 4월부터는 평소 좋아했던 식물에 관한 연구를 시작했다.

그러다가 사막과 같은 척박한 환경에서도 잘 자라는 다육이가 눈에 들어왔고, 그 생명력에 홀리듯 빠져들었다.

동네 화원에서 파트타임 제의를 받고 하루에 네다섯 시간 다육이 화분을 만들며 그 매력을 더 느낄 수 있었다.

그래서 사업자등록증을 내고, 인터넷에 쇼핑몰 등록도 마쳤다.

식물 도매 시장에 가서 종류별로 식물을 데려와서 예쁜 화분으로 분갈이도 해 놓았다. 그리고 인터넷 판매는 실질적 대면이 아닌 데다 택배 포장용품으로 환경 오염의 주범인 비닐이나 플라스틱을 많이 써야 해서 미뤄 두고, 고객들의 반응을 보고 싶어 길거리 판매를 결심했다.

일단 시청에 전화를 걸었다.

평소에 산책하며 봐 둔 자리가 있어 그 곳에 좌판을 깔아도 되는지, 허가를 받아야 하는지 알아보며 먼저 법적인 요인을 확인했다.

그곳은 지하철역 앞이라 어른들이 직접 캐거나 키운 나물을 팔기도 하고, 뻥튀기 손수레나 기부 천막도 자주 설치되는 곳이었다.

시청 직원이 이것저것 물었다.

주변에 꽃가게가 있는지, 일하는 시간대는 언제인지, 다 대답을 하니 별 문제 없을 것 같다며 판매해 보라는 답이 왔다.

캠핑용 테이블과 의자, 의미를 담고 어딘가로 팔려 나갈 자식 같은 나의 식물들, 블루투스 스피커에서 흘러나오는 잔잔한 음악과 함께 퇴근 시간에 맞춰 세 시간만 거리로 나갔다.

5월은 어버이날과 스승의 날도 있고, 꽃과 식물들도 생기 가득할 시기라 손님들과 식물 이야기도 광범위하고 다채롭게 나눌 수 있어 참 행복했던 시간이다.

상하이에서 내가 개발한 메뉴들이 사랑받고 그것만 찾는 단골들이 생기면 성취감에 행복했듯, 식물에 관한 나의 안목도 테스트하며 사람들과의 교류를 즐겼다.

세 시간 짧은 업무 시간에 비하면 수입도 괜찮았다.

잠시 화원을 차려 볼까 고민도 했었다. 하지만 자리를 지켜야 하는 일은 나의 성격과 맞지 않았고, 그때도 지금도 고정 지출이 발생하는 영업장은 나의 이상적인 사업 형태가 아님을 숙지하고 있었기에 지명도를 가진 상하이 가게만 유지하자 결론을 내리고 길거리 판매에 성의를 다했다.

야외 영업은 날씨가 정말 중요하다.

5월 초반의 청량함도 비가 내리면 영업을 강제 종료해야 한다.

아쉬워도 할 수 없다.

하늘이 허락한 만큼만 일을 하고 순응하다 보면 어느새 내일이 찾아와 있다.

욕심내지 않고, 즐기며 일 할 수 있는 것도 복이다.

그런데 그렇게 일을 하다 발목이 접질려 인대가 손상되는 사고가 발생했다. 무릎까지 올라오는 고정 기구를 차고는 운전은 물론 무거운 캐리어를 끌기도 힘들어져, 창창했던 원예 사업도 잠정 보류해야 했다.

그럼에도 내 생활은 언제나 반려 식물과 함께이다.

상하이에 집을 얻어 놓고 제일 먼저 구입한 것도 식물이었다.

다육이들과 로즈메리 같은 허브나 파릇파릇 상추를 키우는 재미가 꽤 쏠쏠했다.

스테이크 숙성을 위해 로즈메리 한 움큼 뜯어다 올리브오일과 소금, 후추를 고기에 버무려 놓으면 손에 배어든 그 허브향에 정신이 개운해진다.

예전에 우울감이 극에 달했을 때는 계절에 맞춰 흐드러지게 꽃을 피우는 식물들이 눈에 들어오지도 않았다.

세상 모든 아름다움이 마음의 그늘에 가려져 오감을 멀게 했다.

시간이 역시 약인가 보다.

알레르기 때문에 반려동물을 키워 본 적은 없지만, 반려 식물은 적극 추천하는 바이다.

과하지 않은 관리로도 보답은 확실하다.

한국에서의 직업들은 지금까지 이러했다.

앞으로 또 어떤 새로운 직업을 가지게 될지 모르겠지만, 언제나 일을 도모할 때는 무한한 열정과 관심이 바탕을 이룬다.

현재 꿈꾸는 일을 '요안나의 새로운 도전' 장에서 서술하겠지만, 계획한 대로 되지 않을 가능성도 항상 존재한다.

상관없다.

어떤 생각으로 삶에 임하고 있는지가 관건이다.

뭔가 깊이 고민하고 있다면 돌파구나 해결책이 반드시 보일 테니, 그에 따라 추진하기만 하면 된다.

섣부른 판단과 중심을 벗어난 사족만 유의한다면 속도의 차이만 있을 뿐 결국에는 갈 길을 가게 될 것이다.

14장

죽음의 그림자들

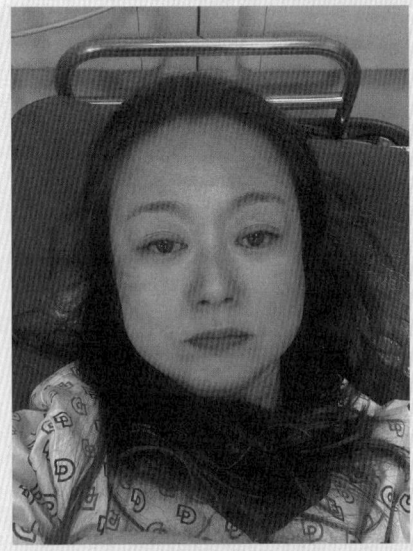

한국119 응급실 입원

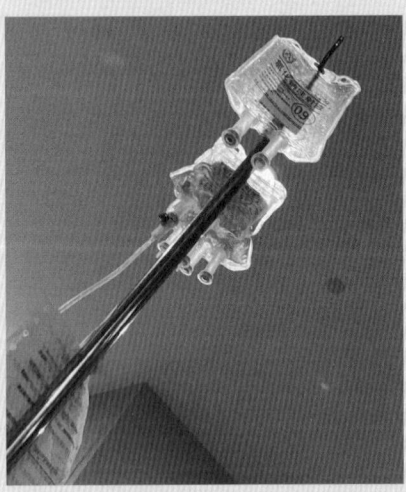

중국120 응급실 입원

불과 얼마 전의 일이다.

2023년 7월 초에 상하이로 들어가서 한 달여는 매일 가게에 나가 단골들과 조우하며, 예전의 생활로 돌아간 듯 순조로웠다.

꽤 오랜 시간이 지났음에도 나를 기억하는 사람들이 많았다.

코로나 시국이 끝난 시점에 나의 등장이 모두에게는 신서함과 반가움으로 하루하루가 의미 있는 나날이었다.

내가 돌아가면 원래 자리에서 일하겠다던 직원들의 약속도 나는 굳게 믿고 있었고, 건물주들의 환영도 있었기에 부정적인 예측 따위는 하지도 않았다.

하지만 현재의 임대차 계약을 파기할 경우 살인을 예보하는 매니저와 그 뒤에 숨어 눈치만 보는 주방장, 그리고 매니저 아버지의 계획적 시도('돈의 유혹과 그 이면' 장에 서술)가 날이 갈수록 예사롭지 않게 여겨졌다.

그런 일이 일어날 때마다 경찰에 신고하는 수밖에 나에게는 별다른 선택의 여지가 없었다.

그들은 앞으로 나에게 어떠한 위해도 가하지 않겠다는 각서를 쓰며 공안국 블랙리스트에 이름을 올렸고, 이후에 그들과 5차 협상까지 실로 많은 양보를 해 주었지만, 그들은 욕심을 내려놓지 않았다.

'돈의 맛'이 사람을 이렇게 바꾸어 놓다니, 이들이 내 밑에서 15년 넘게 일한 사람들이 맞나 싶을 정도로 이해할 수 없는 상황이 펼쳐졌다.

내가 만들어 놓은 브랜드의 인지도와 레시피로 먹고 산 직원들이다.

평생 만져 보지도 못할 돈을 만질 기회도 내가 준 것이었다.

감사는 고사하고 협박으로 나를 대하는 이들 때문에 심적 스트레스가 극심해져 뭘 먹기만 하면 다 토해 내는 날의 연속이었다.

그래서 나는 한국 영사관 홈페이지에서 소송 변호사를 선임했고, 내가 가진 증거들과 현재의 상황과 정보를 변호사에게 다 넘겨주었다.

7월 초에 상하이로 돌아가서 석 달을 어떻게 보내었는지 돌이켜 보면, 매일이 홀로 독립운동을 하는 느낌이었다.

나에게 자식 같기만 한 가게를 통째로 훔치려는 직원들을 보며, 복지 혜택이라고 베풀었던 것이 독이 되어 나를 몰아세우는 현실이 도무지 받아들여지지 않았다.

그래도 아침마다 기도와 명상으로 하루를 시작했다.

음식물은 몸에서 받아 주지 않았지만 기본적인 신진대사를 위한 인슐린 투여는 해야 했다. 그 때문에라도 칼로리를 섭취해야 했기에 나는 음식이 아닌 100퍼센트 과즙 주스로 힘겹게 연명을 하고 있었다.

그 일이 있기 한 달 전, 한국에서 친구들과 모임 중 화장실에서 쓰러지는 사고가 발생했다. 친구의 신고로 구급차에 실려 가 응급실에서 탈수 증상만 치료한 적이 있었다. 그때까지만 해도 나의 문제점이 무엇인지 정확히 알지 못했고, 큰일은 아닐 거라고 스스로를 위로하며 닥친 현실에 온 에너지를 쏟고 있었다.

2023년 10월 3일, 친구와 집에서 저녁을 일찍 해 먹고, 친구를 보낸 뒤 잠시 누웠다가 잠이 들어 버렸다.

버튼 하나로 응급 구조 전화가 가능한 스마트시계도 충전기에 꽂은 채 말이다.

새벽 1시반에 번쩍 눈이 떠졌다.

그런데 몸이 움직이질 않는다.

말도 할 수 없다.

1년 전쯤에도 이런 증상이 부모님 계신 집에서 발생하였다.

나는 안방에 있던 엄마에게 전화를 하려고 휴대폰을 봤지만, 복시 현상으로 숫자가 잘 보이지 않았고 손가락도 움직일 수 없었다.

때마침 방 옆 화장실로 향하는 아버지의 인기척에, 잠시 기다렸다가 있는 힘껏 나오지도 않는 목소리로 소리를 질렀더니, 청력이 예민한 아버지가 방문을 열고는 119에 신고를 했다.

엄마는 온갖 과일주스로 저혈당 증세를 호전시키려 옆에서 나를 챙겼고. 집으로 달려온 구급대원들은 전화로 의사와 상의하면서 나의 경과를 지켜보다가 안정되어 가는 걸 확인하고서야 돌아간 적이 있다.

하지만 이곳은 한국 땅도 아니고, 누가 같이 사는 것도 아니어서 120구급대에 직접 신고를 해야 하는데, 움직일 수가 없다.

아무리 목 놓아 소리쳐 봐도 소리 자체가 나오지 않았다.

어찌 됐든 침대에서 내려와야 했다.

있는 힘을 다해 몸을 비틀어 일단 엎드린 자세는 만들었다.

고개를 돌리는 것도 힘이 들어 침대 밖으로 빠져나간 얼굴을 아래로 향해 놓고, 온 힘을 다해 바닥으로 떨어졌다. 얼굴부터 바닥에 쿵 찧으며 떨어지는 바람에 아랫입술이 윗니에 찍혀 피가 흐르는 게 느껴졌다.

그리고 의식도 흐려지기 시작했다.

'하느님, 저 여기서 이렇게 죽으면 어떡해요!'

엄마가 매번 "난 내 딸이 더 중요하다. 가게고 뭐고 다 내려놓고 집으로 돌아온나!"라며 나를 설득할 때마다, "엄마, 나한테는 가게가 19년을 키운 자식이나 다름없어요."라고 엄마를 설득해 온 나였다.

그런 내가 생명이 위태로운 상황에 처해 있었다.

몇 달 전 모종의 계획으로 나를 호텔로 유인하려 했던 매니저의 아버지에게서도 빠져나왔는데, 이게 대체 무슨 꼴이란 말인가!

나는 한 번만 더 정신 차리자며 움직이지 않는 몸으로 사력을 다해 휴대폰을 손에 넣었다.

얼굴 인식으로 잠금이 해제되는 휴대폰, 피투성이가 된 나의 얼굴을 인식하지 못했다.

자꾸만 비밀번호를 누르라 했다.

열 차례 이상 시도한 끝에야 겨우 폰은 열렸다.

120을 눌러 통화 연결이 되었지만 말을 할 수 없었다.

"하~, 하~"

신음 소리만 반복하는 나에게 120직원은 말을 할 수 없는 상황인지 확인하고는, 침착하게 자신을 따라 심호흡을 하라 했다.

말을 할 수 있을 때까지 기다릴 테니, 호흡을 계속하라고 말했다.

시간이 얼마나 흘렀는지 모르겠다.

드디어 띄엄띄엄 한 단어씩 말을 할 수 있게 되었다.

주소를 알려 주고, 저혈당인 것 같은데 냉장고 문을 열 수도 없다고 알렸다.

구급차가 가고 있으니 잠시만 기다리라며, 현관문은 열 수 있겠는지 물어 왔다.

몇 미터도 되지 않는데 엎드려 기어가야 했다.

그렇게 기어서 현관문 손잡이를 잡는 순간 나는 안도의 한숨을 내쉬었다.

문을 열고 소리도 내 보았지만, 길고 긴 국경일 연휴의 중간이라 비어 있는 집들이 많았다. 새벽 2시를 훌쩍 넘겨 버린 시각, 바깥 소리에 반응하는 이웃은 한 사람도 없었다.

구급대원들이 뛰어 올라와 혈당 체크부터 했다.

혈당이 정상 수치라 한다.

그러면 도대체 무엇이 원인이란 말인가?

나부터도 상황이 파악되질 않았다.

구급대원들은 일어설 수 있는지 물었다.

일어설 수조차 없다.

120에 전화를 하고 현관문을 열기까지 이미 나에게는 기적과도 같은 일이었다.

구급대원에게 여권이 어디에 있는지 알려 주며 가져다 달라고 부탁했다. 그러고는 휴대폰만 챙겨서 제일 가까운 종합 병원 응급실로 정맥 주사 바늘을 꽂은 채 옮겨졌다.

방바닥과 부딪쳤던 앞니는 흔들거리고 있고, 그 때문에 몸 전체 CT촬영과 채혈이 이어졌다.

무엇보다 내가 외국인이기에 병원에서 제일 먼저 확인했던 게 한 가지 있었다.

내 휴대폰에 지불할 병원비가 있는지부터 확인한다.

구급차도 우리나라처럼 무료가 아니다.

병원 직원은 링거나 약을 타 줄 지인이 당장 와 줄 수 있는지 물었다.

전화를 해 봐야 알겠지만, 지금 당장 가능한지는 모르겠다고 솔직하게 답했다. 직원은 병원에 돈을 받고 그런 일을 해 주는 사람들이 상주하는데 쓰겠냐고 물었다.

일단은 한 명 배정해 달라고 요청했다.

전화를 여러 군데 돌렸지만, 받는 사람이 하나도 없었다.

한국에 있는 남동생에게 전화를 걸었다.

한국 시간 새벽 4시, 다행히 동생이 전화를 받았다.

현재의 상황을 알려 주면서, 결과가 어떨지 모르니 일단 부모님께는 알리지 말라 부탁하고 전화를 끊었다.

그제서야 저녁을 함께 먹었던 친구가 생각났다.

오늘 밤 나에게 무슨 일이 일어나면 나중에 이 사실을 알게 될 그 친구가 큰 충격을 받을 것 같았다.

10년을 알고 지냈지만, 서로 잘 알 기회가 없다가 몇 년 전 태국 방콕에서 우연히 만난 뒤로 궁금해진 친구였다.

다시 상하이로 돌아간 후 자주 만나 하소연도 하고, 일상도 공유하며 우정을 다지던 사이였는데, 그에게는 상황을 알려야 할 것 같았다.

전화를 걸었지만, 휴대폰이 꺼져 있다.

메시지를 남겨 놓았다.

"너의 잘못이 아니야, 자책하지 마!"

한 달 전 한국에서 응급실로 실려 간 후 그에게 전화를 건 적이 있었다. 그는 걱정스러운 눈빛으로 아무 일 없이 상하이로 돌아올 테니, 걱정 말라며 나를 위로해 주었다.

그리고 그의 말대로 상하이로 무사히 돌아갔는데, 또 이런 일이 생긴 것이다.

새벽에 잠시 일어났다가 나의 메시지를 확인한 그가 병원으로 달려왔다.

입술에서 흐른 피에 엉겨 붙은 나의 머리카락을 보고서 그는 무슨 병원이 이런 뒤처리도 안 하느냐며 화를 냈다.

물티슈를 사와 닦아 주면서 긴 한숨을 쉬어 댔다.

걱정 가득한 그의 한숨에 나는 더 미안해졌다.

마침 데스크에서 채혈과 CT 결과지가 나왔다며 직접 찾아오라고 전해 왔다.

내 진료 카드를 친구에게 건네주며 보냈는데, 그가 한참을 헤매다 돌아와서는 안내 데스크의 직원에게 난리를 쳤다.

"도대체 어디 있는 기계냐? 나도 외국인이라 잘 모르겠고, 당신이 나를 데려 가라!"

평소와 달리 흥분한 그의 모습에 나도 당황했다.

바로 옆 침대에서 수액을 맞고 있던 나는 도저히 가만히 있을 수 없어서, 그 친구를 진정시키며 내가 찾아보겠다고 일어나 앉았다.

그날 당직 의사나 간호사들은 소수 인원에 불과했고, 그에 비해 들어오는 응급 환자들은 너무도 많았다.

안내 데스크 직원은 자리를 떠날 수 없는 상황임이 눈에 들어와 내가 움직이는 게 맞을 듯 보였다.

아슬아슬 링거 걸이를 의지하며 주변 사람들에게 묻고 물어 문제의 그 기계를 찾아냈다.

진료 카드를 기계에 스캔하니 채혈 결과지가 묵직하게 프린트되어 나온다. CT 결과지도 챙겨 침대로 돌아오니, 담당 의사가 와서 설명을 이어갔다.

금이 가거나 골절된 치아도 없고, 흔들리는 치아는 시간이 지나면 금세 자리를 잡을 것이라 했다.

채혈 검사에서 케톤 수치가 정상 수치의 20배로 올라가 있다고, 이걸 정상치로 내리지 않고는 퇴원이 불가하다 했다. 이대로 퇴원했다가는 또 쓰러질 수 있으니, 시간이 걸리더라도 수치를 내려서 퇴원하자 했다.

먼 길을 달려와 준 친구에게는 일단 원인을 찾았으니 집으로 돌아가 쉬라고 했다.

남동생에게도 전화를 걸어 상황을 알리고, 아침이 되어서는 나의 한국 주치의 선생님에게도 전화를 걸었다.

그동안의 증상을 설명해 드리고, 아마도 잘 먹지 못해 체내의 단백질과 지방이 급격하게 칼로리로 연소되면서 케톤 수치가 올라간 것 같다고 내 나름의 분석을 말씀드렸더니, 그럴 수도 있다 하시면서 먼저 수치를 정상으로 낮추고, 응급실 의사의 처방대로 하라고 하셨다.

14장 죽음의 그림자들

오전 내내 새벽에 전화를 돌렸던 친구들과 상하이 어른들이 무슨 일인지 물으며, 못 와 봐서 미안하다는 말을 전해 왔다.

전화 통화를 하면서 몇 개째인지도 모를 링거와 처방 약을 하루 종일 챙겨 가며 응급실을 지켜야 했다.

거의 20년을 종종 찾아오던 종합 병원이었는데, 시스템이 참 많이 바뀌어 있었다. 역시 상하이의 대형 병원답다 싶기도 하지만, 하루 동안 4,000위안의 돈을 쓰게 했다. 물론 생명을 구하고 그간 몰랐던 원인을 알아낸 것에 비하면 큰돈은 아니지만, 상하이로 돌아가면 바로 가게 수입이 생길 것을 예상해 많은 자금을 준비해 오지 않은 현실을 생각하면 큰 손실이 아닐 수 없었다.

꼬박 하루를 응급실에 있다가 집으로 돌아오니, 전날의 악몽이 되살아났다. 피로 물든 옷을 세탁기에 넣고, 피투성이 집 안 곳곳을 깨끗이 청소하면서 살아 돌아왔음을 홀로 자축했다.

최근 몇 년간 갑작스러운 혼절의 이유를 저혈당으로만 알고 있다가 중국에 와서야 다른 원인을 찾을 수 있게 되어 나로서는 천운이지만, 두 번은 겪고 싶지 않은 사고였다.

원인을 알아냈으니, 케톤 수치를 측정하는 기계도 구입했다.

혈당을 체크할 때 어차피 피 한 방울을 내야 하기에 동시에 측정하고, 요즘은 측정 기계들이 블루투스 기능까지 겸비하고 있어 휴대폰에 자동으로 저장이 된다.

한국에서 공장 생활을 할 때에도 아침 일찍 과도한 인슐린 투여로 가끔 저혈당 증상이 나타나면, 점심시간에 만난 친구들이 나의 어눌해진 말투와 표정만으로 이를 알아채고 조치를 취해 주곤 했었다.

이전에 오랜 상하이 생활 중에도 직원들에게 부탁해 놓았었다.

이틀 이상 나와 연락이 되지 않으면 집 현관문을 강제로 열고 나의 상태를 체크해 달라고 말이다.

혼자 있을 때가 가장 위험한 질병임을 알기에 언제나 주변에 설명하고 도움을 구하며 살았다.

질병으로 인한 여러 번의 죽을 고비를 넘기면서 별 탈 없이 지금껏 살아 온 것이 나에게는 기적과도 같은 일이다.

이런 일을 회상할 때마다 아직은 내가 이 세상에 할 일이 남아 있음을 되새기게 된다.

10여 년 전, 6살 때부터의 오랜 친구와 히말라야 안나푸르나를 여행하기로 계획을 잡고 준비하던 중, 챙겨야 할 짐들이 생각보다 많아서 산도 없는 상하이에서는 그 등산용품을 쓸 일도 없겠다 싶어 급히 영국행으로 일정을 변경한 적이 있다.

뮤지컬을 사랑하는 그 친구는 나보다 일찍 영국에 도착해 자신의 계획을 미리 실행하고 있었고, 사흘 뒤 나도 런던에 도착해 그 친구와 만나 스코틀랜드까지 알찬 스케줄로 유럽에 머물렀다.

사실 우리의 여행 일정은 어디를 가더라도 돌아올 날짜는 정해져 있었다.

낭만 가득했던 우정 여행을 마치고 돌아와 보니, 돌아온 날짜에 네팔에서 큰 지진이 발생했음을 뉴스를 통해 알게 되었다.

그때 만약 안나푸르나에 갔더라면 어떤 위험에 처했을지 아무도 모를 일이었다. 가슴을 쓸어내리며 보게 된 처참한 소식이 남의 일 같지 않았다.

그 즈음 추석을 맞이해 한국을 방문했다가 그 오랜 친구의 선물로 해운대 호텔에서 하루를 묵고, 아침 일찍 혼자 사우나를 갔다. 그리고 사우나에서 의식을 잃은 나는 호텔 측의 신고로 가까운 종합 병원으로 옮겨지고 있었다.

구급대원이 도착했지만, 사우나 안 모든 사람들이 옷을 챙겨 입느라, 호텔 직원이 나의 사물함을 열어 내게 옷을 입히며 소지품을 챙기느라 시간이 지체되었다.

아무것도 기억나지 않는다.

들것에 실려 병원으로 옮겨지던 길에 눈이 떠졌다.

역시나 말을 할 수 없었다.

저혈당을 위한 글루카곤 주사를 여러 번 맞고도 혈당이 20안팎에서 잘 오르지 않는다는 구급대원의 말이 들려왔다.

시간이 흘러 간신히 고비를 넘긴 나에게 응급실 담당 의사가 말했다.

30분만 늦게 발견되었다면 저혈당 쇼크로 뇌사 상태가 되거나 사망했을 거라고 가감 없이 현실을 알려 주었다.

같이 병원으로 동행해 준 호텔 직원이 말하기를, 사우나 안에서 쓰러진 와중에도 나는 계속 괜찮다는 말을 되풀이했단다.

민폐가 될까 봐 무의식중에도 괜찮다니, 바보가 따로 없다.

추석 음식을 준비하던 엄마는 병원에서 걸려 온 나의 전화를 받고 놀랐을 법도 한데, 담담한 목소리로 남동생을 보낼 테니 집으로 돌아오라 했다.

그날 저녁 남동생과 집으로 돌아가 아무렇지 않게 웃으며 저녁 식사를 했던 기억이 난다.

2018년 4월, '프롤로그'에 써 놓은 그날은 내가 죽으려고 결심한 날이었다. '로맨스 스캠' 장에서 서술했듯이 내 전 재산을 가져간 그 사기꾼이 나를 명예훼손으로 걸어서 내 앞으로 고소장이 날아들었다.

돈을 잃은 것도 분한데, 명예라고 있지도 않은 작자가 자신을 명예훼손

했다고 나를 고소한 것이 더 기가 찼다.

　내가 먼저 그 사람을 사기로 고소했기에 나를 향한 그의 고소 목적은 나의 고소 취하였는데, 나는 그걸 몰랐다.

　몇 달을 사기 고소에만 매달리고 있다가 그런 역풍을 맞으니 정신이 아찔해져서는 모든 걸 놓고 싶어졌다.

　제정신이 아닌 상태에서 나는 물건부터 정리했다.

　틈틈이 들춰 보며 위안 삼았던 일기장들을 제일 먼저 없앴다.

　좋아하던 옷과 신발, 가방도 모두 수거함에 넣었다.

　그리고는 인슐린 일주일분을 한꺼번에 맞았다.

　저혈당 쇼크가 오기를 밤이 새도록 기다렸다.

　온몸이 식은땀으로 흥건했지만 의식은 쉬이 사라지지 않았다.

　다음 날 아침 엄마가 내가 있던 사무실로 찾아왔다.

　만신창이가 된 나의 몰골을 보고는 급히 응급 처치를 하고 내 목숨을 살렸다.

　사랑하는 부모님을 생각해서라도 두 번 다시는 그런 시도를 하지 않을 것이다.

　상하이에서 죽다 살아난 뒤로 한국 영사관에도 내 사건을 접수했다.

　내 건강과 관련해 사고가 발생하든, 직원들에 의해 무슨 일이 생기든 연락할 직계 가족들의 정보도 알려 주었다.

　상하이는 국제도시이기에 외국인들의 안전에도 각별히 신경을 써 준다.

　얼마 전까지 내 담당 경찰관은 여자 경관으로, 종종 연락해 와 나의 안전도 확인하면서 세세하게 나의 상황을 상부에 고지해 놓았다고 알려 왔다.

　20년지기 상하이 친구들도 타국에서 혼자인 나를 염려해 늘 안위를 확인해 주었다.

　여기에 다 풀어 놓지도 못할 많은 삶의 고비들이 있었지만, 여전히 숨을 쉬고 있음이 감사하다.

필요할 때마다 시기적절하게 크고 작은 도움을 주었던 수많은 지인들이 떠오른다.

인간은 역시 사회적 동물이 맞다.

톱니가 맞든 안 맞든 어울려 살아가야 하나 보다.

예상치 못했던 도움을 받았을 때의 감동이 주는 여운은 내 삶에 윤기를 더해 주었다.

과거에 나의 도움을 받았던 친구들의 감사 표현 또한 당연하지가 않다. 기억해 주는 것 자체가 선물이고, 다른 결의 감동이다.

이 모두가 한데 어우러져 세월을 먹고 있음이 어찌 보면 축복이기도 하다.

살아 있어야 고통도 행복도 느낄 수 있다.

고통도 결국엔 끝을 맺고 나를 성장시킨다.

살아 있자.

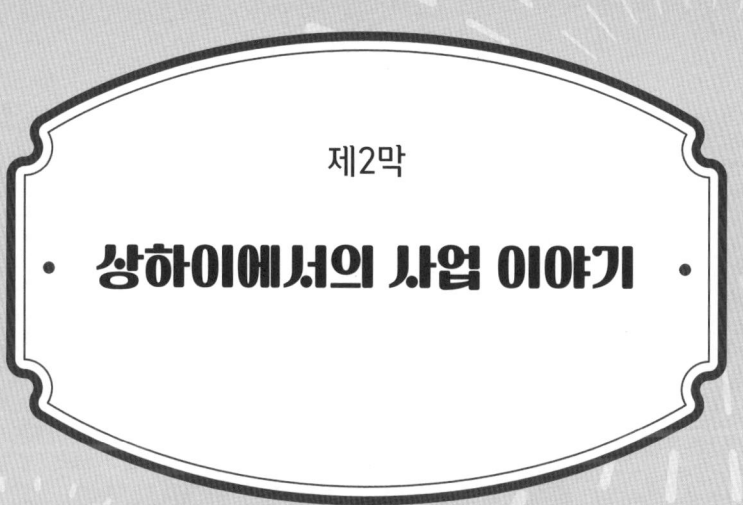

제2막
상하이에서의 사업 이야기

1장
찬장(餐匠)의 시작

교복 컨셉의 유니폼을 착용한 '찬장' 직원들

두번째 리모델링 후 가게 1층

2005년 가게를 차릴 만한 자리를 6개월째 찾고 있던 중이었다.

한 부동산 업체에 매달 비용을 지불하고 임대 상가 소식을 메일로 수신받고 있었다.

그렇게 만난 옌창루(延长路)의 가게, 지하철 1호선 옌창루역이 막 개통된 시기였다.

상해대학교가 바로 옆에 자리하고, 근방에는 수천 세대의 대단지 아파트들이 들어차 있고, 옆 도로인 공허신루(共和新路)를 건너가면 상하이 제10인민병원(종합병원), 맞은편엔 중의병원, 상하이 서커스장, 이후에 생겼지만 큰 규모의 쇼핑몰인 따닝국제광장, 오리배들도 떠다니는 호수를 낀 두 공원까지 일주일간 그 주변을 샅샅이 조사했다.

6개월 동안 가게를 찾으면서 내 머릿속엔 어떤 자리가 수익을 낼 수 있는 곳인지 위치 분석이 이미 끝난 상태였다.

소개받은 가게는 작은 중국 식당이었는데, 가게 맞은편 도롯가에 앉아 몇 시간씩 지나가는 행인들의 수, 연령대 등을 파악했다. 나로서는 처음 식당을 여는 일이었기에 최선의 신중을 기할 수밖에 없었다.

그러다 눈에 띈 한 가지 사실, 옌창루에는 외국인들이 유난히 북적였다.

상해대학교에서 중국어 어학연수 중인 유학생들과 유럽이나 미주에서 온 교환 교수들이 많은 것은 물론이고, 주변에 외국계 회사도 많다는 것을 알게 되었다.

그곳에서 한국 음식을 유일하게 먹을 수 있는 곳은 조선족 아주머니가 하는 작은 식당 하나뿐이었다.

쉬지아훼이(徐家汇)에 살고 있던 나는 매일 옌창루를 찾았다.

내게는 모르던 지역에 대한 정보가 중요했는데, 지금처럼 인터넷이 발달되었던 시기가 아니라 그러한 정보는 발품을 팔아 알아내야만 했다.

일주일 만에 모든 필요한 정보 분석이 끝났다.
그리고 부동산 업체에 연락해 건물주와의 만남을 요청했다.

한 건물주의 영업장이었던 마작실로 나의 메뉴와 인테리어 자료를 빠짐없이 챙겨 갔다.
삼촌 연배로 보이던 건물주인 상하이 아저씨는 내 아버지와 형제처럼 닮은 친근한 인상이었고, 그의 부인은 따뜻한 미소를 머금은 선한 모습이었다.
시간이 지나 알게 된 사실은 건물주 삼촌이 신기하게도 아버지와 성격도 똑 닮아 있었다. 철저한 원리원칙주의자로 객관적 입장에서 언제나 내게 조언을 아끼지 않았다.

그 건물주는 나의 준비성이 맘에 들었는지 계약을 서두르며 말을 이었다. 그 자리에서 장사를 하던 중국 세입자가 권리금을 요구하는데 가능하겠는지 물었다.
가능하다 하니, 이 건물은 세 명이 공동 투자하여 마련한 점포이므로 다른 두 건물주의 동의도 필요하다고 말했다.
일은 일사천리로 이루어졌다.

2005년 9월에 임대차 계약서를 쓰고, 즉시 인테리어 공사에 들어갔다. 여기서 한 가지 팁, 중국은 가게를 계약하면 한 달의 인테리어 기간은 임대료를 제한다.
10월에 가게를 오픈하고 싶었지만, 인테리어 마감이 자꾸만 늦춰졌다.
공사 상황을 체크하러 가게에 들렀다가 점심도 해결할 겸 길 건너 조선족 아주머니의 식당으로 갔다.
한참이 지나도 주문을 받지 않는다.
사장 아주머니가 떨떠름한 표정으로 와서는 "넌 동북 어디서 왔니?" 중국어로 물었다.

나는 환히 웃으며 한국에서 왔다고 답했다.

그렇게 우리의 경쟁 관계는 애매하게 시작되었고, 이후에는 공깃밥이 모자라면 가게로 찾아와 밥도 빌려 가며 건전한 경쟁 관계로 발전했다.

두 달여간의 인테리어 공사 끝에, 드디어 11월 15일 저녁 6시 정각에 공식적인 개업을 맞이했다.

설렘과 긴장된 마음으로 시작한 그 첫 영업시간이 영화의 한 장면처럼 머릿속에 펼쳐진다.

기대 가득한 얼굴의 사람들, 하나하나 눈을 맞춰 가며 인사를 나누고 메뉴를 차분히 설명했다.

복단대학교 근처 한국 식당에서 언제나 따뜻한 미소로 서비스해 주던 시앙메이를 매니저로 스카웃해서 데려오고, 그녀의 제부가 요리사라는 말에 그를 고향에서 데려와 모든 음식을 가르쳤다.

영업 첫날 시앙메이는 열일을 해 주었다.

워낙에 센스쟁이기도 했지만, 자주 만나서 그런지 중국어가 서툰 나를 대신해 눈빛만으로도 내가 원하는 일을 알아서 척척 해 주었다.

그 당시 한국인이 하는 제대로 된 음식을 먹으려면 한국인들의 거점인 홍차오(虹桥)로 가야만 했고, 가격도 일반 중국 서민들이 부담하기엔 꽤 비싼 편이었다.

그래서 나는 일부러 중국 사람들이 밀집한 로컬 지역에 합리적인 가격으로 건강한 한국 음식을 제공하고 싶었고, 그렇게 발품을 팔아 찾아낸 곳이 옌창루였다.

주변엔 값싼 중국 음식점들이 즐비했기에 수입 식자재를 많이 써야 하는 나의 음식들 가격대가 몇 위안은 비싸질 수밖에 없어, 과연 사람들이 잘 받아들일 수 있을까 걱정과 고민을 수도 없이 했다.

답은 이미 나와 있었다.

좋은 서비스, 건강한 전통 음식, 깨끗한 환경으로 승부를 걸어야 했다.

직원들에게 철저한 서비스 교육을 했고, 주방 정리 정돈과 화장실 관리까지 내 손을 거치지 않은 곳이 없다.

직원들에게 입힐 앞치마 유니폼도 직접 원단을 사서 일일이 재단하며 재봉했고, 테이블에 세팅할 수저 케이스도 내가 디자인하고 제작하였다.

인테리어 설계를 비롯한 간판이며 메뉴판 디자인 하나하나 내가 정성 들여 완성했다.

몇 년간의 디자이너 경력을 맘껏 발휘할 수 있었다.

메뉴판에 모든 메뉴가 사진과 함께 중국어, 한국어, 영어로 다 설명되어 있어서인지 특히 외국인들이 많이 찾아왔다.

언젠가 하루는 가게 1, 2층이 모두 백인들로 가득 차, 여기가 중국인지, 유럽의 어느 가게인지 알 수 없을 만큼 진귀한 광경이 펼쳐지기도 했다.

태국에서 온 여성 고객은 화장실 문을 열더니 소리를 지르며 이렇게 예쁜 식당 화장실은 처음이라고 내게 감사의 마음을 전했다. 그리고 그녀는 단골이 되었다.

사람들은 간판에 쓰인 가게명, 찬장(餐匠)의 의미를 자주 물었다.

'음식을 만드는 장인'이라는 뜻의 내가 만든 단어라고 설명하면서, 원래는 한국에서 식기를 보관하는 부엌 가구라는 부연 설명도 빼놓지 않았다.

몇 해 전 상표 등록 문제로 중국 상표 사이트에서 '찬장(餐匠)'을 검색한 적이 있는데, 그 이름을 쓰고 있는 수많은 회사(주로 주방용품이나 식품 관련)를 보고 놀라기도 했지만 왠지 모를 뿌듯함도 느껴졌다.

사람도 그렇고, 회사도 그렇고 이름은 입에 오르내리는 것이라 발음이나 연상되는 이미지가 정말 중요하다고 생각한다.

한국 유학생들도 자주 가게를 찾아왔는데, 영업시간이 끝날 때까지 카운터 바로 앞 테이블에서 한국어로 수다를 즐기던 한 여학생이 나를 보더니 가게 사장인지 물어 왔다.

그렇다 했더니, 갑자기 자리에서 일어나 허리를 90도로 숙이며 "정말 감사합니다. 이런 곳이 학교 근처에 생겨 너무 행복해요. 자주 올게요~"

그렇게 내 소중한 친구 혜원이와의 인연은 지금까지 20년째 이어가고 있다.

가게를 오픈한 지 몇 개월 안 되었던 무렵, 단골이 된 한 중국 청년이 말을 걸어 왔다.

자신은 '동방텔레비전'에서 한 프로그램을 담당하고 있는 카메라맨인데, 여기 음식도 맛있고 분위기도 너무 좋다며 방송 촬영을 해도 되겠는지 물었다.

그 카메라맨이 맡은 프로그램은 우리나라로 치면 '6시 내고향'이나 '생생정보통'과 같은 정보 공유 방송으로 중국어로는 '금일인상(今日印象)', 대부분의 상하이 사람들이 즐겨 보는 인기 프로그램이었다.

'인기미식(人气美食)'이라는 코너에 가게를 내보내고 싶다며 연일 설득의 발길을 해 와서 갑작스럽게 계획에도 없던 방송 출연을 하게 되었다.

예전 디자이너로 일하던 시절, 상하이에는 우리나라의 '미녀들의 수다'와 같은 외국인들이 주로 출연하는 프로그램이 있었다.

일본 친구가 그 방송에 나가게 되었다며 리허설에 나를 데리고 갔는데, 나를 본 프로듀서가 나에게도 출연을 부탁해 왔다.

하지만 보안 사항이 많은 회사 촬영을 사장이 거절하는 바람에 방송 출연은 고사할 수밖에 없었다.

얼마 후 그 프로듀서가 방송 출연자들과 회식을 한다며 나도 참석해 달라 하여 갔더니, 식당 예약 좌석에는 아무도 나와 있지 않았다. 그 프로듀서 친구만 자리를 지키고 있어 무슨 일인지 의아해하며 물었더니, 사실은 나만 초대한 거라고 실토했다. 나와 친구가 되고 싶어 핑곗거리가 필요했다던 그다.

그와 한동안 좋은 친구 관계로 지내다 자연스레 소원해졌던 그 친구가 불현듯 생각이 나, 같은 방송국에 있는 가게 단골인 카메라맨에게 그 친구 이름을 대며 안부를 물었다. 그 카메라맨은 외국인인 내가 그를 어떻게 아냐며 깜짝 놀라는 눈치였다.

그리고 알게 된 사실, 그 친구는 중국 다른 성(省)의 당서기 아들이라 했다.

그와 친구로 지내면서 그런 내색을 한 번도 하지 않았던 그 친구가 한편으론 이해도 되면서 신기하기도 했다.

자랑할 법도 한데, 중국에 살면서 진정한 부자들은 일부러 드러내 자랑하지 않고, 오히려 검소한 모습으로 자신의 실체를 도마 위에 올려놓지 않음을 알 수 있었다.

하여간 예상치 못했던 방송 출연으로 가게 영업은 한마디로 대박이 났다.

예약 전화가 너무 많아서 아예 사전 예약을 받지 않기로 결정하고, 오는 순서대로 테이블을 내어 주었다.

상하이 시민들뿐만 아니라 먼 외지에서도 와, 줄을 서면 기본 한 시간씩 기다리니 주변 가게들의 부러움과 시샘을 사기도 했지만, 그런 주변 시선들보다 기다리는 대기자들의 불편과 직원들의 피로도가 걱정되기 시작했다.

자리를 기다리면서 증폭된 고객들의 기대 심리를 잘 충족시킬 수 있을지에 대한 걱정과, 가족같이 지냈던 직원들의 손발은 점점 더 한 몸처럼 움직였지만, 금전적인 보너스로는 모자라기만 한 직원들에 대한 걱정이 늘 앞섰다.

가맹점을 열고 싶다며 찾아오는 열성 손님들도 한둘이 아니었다.

머나먼 뉴욕 맨해튼에 가게를 열고 싶다는 사람까지, 너무나 감사했지만 물 들어왔다고 사전 준비 없이 배를 띄웠다가 낭패를 볼까 두려워 매번 정중하게 아직은 준비가 되지 않았다고 거절의 의사를 밝혔다.

몇 년간은 방송 제의가 들어오면 고맙게 촬영에 임해 주었다.
그런데, 얼굴이 알려지면서 어디를 가든 나를 알아보는 사람들이 생겼다.
처음에는 그 관심이 그저 감사하기만 했다.
옆집에 살던 상해대학교 학생도 내가 학교 여학생들의 롤모델이라며 사인을 받아 가고, 소문을 듣고 찾아온 유명 연예인들의 가게 방문이 다른 고객과 직원 모두에게 큰 즐거움을 선사했다.
거래처 사장들도 보람을 느꼈는지 응원을 아끼지 않았다.
하지만 그 이면의 부작용들이 조금씩 실체를 드러내기 시작했다.
일명 스토커들이 생겨나 어떻게 알았는지 한밤중에 아파트 현관문을 두드리고, 매일 가게로 꽃을 보내며 만나기를 요구하기도 해서, 시간이 지날수록 사람들의 시선이 부담스러워졌다.
그래서 마지막 방송에는 가게 주소와 이름, 그 어느 것도 명시하지 않는 조건으로 촬영을 했다.
그럼에도 사람들은 숨겨진 것을 파헤치는 데에 더욱 열광하며 찾아와 가게 안은 여전히 만석과 기다림의 연속이었다.

몇 년을 가게 앞에 줄지어 기다리는 대기자들을 보다 못한 건물주들이 공동명의로 소유하고 있던 옆 가게도 내가 인수하기를 제안했다.
나는 인생 선배로서 내가 존경하는 엄마와 이 문제를 상의했다.
엄마는 사업을 해 보진 않았지만 아기자기한 작은 가게가 날마다 사람들로 복작대는 것이, 넓은 가게에 한두 테이블 비어 있는 것보다 훨씬 눈길을 끌 거라고 조언했다.
가게가 커지면 고정 지출도 두 배로 늘어날 테고, 언제 다가올지 모를 위기 상황에 리스크만 키우는 꼴이 될지도 모른다는 결론에 규모는 키우지 않기로 답을 내렸다.

지나고 보니, 엄마의 조언은 진리였다.

한중 관계에 영향을 받으면서, 코로나19를 겪으면서도 여전히 20년째 그 자리 그대로 가게를 유지할 수 있었던 이유가 바로 욕심을 내지 않았기 때문이다.

지금은 나를 배신한 직원들의 욕심때문에 2025년에 맞이할 창립 20주년 기념식을 치르지 못하게 되었지만, 이 또한 운명이라 받아들인다.

흘러가는 스토리에는 다 합당한 이유가 있다.

급변하는 상하이 경제에서 발을 뺄 기회가 되었으니, 지금부터는 현재 내가 할 수 있는 일에만 전념하려 한다.

뜻이 있는 곳에 길이 있으니 망연자실하지 않겠다.

뭔가를 잃으면 뭔가를 얻는 것이 세상의 이치다.

지금까지 험난했던 인생 여정을 여러 장에서도 서술했지만, 어느 하나 버릴 것이 없다는 게 나의 지론이다.

고통스러운 일을 겪으며 지금껏 성장해 왔고, 이 모든 과정이 내 정체의 뿌리를 땅속 깊이 튼튼하게 자리 잡도록 근간을 마련해줄 것이라 믿는다.

2장
JOANNA'S(조안나즈), 작은 성공의 비결

나의 네번째 간판 디자인

동방텔레비전(东方卫视), 금일인상(今日印象) 촬영 중

직원들과의 소송을 준비하면서 그동안 내가 일하면서 벌어들인 수익과 지출 등을 계산해 본 적이 있다.

처음 가게를 열었을 때는 이걸로 밥이라도 먹고 살겠나 싶었는데, 엑셀에 저장한 자료를 보니, 11년 동안 배달 수익 없이 총매출액 100억 원이 넘었다. 그 이후 직원들이 배달을 시작하면서 내 브랜드의 매출액은 30~40억 원은 족히 더 넘어섰다.

70평방미터밖에 되지 않는 가게에서 이만한 매출을 올릴 수 있었던 것은 무엇보다 상하이가 인구 밀집 지역이기도 하고, 외국 문화에 있어 개방적인 성향이 한몫했다고 생각된다.

상하이에서는 정말이지 세계 각국의 전통 요리를 다 맛볼 수 있었다.

코로나19로 수많은 외국인 사업가들이 이곳을 떠나 버려 유명했던 가게가 많이 사라진 것도 어쩔 수 없는 현실이다.

겨우 남아 있는 식당들도 언제까지 유지될 수 있을지 의문이다.

내가 만든 레시피의 요리를 중국 사람들은 오랜 시간 좋아해 왔고, 온라인 플랫폼에 관심가게로 찜해 놓은 사람들만 수만 명에 이른다.

가게 영업 초반에는 한동안 중국 음식들도 섞어 놓았다.

가게 앞을 머뭇거리는 어른들에게 먼저 다가가 말을 걸면, 제일 먼저 하는 걱정이 가격대였다.

바로 메뉴판을 보여 주면, 가격이 비싸지 않음에 안심하며 남녀노소 가족을 데리고 많이들 왔다.

어른들은 중국요리에, 젊은이들은 한국요리를 곁들여 맛을 보면서 호평과 조언을 아끼지 않았다.

한번은 상하이 할아버지 할머니 자녀들, 온 가족이 가게에 식사를 하러 왔는데, 평소에도 잘 알고 지냈던 할아버지가 "조안나야~" 하며 나를 불렀다.

달려갔더니 할아버지가, "이게 어찌 된 일이고?" 하셨다.

나는 걱정스러운 표정으로 음식에 무슨 문제가 있는지 물었더니, 화난 얼굴이 금세 환한 미소로 변하며, "음식이 왜 날이 갈수록 맛있어지냐?" 하셨다.

홀에 앉아 식사를 즐기던 모든 사람들이 할아버지의 반전 농담에 크게 한바탕 웃어 댔다.

고객이자, 가족과도 같았던 각지의 중국 사람들과 정을 참 많이 나누며 살았다.

자주 마주치는 동네 이모들은 나를 딸같이 생각해, 오늘은 무슨 날이니 이건 꼭 먹으라며 집에서 만든 음식을 싸 와 먹을 것도 챙겨 주고, 언제든 도움이 필요하면 자신을 찾으라고 고마운 관심을 늘 표현해 주었다.

시기적으로 여느 다른 나라에서는 받을 수 없었던 한국인에 대한 대우와 관심이 특혜처럼 느껴졌던 것도 사실이다.

지금 그 시절을 되돌아보면, 중국 경제 부흥의 한가운데서 최적의 타이밍을 탄 것이 성공의 가장 큰 요인이었던 것 같다.

하루는 한 청년이 가게로 찾아와 부탁하기를, 우리 가게에서 지금의 여자 친구를 소개받았는데, 다음 날이 여자 친구의 생일이라 2층 전체를 예약하고 싶다 말했다.

가게가 매일 만석이라 예약을 받기는 좀 그렇다 설명하니, 그 청년이 여자 친구에게 프러포즈도 같이할 계획이라며 수줍게 이벤트를 알려 왔다.

가게에서 만난 인연이 커플이 되고 결혼까지 그려 가는 모습이 고맙고 기쁘고, 한편으론 이 장소에 대한 기억이 오래 남으면 좋겠다는 생각에 기꺼이 예약을 받았다.

이튿날 오후가 되자 그의 친구들이 2층을 꾸미기 시작했고, 그들의 프러포즈 예식은 감동의 물결을 이루었다.

여자 친구의 화끈한 오케이 대답으로 축제 분위기는 무르익었다.

나도 축하의 의미로 청도 맥주 한 박스를 선물로 건넸고, 모두가 잊을 수 없는 환상적인 이벤트가 되었다.

얼마 후 그 커플은 곧 결혼을 한다며, 가게에 들러 소식을 전해 왔다. 나중에 아기가 생기면 꼭 데려오겠다는 약속도 하고 가게를 떠났다.

가게 직원들도 열 커플 이상 결혼으로 가정을 이루었다.

타지에서 매일 얼굴 보고 일하다 보면 충분히 일어날 수 있는 일이지만, 이후에도 다들 잘 살고 있는 것 같아서 보는 나도 행복했다.

2025년 가을이면 가게가 20주년을 맞이한다.

나의 계획은 그동안 가게에서 같이 일했던 예전 직원들 모두 초대해 기념 파티를 여는 것이었는데, 돈에 눈이 먼 직원들이 가게를 독식하게 되면서 할 수 없는 일이 되어 버렸다.

20주년 당일에 가게가 살아 있을지조차 막연한 현실이 되고 말았지만, 이렇게 글이라도 그간의 역사를 되짚으며 기록을 남기는 것에 의미를 담는다.

중국에서 외식 사업의 성공 요인은 중국 식문화와 연관이 크다.

중국 사람들은 우리나라와 달리 '혼밥[4]'을 하더라도 여러 요리를 주문한다.

한국의 식문화는 술 영업도 매출의 큰 비중을 차지하지만, 중국은 반주의 개념이라 그렇지 않다.

◇◇◇◇◇◇◇◇◇

4) 혼자서 먹는 밥

대신 중국인들은 구색 맞추기에 최선을 다하는 경향이 있다.

사람을 초대하여 대접하는 경우, 요리가 접시 바닥을 드러내면 자신의 체면도 그만큼 구겨진다고 여겨 항상 넉넉하게 주문한다.

때문에 사람들은 다양한 음식을 맛볼 수 있게 된다.

이로 인한 고객들의 재방문율도 높아지고, 발 없는 말이 천 리를 가듯 입소문도 크게 한몫하게 되는 것이다.

1, 2층 가게에는 40석의 자리가 있는데 하루에 200명 이상의 사람들이 매일 가게로 찾아왔다.

한국이었다면 가당키나 한 일일까?

유동 인구가 많고, 대도시다운 지역 인프라가 이러한 매출을 가능하게 하지 않았나 나는 평가하고 있다.

전 세계가 그러하듯 상하이도 현재 자영업이 순탄하지 않다.

사람들의 씀씀이도 많이 줄었다.

집 근처 대형 마트나 쇼핑센터만 둘러봐도 매장이 텅텅 비어 있다.

배달 앱으로 30분이면 장보기가 가능한 지금, 사람들의 소비 형태도 많이 변화하였고, 현금을 찾아볼 수 없는 시대가 되었다. 하다못해 길거리 군고구마도 QR코드를 찍어 사 먹는 현실이다.

오프라인 매장을 가지고 자영업을 하는 사람들에게는 새로운 큰 숙제가 생긴 셈이나 마찬가지다.

온라인 매장과는 가격 경쟁이 안 되고, 이도 저도 쉽게 움직일 수 없는 상황이 도래한 것이다.

온라인 매장도 플랫폼에 수수료를 지불해야 하는 점을 감안하면 수익면에서 크게 장점이 있다고 볼 수도 없다. 이럴 때는 박리다매로 수익을 내는 것이 최선인데, 온라인 매장은 그 경쟁이 더 치열하다.

이렇듯 온·오프라인 영업이 모두 악순환의 고리 안에 들어갔다고 볼 수 있다.

시장의 변화로 새롭게 도래한 자영업의 큰 과제가 대두되었지만 이 또한 해결책을 강구할 기회라는 생각도 한다.

위기가 기회다.

3장
자영업 생존 노하우

2005년 찬장(餐匠) 가게 1층

오랜 단골과의 소통

6개월 동안 발품 팔아 가며 가게 자리를 찾을 당시, 내가 파악해 놓은 '영업하기 좋은 식당 자리'에 관해 좀 풀어볼까 한다.

지금은 배달 앱이 급속도로 발달해 사람들이 줄을 서는 가게가 많이 줄었지만, 2005년 개업 당시에는 사람들의 발길을 쉽게 들이기 위해 1층에 자리하는 것이 중요했다.

주변에 지하철역이 있으면 유동 인구가 많아 가게 노출이 좋고, 디저트를 즐길 카페나 빵집, 마트나 쇼핑을 할 수 있는 광장이 있으면 더욱 좋다. 그런 곳이 근처에 있다면 주차장을 겸비하고 있어 주차 공간이 부족한 식당도 사람을 끌어들이기에 유리하다.

나는 계단으로 올라가야 하는 가게는 가급적이면 피했다.
짧은 순간이지만 무심코 들여놓을 발길을 계단이 멈추게 할 것 같았다. 꼭 그렇지도 않지만 그때의 내 판단은 그랬다.

횡단보도가 가까이 있어 건너편에서 쉽게 넘어올 수 있는 곳인지, 주변에 아파트 단지가 얼마나 되는지, 사무실 빌딩은 얼마나 있는지도 알아봤다. 그리고 내 메뉴와 비슷한 음식을 파는 식당들의 유무와 그들의 레벨은 어떤지 파악하는 것도 중요했다.

내가 잡아 놓은 타깃층을 같이 수용해야 하는 가게를 면밀히 분석했다.
그들과 구별되는 히든카드의 메뉴들도 미리 마련했다.
그 지역 주민들의 성별 비례, 평균 연령대, 아파트 매매가나 월세도 나의 메뉴 가격대를 결정하는 데 중요한 포인트였다.

상가 임대료는 내가 예상한 매출의 일주일치로 지불할 수 있어야 한다.
한 달을 4주로 계산했을 때, 일주일 매출로 상가 임대료 및 세금을, 다음 일주일 매출로 직원들 월급을, 다시 일주일 매출로 식자재비 및 공과금을 지불하고 나서, 나머지 일주일 매출이 순수익으로 남아야 돈 버는 가게로서의 자격을 갖춘다고 생각했다.

가게는 '종합 선물 상자'와 같은 형태여서 어디서 문제가 발생할지 예측할 수가 없다.
그렇기에 매달 순수익의 일부는 비상금으로 모아 두었다.
앞서 말한 '종합 선물 상자'라 함은 다소 미화시킨 표현이다. 이는 직원, 고객, 메뉴, 정부 기관, 건물주, 식자재 거래처, 가게 설비 등 어디서나 문제가 발생할 수 있으므로 그에 대비한 예비 자금을 준비하는 것이 갑작스러운 지출에 도움이 된다.
가게를 오픈할 때, 초반 영업이 어떻게 될지 모르니 최소 3개월 이상의 운영비는 여분으로 가지고 시작하는 것이 안전하다는 의견이다.

직원들과 고용계약서는 꼭 작성하고, 노동청에서 요구하는 보험도 다 들어 두기를 권한다.
지금은 이런 것들로 세무 조사나 직원들의 위협을 받을 수도 있으니, 그들의 권리 보장은 물론 국가 정책에 발맞추어 사업을 운영하는 것이 바람직하다.
예전에는 부패한 여러 정부 기관 사람들이 가게마다 돌아다니며 트집을 잡고 뒷돈을 요구하기도 했지만, 지금은 그렇지 않다.
나는 영업 초반에 정부 기관 사람들에게 뒷돈을 주기보다 트집 잡은 요소를 그들의 요구대로 바꾸는 쪽을 택했다.
가당치도 않은 요구들이 많았지만, 그들이 원하는 대로 했더니 더 이상 찾아오지 않았다.

지금은 인터넷이 발달하면서 소비자들의 권익이 올라가자 질 나쁜 소비자들의 횡포가 점점 진화하고 있다.

　인터넷에 고의로 악플을 달고 돈을 요구하기도 한다.

　그런 사람들과는 결코 협상하지 말라고 권한다.

　한 번 받아 주면 그걸로 끝나지 않는다.

　이전에 상하이에서 유학하고 있던 외국인 친구가 같이 밥을 먹다 말고 재밌는 걸 보여 주겠다며 가방에서 뭔가를 꺼냈다.

　이물질을 음식에다 넣고, 사장을 불러 따지는 것이었다.

　나는 어안이 벙벙해 그 친구를 비난하지도 못하고 그 광경을 끝까지 지켜봐야 했는데, 결국 모든 음식을 공짜로 취식하고 나오는 상황이 되었고, 그날 이후로 나는 그 친구를 버렸다.

　일말의 양심도 없는, 열심히 일하고 있는 자영업자들에게 말도 안 되는 장난이나 치는 망나니처럼 보였다.

　간혹 뉴스에도 나오지 않는가?

　먹거리에 장난치고 업주에게 돈을 뜯어내는 몰지각한 소비자들, 그들은 범죄자이다. 사회의 곧은 질서를 망가뜨리는 자들이다.

　그나마 요즘은 모든 식당에 CCTV가 설치되어 있으니 그런 일이 생긴 경우에는 잘 찾아보길 바란다.

　적어도 그런 악질 소비자들에게는 당하지 않았으면 한다.

　나는 영업일지도 매일 기록했다.

　지출과 매출, 어떤 메뉴가 잘 나갔는지 판매 통계와, 특이한 일은 없었는지, 목록별로 상세하게 파일에 남겨 놓았다.

　매일의 기록이 한 달이 되고 일 년이 되면, 이를 토대로 이후 사업 방향을 개선할 값진 데이터들이 생성된다.

　IT기술이 발전하면서 좋은 프로그램들이 많이 나와 있으니 적극 활용하기를 추천한다.

매일, 매주, 매달 계획을 세우고 직원들과도 자주 소통하여 최선의 환경에서 최선의 요리를 제공할 수 있도록 정성과 노력이 필요하다.

소비자들은 그 노력을 맛보고 느낄 수밖에 없다.

새 메뉴 개발에도 아낌없는 투자가 필요하다.

호기심이 많은 나는 어느 지역을 가든 유명한 요리들을 맛보고 응용할 생각에 혼자 먹기에는 많은 메뉴를 주문하곤 했다. 남은 음식은 포장하면 되니까 문제 될 게 없다.

1년에 한 번씩은 직원들이 지금껏 존재하지 않았던 독창적인 메뉴 콘테스트를 열어, 고객들과 품평회를 하며 메뉴판에 올릴 기회도 주었다. 그렇게 창작된 메뉴는 창의적인 이름으로 고객들의 궁금증을 자극했다. 나도 그런 메뉴를 많이 만들었고, 호평받은 직원들의 메뉴도 여전히 팔리고 있다.

나는 직원들과 다른 한국 식당에도 가곤 했는데, 직원들이 그곳의 음식과 서비스를 우리 가게와 비교하면서 토론하던 장면을 잊을 수가 없다. 나로서는 가르친 보람을 진하게 맛보았던 순간이다.

식당 영업은 사람들과의 소통이 정말 중요하다.

나는 가게에 나가 있는 동안 거의 모든 테이블의 사람들과 얘기를 나눈다.

음식은 어떠했는지, 문제는 없었는지, 단골들과는 개인적인 얘기도 곁들이고, 자주 오는 단골들의 최애[5] 메뉴가 무엇인지도 기억해 놓았다.

손님이 가게 문을 열고 들어서면 나는 인사와 함께 묻곤 했다.

"오늘도 그거요?"

환히 웃으며 고개를 끄덕이는 손님을 만나면 왠지 모를 친밀감이 솟는다.

◇◇◇◇◇◇◇◇◇

5) 가장 사랑함

지금도 한 번씩 오랜 단골들과 개인적으로 연락을 하는데, 그들의 한결같은 기억은 나와 웃으면서 나눴던, 다른 식당에서는 있을 수 없던 추억이 많다고들 했다.

그 모든 추억들이 나에게는 자산과도 같다.

돈을 주고 살 수 없는 고귀한 자산이다.

직원들과의 소통도 마찬가지다.

그들은 나에 의해 고용되었지만, 나는 한 번도 그들을 하대한 적이 없다.

내 마음가짐이 그랬다.

직업에 귀천은 없다.

길거리에서 청소를 하는 환경미화원들도 묵묵히 자신의 일에 최선을 다하는 모습을 보면 귀하게 보인다.

그 때문에 나는 종종 그들에게 감사하다는 인사를 한다. 의아한 눈빛의 그들 얼굴에 곧 옅은 미소가 지어지는 걸 보면 나도 기분이 좋아진다.

그래서 나는 주기적으로 직원들과 단독 면담 시간을 가졌다.

일에 있어 불편함은 없는지, 개인적인 문제는 없는지, 얘기를 많이 나누다 보니 더 가족 같은 느낌이 들어서 내가 해결해 줄 수 있는 것은 최선을 다해 직원들을 도왔다.

비록 돈을 벌기 위해 와 있는 곳이지만, 하루 중 가장 많은 시간을 보내는 직장이 딱딱하지 않고, 의지할 수 있는 버팀목이 되길 바라는 마음이 컸다.

나를 배신한 직원들에게도 무이자 대출을 오랜 기간 해 주었다.

고마움도 모르는 사람들인 줄 알았다면 그렇게 도와주지 않았을 텐데, 나는 바보가 맞다.

하지만 이 역시 사람을 배우는 과정이라 수업료를 지불한 셈 친다.

가게가 대학교 옆에 자리하다 보니, 풋풋한 대학생들의 방문이 잦았다.

직원들도 그들과 비슷한 또래라 어느 시점부터는 직원들의 부러운 시선이 눈에 걸렸다. 그래서 생각한 것이 직원들의 배움에 대한 갈증 해소였다.

제일 먼저 유니폼을 교복 차림으로 바꾸었다. 그리고 일주일에 한두 번 브레이크 타임에 한국어 수업을 진행했다. 반짝이는 눈빛으로 배운 한국어를 유학생들과 주고받던 직원들의 모습이 지금도 생생하다.

그 교복 유니폼을 입으려는 대학생들의 아르바이트 문의가 빗발치자 직원들은 자존감을 회복하는 듯 보였다. 나의 의도대로 자신감이 내포된 친절로 고객을 대하는 직원들의 모습이 인상적이었다.

건물주들과도 항상 존중의 자세로 대해 왔다.

명절 때는 일부러 한국산 선물을 준비해 보냈고, 한국인으로서 예의 바르게 그들을 대하려고 유난히도 애를 썼다.

그나마 행운이었던 건, 건물주가 셋이어서 모든 문제들은 만장일치로 해결된다는 것을 알고 있었기에, 소홀히 대했던 건물주는 없었다.

항상 공평하게, 누구 하나로 치우치지 않게, 그들 간의 사이도 늘 신경 쓰며 행동했다.

그런 관계가 19년간이나 지속되었기에 내가 다시 상하이로 돌아갔을 때, "드디어 우리 사장님이 왔네!" 하며 모두 나를 반겼던 것이다.

그랬던 그들의 과반수가 나를 배신한 직원들에게 뒷돈까지 받아 챙기며 서로 손을 잡는 걸 보고, 나는 한탄을 금치 못했다.

얼마 전 변호사를 만나고 돌아오는 길에 그 중 한 건물주와 스쳐 지나갔는데, 내 눈을 똑바로 못 쳐다봤다.

얼굴도 1년 사이 말도 못 하게 늙어 있었다.

50대 초반에 나를 만나 70대 초반이 된 건물주의 그런 모습을 보고, 황망한 옛 기억들이 떠올라 더욱 씁쓸했다.

모든 가게가 그러하지만, 오프라인 가게는 매장의 위치가 정말 중요하다. 그렇기에 여러 요소를 종합적으로 분석하여 위치를 잘 선정해야 한다. 그 작업에 가장 많은 시간을 들여야 함이 분명하다.

물론 그렇게 가게를 열어도 운영 중에 여러 시행착오를 반드시 겪게 된다.

그럴 때는 즉각적이고 발 빠른 대처와 변화를 도입하면서 안정된 시스템 구축에 촉각을 곤두세워야 한다.

상하이 나의 가게만 해도 모든 테이블에 QR코드 스티커가 붙어 있어, 휴대폰으로 스캔하면 폰에 모든 메뉴가 뜬다.

장바구니에 넣고, 특별한 요구 사항이 있으면 항목에 첨부하여 쓰면 된다.

주문부터 결제까지 휴대폰으로 다 처리되는 방식이다.

이 때문에 인건비 높아진 직원도 여럿 줄일 수 있다.

일자리가 줄어드니 사회 구조로서는 바람직하다 볼 수 없지만, 업주 입장에서 할 일이 줄어든 것은 맞다.

우리나라에는 요리마다 전문점들이 많지만, 외국에서의 한국 식당은 조금은 다른 형태라야 한다.

소비자들은 가능하면 한곳에서 다양한 한국 음식을 맛보길 원한다. 그렇다 보니, 한때는 나의 가게 메뉴도 음료까지 88개에 육박했다.

많은 시행착오를 겪다가 가게 회전율을 높이기 위해 나의 가게에서는 바비큐용 고기를 테이블에서 손님이 직접 굽는 게 아닌, 주방에서 손님이 원하는 대로 익혀 내어 주는 방식을 택했다.

고기 굽기에 익숙하지 않은 손님을 위해 직원도 더 많이 필요했고, 여러 음식을 맛보려 1, 2인분만 주문하는 손님들 때문에 테이블 세팅에 고기 굽기까지 다 관리하기가 힘들어 생각해 낸 방식이었다.

결론적으로 사람들이 포장해 가기도 편리하고, 여러모로 매출에 큰 영향을 준 요인이 되었다.

대신 고기 메뉴를 다양하게 개발해 다른 고깃집에서는 맛볼 수 없는 메뉴로 구색을 더 갖추어 고객의 이목과 입맛을 충족시켜 주려고 노력했다.

나의 예상은 적중했고, 이러한 노력에 대한 보상도 충분했다.

자영업은 다각적인 연구를 필요로 한다.

내가 생각하는 가장 주가 되고 기본인 연구는 사람에 대한 것이다.

소비자와 직원, 거래처 모두 사람을 상대로 한다.

그들의 니즈(needs, 욕구)가 무엇인지 잘 파악하고, 나름의 규칙을 정하면 삼박자가 잘 어울려 사업이 굴러간다.

기본에 충실하자.

4장
직원들의 계략

직원들의 요청으로 제작한 수저 케이스

직원들에게 도난당한 나의 작품들

2017년 10월 말, 상하이에 일 때문에 잠시 들른 이후 6년 만에 중국 땅을 밟았다.

2016년 여름, 나의 건강에 문제가 생기자 한국의 가족들이 외국에서 혼자 지내는 나를 걱정해, 집으로 돌아와 몸과 마음을 회복하고 나가기를 연신 설득해 왔다.

오랜 고민 후에 상하이를 잠시 떠나 있기로 했다.

7, 8년간 나를 도와 같이 일했던 직원들에게 가게를 맡기기로 하고, 건물주들에게도 이 사실을 알렸다.

당시 홀 매니저였던 직원과 주방장으로 막 승진시킨 직원에게 그동안 나로부터 배운 것들로 사장 실습 한번 해 보라며, 나중에 자신들의 가게를 운영하게 될 테니 나 없이 연습해 보라는 뜻으로 기회를 주었다.

매니저와 주방장의 관계는 식당 운영상 서로 경쟁 관계이기도 하고, 감시 관계이기도 해서 두 사람에게 함께 가게를 맡겼다.

건물주들과 이 두 직원을 한데 모아 놓고 나의 상황을 설명했다.

건강이 회복되면 곧 다시 돌아올 테고, 두 사람을 내가 믿고 있으니 건물주들도 안심하고 이 직원들과 계약서도 쓰고 월세도 받아 가라고 말이다.

사실 이 대화 내용을 나는 다 녹음해 두었다.

나중에 혹시나 예기치 않은 상황이 생길지도 모른다는 생각에 나름 조치를 취한 것이지만, 서면이 아닌 녹음만으로는 증거 효력이 부족하다는 사실을 그때는 몰랐다.

황폐해진 마음에 많은 것을 챙길 여력이 없었다.

서류 한 장으로 간단히 해결될 문제를 몇 년간 키워 버린 꼴이 되고 말았지만, 이 사달로 인간 본성의 밑바닥을 보고 배웠으니, 해 봤자 소용도 없는 후회 따위는 더 이상 하지 않겠다.

가게의 모든 레시피는 내가 직접 연구한 것이고, 이 직원들은 가게에 입사해 바닥부터 시작한 사람들이라 하나부터 열까지 모두 내가 가르쳐서 그 자리에 앉았다.

그리고 두 직원 중 하나라도 가게를 떠나게 되면 그 즉시 내가 돌아간다는 조건을 걸었다.

누구라도 혼자 가게를 독식하게 만들 수는 없었다.

매니저는 볼멘소리로 내게 걱정을 털어놓았다.

주방장이 얌전해 보이지만, 영리한 놈이라 결국 자신을 떠밀어 내보낼 거라고 말이다.

나중에 돌이켜 보니, 주방장이 고향에서 공장에 다닐 때 회사를 상대로 목돈을 챙기려고 기계에 손을 넣어 손가락 한 마디를 잃는 사고를 자처했다는 말이 생각났다.

그리고 얼마 전 2013년에 작성한 메모장을 보니, 이 매니저도 거래처에 뒷돈을 계속 요구해 돈을 뜯기던 거래처 사장들이 나에게 그의 횡포를 알린 적이 있었다. (신뢰를 잃은 매니저를 내보냈어야 맞지만, 나는 무릎을 꿇고 용서를 비는 그를 바보같이 믿었다.)

2016년 그들에게 가게를 맡길 때, 나는 그 사실을 모두 잊고 있었다.

그래서 매니저에게 그런 일은 없을 테니 걱정 붙들어 매고, 열심히 돈 벌 궁리나 하라며 어르고 달랬다.

건물주들은 한목소리로 "세상에 이런 사장이 어디 있어?"라며 참으로 감동적인 결단이라고 칭찬을 아끼지 않았다.

그러고는 마지막 정리를 도와주러 상하이에 들어와 있던 엄마와 부산행 비행기에 올랐다.

떠날 때만 해도 1년이면 다시 돌아올 거라 장담했다.

그러나 한국에 와 있는 동안 수많은 일들이 있었고, 2018년이 되어서야 상하이로 돌아갈 결심을 할 수 있었다.

그리고 그때까지 나는 직원들에게서 어떠한 수입도 받지 않았다.

'마음의 감기' 장에서 서술했지만, 당시 나에게는 돈(행복을 살 수도 없는)이 크게 의미 있지 않았다.

그저 그동안 열심히 일한 그들에게 복지 혜택을 주는 거라며 나만의 논리로 허세를 부렸다.

고양이에게 생선을 맡긴 결과는 참담할 뿐인 것을, 나는 순진하게도 해피엔딩의 동화(실상은 호구로 치부되고 있지만, 나만 모르는)만 그려 가고 있었다.

친한 건물주 삼촌은 부산에 있는 나에게 진지하게 물은 적이 있다.

"직원들한테 받는 수입은 있어?"

그런 것 없다고 했더니, 그러면 안 된다고 강력하게 이유를 설명했다.

"너의 이름(JOANNA'S[6])을 달고 있는 네 가게이지 않냐? 네 메뉴로 돈을 벌고 있는데, 달에 인민폐 10,000 위안은 받아야지. 그럴 자격은 충분해. 또 그렇게 해야 너의 권리를 보장받는 거야~"라고 누차 내게 말했다.

고심 끝에 가게를 맡긴 지 2년째 되던 해(2018년)에 직원들에게 내가 다시 상하이로 돌아갈 계획이라고 말문을 열었더니, 매니저가 그동안 사드(THAAD)때문에 한중 관계가 예전 같지 않고, 자신들에게 조금만 더 시간을 달라며 간곡히 부탁해 왔다.

나도 그때 한국에서 불운한 일로 정신이 없기도 했고, 그렇다면 내 브랜드 사용료는 받아야겠다는 생각에 매달 6,000 위안씩 보낼 것을 요구했다.

처음 몇 달은 꼬박꼬박 보내더니, 이번 달은 무슨 일로 지출이 컸다며 보내지 않고, 또 다음 달은 까먹었다며 시간을 넘기기가 허다했지만, 나는 재촉하지 않았다.

어차피 내가 상하이로 들어가면 자신들은 원래 자리로 돌아가 월급 받는 직원으로 남기로 수없이 문자상, 통화상으로 남겼기에 그러한 증거를 이미

---

6) 2005년에 개업한 '찬장' 가게명을 2011년부터는 'JOANNA'S'로 바꿔 운영 중이다.

확보한 상태라 따지고 들 이유가 없었다. (중국은 문자와 통화상의 자료들은 증거 효력이 아주 낮다는 것이 변호사들의 일관된 진술이다. 반드시 서면 자료를 요구한다. 이걸 다 파악하고 있던 직원들은 문자상에 갖은 말로 나를 안심시켜 왔다.)

바보 같은 나는, '장사가 많이 힘든가?' 하며 기회를 더 주었다.

그러면서 새로운 메뉴 개발도 게을리하지 않았고, 영상 통화나 문자 메시지로 새 레시피를 주방장에게 자세히 가르쳐 주었다.

하지만 제대로 된 맛을 모르는 직원들은 새 메뉴를 메뉴판에 올리기를 망설였고, 기껏 개발해 놓은 메뉴들은 그렇게 쓰이지도 못한 채 쌓여만 갔다.

인터넷으로 메뉴를 직접 연구해 봐도 될 텐데, 시도조차 하지 않는 모습에 한숨이 터져 나올 지경이었지만 그들은 이미 검증된 오랜 메뉴에 만족하는 듯했다.

그리고 개업 당시 만들었던 수십 개의 수저 케이스가 십수 년이 지나면서 남루해져 새 케이스가 필요하다는 연락이 왔다.

훈민정음 문양의 한국적인 원단을 사서 일일이 재단하고, 박음질에 반듯한 다림질까지 정성 들여 준비하고 있는데, 필요하다는 개수가 수상했다.

가게는 1, 2층 합해서 40석밖에 되지 않는데 120 케이스를 보내라 했다. 깨끗한 수저를 담아 뒀다가 손님이 오면 꺼내서 테이블에 세팅하고 보관함에 넣어 두는데, 뭘 이렇게 많이 만들어 달라는지 의심스러웠다.

그러던 중 우연히 따종디엔핑왕[7](大众点评网)에서 새로 개업한 한국 식당을 찾아보니, 번화가인 오각장에 '한찬장(韩餐匠)'이라는 가게가 보였다.

그 얼마 전 매니저가 회사 이름을 하나 등록하자면서 나와 상의를 한 적이 있었다.

◇◇◇◇◇◇◇◇◇

7) 가게 정보와 후기를 검색해 보는 전국적인 사이트

가게명을 내 이름(JOANNA'S)으로 바꾸기 전, 뭇사람들에게 사랑을 받았던 '찬장(餐匠)' 가게명은 이혼한 전남편이 명의 도용으로 나 모르게 상표 등록(2010년부터 2020년까지 10년간 상표권 소유)을 해 놓아서 그 이름은 쓸 수 없었다. 다른 좋은 이름이 없을까 매니저가 물어 와 내가 한국 '한(韓)'을 붙여 만들어 준 이름이 '한찬장(韓餐匠)'이었다.

로고도 제작해 주면 그 로고로 회사를 등록하겠다는 매니저의 말을 믿고 보낸 그 로고가 간판으로 둔갑해 오각장에 실체를 드러냈다.

나중에서야 '한찬장(韓餐匠)'과 상표 유효 기간이 끝난 '찬장(餐匠)' 모두 매니저 자신의 이름으로 상표 등록을 해 놓은 것을 발견할 수 있었다.

나의 허락은 고사하고 제멋대로 투자를 받아 가게를 열었다는 매니저의 터무니없는 변명에 나는 그 투자한 사람의 이름과 연락처, 주소를 당장 보내라 했다.

이 브랜드는 나의 것이라는 '내용 증명'을 보내겠다 하니, 매니저는 그럴 것까지는 없다며 장사가 생각만큼 잘 되지 않아 곧 문을 닫을 예정이라고 얼버무리기에 따끔한 충고로 일축하고 넘겼다.

그때부터 내 브랜드를 집어삼킬 계략을 꾸미고 이미 실행에 옮기고 있음을 바보 같은 나는 전혀 눈치채지 못했다.

그러다가 2020년 옌창루 가게 임대 연장 계약을 할 때 매니저가 다급하게 나를 찾았다.

건물주들이 임대료를 10퍼센트 올리려 한다며 영업이 순조롭지 않다는 말과 함께 도움을 요청했다.

그래서 나는 영업 허가증에 이름이 등재된 건물주에게 영상 통화를 걸었다.

이미 15년이나 한 자리에서 잘 유지하고 있는 식당이고, 내가 상하이로 돌아가면 건물주들과도 같이 할 일이 있으니 임대료를 이번 한 번만 동결시켜 달라 공손히 부탁했다.

건물주는 그러겠다 동의했고, 무려 4년간이나 임대료를 인상하지 않았다.

나는 그때 당시 JOANNA'S(조안나즈, 座安那[쭤안나]⁸⁾) 프랜차이즈를 생각해 중국 내자법인 회사를 만들 계획을 가지고 있었고, 지분을 건물주들과도 나눌 생각이었다.

만약 매니저와 주방장이 자신의 직분을 잘 알고, 사장인 내가 자신들에게 얼마나 큰 기회를 준 것인지 깨닫고 있었다면, 지금의 사태는 일어나지 않았을 것이다.

가게 순수익이 얼마인지 몰랐던 직원들은 가게 경영으로 하루아침에 예전 월급의 열 배를 손에 쥐게 되면서 욕심의 늪으로 빠져들었다.

나와의 장거리 소통에서는 언제나 직원으로서의 역할을 보여 주고 있었지만, 상하이에서 그들의 실질적 행보는 마치 자신들이 사장인 양 행세하며 이후의 일을 꾸미고 있었다.

직원들이 요청해 상하이로 보낸 122개 수저 케이스는 사용하지도 않고 1회용 종이 커버를 쓰고 있길래, 내가 보낸 물건이 어디 있는지 직원들에게 물었다. 매니저가 잘 보관하고 있다며 돌려주겠다더니, 지금껏 나에게 돌아오지 않았다.

주방장은 재료비가 다 지불되었다는 매니저의 말만 듣고 수저케이스가 자기들 소유라고 우겼지만, 있지도 않은 송금 내역을 찾느라 두 직원 간에도 신뢰가 무너졌음을 건너 들을 수 있었다.

주방장이 자신은 말주변이 없다며 늘 매니저를 앞세우다가 나로 인해 그동안의 사태를 파악했고, 현재는 그들의 관계도 재정리된 걸로 알고 있다.

◇◇◇◇◇◇◇◇

8) 자리가 편안한 그곳, 내가 의미를 담아 내 이름과 비슷하게 발음되도록 만든 중국어 단어이다. 2011년은 사람 이름을 가게명으로 공상국에 등록할 수 없던 시기이다.

그런 관계는 오래 지속되기 힘들다. 시간이 지날수록 서로에 대한 의심만 깊어질 뿐이다. 돈과 얽힌 관계는 더욱 그렇다.

이후에 그들은 건물주를 통해 나에게 사업적 도움을 요청했다. 하지만 사과 한마디도 없이, 자신들의 이익만 챙기려는 의두가 명백히 보여 그들의 요청에 답하지 않았다.

나는 사람이 하는 모든 일은 사람다운 도리가 기본이라고 생각한다. 그들이 이 점을 깨우치기를 바란다.

지난 1년 반 동안 나의 부재가 가게에 어떤 결과를 안겨 줬는지를 알 수 있는 순간이 있었다. 나를 배신한 직원들이 돈으로 사람을 사서 쓴 후기를 보니, 한국인 조안나가 사장이라는 거짓 정보를 온라인 플랫폼에 올려놓은 것만으로도 사태가 짐작되었다.

운동을 하며 지나가다 보게 되는 한두 테이블만 채워진, 배달도 급격히 줄어든 가게 모습이 중국 자영업의 현주소를 그대로 보여 주는 듯했다.

나와 함께했다면 내가 생각해 놓은 방식으로 현실의 문제도 어떻게든 타개해 나갔을 텐데 말이다.

나로선 사람을 잘못 들인 나의 과오도 분명 존재하기에 속상하고, 안타깝기만 하다.

5장
돈의 유혹과 그 이면

조안나즈 코리안 키친
(JOANNA'S KOREAN KITCHEN)

2023년 상하이로 돌아가 제일 먼저 한 일은 휴대폰을 개통하고, 은행 계좌를 개설하는 일이었다.

알리페이(支付宝)나 위챗페이(微信支付)가 계좌와 연결되어 있지 않으면 생활의 많은 부분이 불편할 것을 알고 있었기 때문이다.

7년 전까지 사용했던 휴대폰 유심 카드를 잘 보관하고 있다가 이번에 들고 왔다. 혹시나 싶어서다.

20여 년 전 상하이 기차역 휴대폰 쇼핑몰에서 800 위안이나 주고 산, 입에 쫙 붙는 번호였기에 제발이지 번호가 살아 있기를 바랐다.

통신사에 가서 알아보니, 아니나 다를까 그 번호는 이미 다른 사람이 쓰고 있었다.

할 수 없지 뭐, 행운의 번호를 다시 찾아야 했다.

쓸 수 있는 많은 번호 중에서 눈에 띄는 숫자, 제임스 본드를 연상시키는 007, 이번엔 너다.

15년 넘게 장기 고객이었던 공상은행(工商銀行)을 찾아가 바뀐 여권으로 새 계좌를 만들려고 하니 요구하는 문서가 너무 많았다.

올리아가 러시아 회사 동료들 계좌를 오픈하려고 은행만 열 군데도 더 돌아봤다며, 정 급하면 이용하라는 은행을 찾아갔다.

나는 오랜 지인의 회사 마케팅 및 컨설팅 담당으로 초청받아 온 비자였기에 그나마 쉽게 계좌를 오픈할 수 있었다.

당장은 그 은행 계좌로 휴대폰을 연결시켜 생활을 했다.

이후에 예전에 쓰던 은행 카드를 들고 공상은행에 갔더니, 분실 신고 처리로 별다른 서류 제출 없이 순조롭게 카드 재발급도 가능했다. 그러나 모든 수속을 마치려면 한 달이라는 시간이 더 필요했다.

다행히 모든 일이 계획한 대로 흘러가는 듯했다.

제일 먼저 가 봐야 할 곳이 있었다.

매니저가 내 허락도 없이, 내가 만든 브랜드명(찬장, 餐匠)과 내 레시피로 4월에 오픈한 가게였다.

인터넷으로 그 가게를 발견한 나는 5월에 매니저에게 따져 물었다.

2020년에도 나한테 회사 로고를 만들어 달라 해 놓고, 그걸 간판으로 오각장에 가게를 열었던 전적이 있었다.

그때도 매니저는 투자자가 가맹한 것이라는 거짓말로 시작해 한 달 만에 문을 닫아 적지 않은 손해를 보았음에도 3년 만에 다시 이런 일을 꾸민 것이다.

이번에도 매니저는 돈 많고 정부 기관에 인맥도 많은 자신의 사촌 형이 투자해 가게를 연 것이라고 설명하며, 가게가 성공하면 서프라이즈로 나에게 알릴 계획이었다는 황당한 거짓말을 해 댔다.

그런 사촌 형이 있었다면 애초에 상하이로 와 형에게 빌붙어야 맞는 말이다. 작은 한국 식당에서 종업원으로 외지 생활을 시작했을 리가 만무하다.

평소 직원들에게 화 한 번 내지 않던 나는 버럭 화를 냈다.

"너희는 도대체 무슨 생각으로 일을 하고 있는 거야? 이 브랜드가 너희들 것이야? 이 음식들 하나하나 내가 수십 번씩 만들어 보고 개발해 낸, 그렇게 너희들에게 전수한 내 재산임을 몰라?

그리고 가게 이름은 어떻게 된 거야? 내가 2020년에 내 명의로 '찬장' 상표를 등록하라고 했을 때, 전남편이 연장 계약했다고 네가 말하지 않았어? 왜 지금 상표 명의가 너의 이름으로 변경되어 있는 거야?"

이 연락을 하기 전에 나는 온라인상으로 상표 등록 시기와 그 과정을 뒤늦게나마 다 꿰뚫고 있었다.

2020년 내가 상표 등록 명의 변경을 제기했을 때, 매니저는 그 일주일 전에 자신의 명의로 등록 신청을 해 놓고, 10년 전 상표 등록을 했던 전남편이 계약을 연장했다며 내게 거짓을 통보했다

비로소 길고 길었던 그들의 새까만 내막이 실체를 드러내고 있었다.

상하이시의 중심지인 난징시루(南京西路) 가게 앞에는 '부산에 서온' 띄어쓰기도 틀린 상태로 한글이 적혀 있었다.

언뜻 봐도 중국 사람이 모방해서 연 한국 식당임이 너무 티가 났다.

게다가 부산에서 온 사람은 나이지 않은가?

창피한 줄 모르는 무식한 작태가 막장으로 치닫는 형세였다.

내부 인테리어는 예전 베이바오싱루(北宝兴路)에 열었던 가게와 아주 흡사했다.

모두 내가 디자인했던 가게다.

매니저는 그 즈음에 입사해 본점과 분점을 오가며 일했기 때문에 그 가게의 분위기를 상세히 알고 있었다.

앞서 논한 적이 있듯이 매니저가 등록한 상표는 내가 한자에 뜻을 입혀 만든 단어이고, 첫 가게명이었다.

이혼 후, 전남편이 가맹점인 것처럼 똑같은 메뉴의 가게를 200여 미터 옆에 열면서 나 모르게 상표 등록을 했다.

공상국에는 내가 먼저 그 이름을 올렸기에 그의 상표 등록과 관계없이 가게명을 바꾸지 않아도 되었지만, 그 사람이 조직폭력배까지 고용해 나의 신변을 위협했기에 나는 가게명을 내 이름(JOANNA'S)으로 아예 바꿔 버렸다.

2013년에 그의 가게가 망하면서 내 눈앞에서는 사라졌지만, 상표 등록의 유효 기간 10년이 내 발목을 잡고 있어 원래 이름으로 돌아갈 수는 없었다.

그 이름이 다시 매니저의 소유가 되면서 나는 장기전을 위해 저작권을 신청했다.

알아보니, 오리지널 로고는 살아 있기에 그 로고로 등록을 했고, 메뉴판도 저작권 등록을 마친 상태이다. 그 외 직원들이 쓸 만한 내가 만든 가게명도 상표권과 저작권을 모조리 따냈다.

상표권의 경우 항목별로 등록하게 되어 있어, 외식업에 관련한 수십 개의 항목을 이름 별로 모두 등록해 놓았다.

어마어마한 액수가 투자되었지만, 직원들과 치르게 될 전쟁을 준비하지 않을 수 없었다.

상표권은 유효 기간이 10년, 저작권은 유효 기간이 50년이다.

언제든 법적 이의 신청을 할 수 있게 해 놓았다.

솔직히 나는 옌창루 가게와 난징시루 가게 둘 다 소송으로 간판을 내리게 할 수 있었다.

내가 개발한 음식으로 나를 배신한 직원들이 더 이상 수익을 내지 못하게 만들 수 있었다.

하지만 시기상조라는 생각이 들었다.

그들이 잘못을 인정하고 인간의 도리를 할 시간을 주고 싶었다.

그리고 그들 밑에서 일하고 있는 무고한 직원들이 하루아침에 일자리를 잃게 만들고 싶지 않았다.

등판에 '부산에 서온'을 붙이고 일하는 직원들이 무사하게 월급을 받아 고향에 있는 가족을 돕기를 바랐다.

일주일 정도 만나야 할 지인을 모두 만나고, 드디어 가게로 출근을 했다.

올리아 집에서 지하철을 타고 30여 분 만에 옌창루 가게로 첫발을 들였다.

모든 것이 예전 느낌 그대로였다.

벽면을 가득 장식한 세계 각국의 내 오랜 친구이자 단골들의 빛바랜 사진들이 나를 환영해 주었다.

한국에서 가져온 하회탈과 각시탈, 엄마가 개업 선물로 보낸 박수근의 작품, 내가 디자인하여 나의 손때가 곳곳에 묻은 통나무 테이블, 조명 시장을 돌며 내가 직접 고른 엄마의 가슴을 연상시키는 조명들, 무엇 하나 사무치지 않는 것이 없었다.

복잡한 표정으로 들어서는 나를 낯선 종업원이 맞이했다.

혼자인지 물어보는데, 손님인 줄 안 모양이다.

내 얼굴이 벽면에 그렇게나 많이 붙어 있는데, 나를 못 알아봤다.

나는 종업원에게 나직이 얘기했다.

"내가 조안나야~"

입고 있는 유니폼에 '부산에 서온'을 써 놓고, 그 뜻도 모를뿐더러 내가 누군지도 모르다니 할 말을 잃었다.

그 종업원을 탓할 일이 아니다.

나는 일부러 내 일정을 매니저와 주방장에게 알리지 않았다.

대충 시기만 알려 주고 자세한 얘기는 만나서 하자 했다.

나를 맞이한 종업원에게 '내가 부산에서 온 조안나'라고 설명하고, 나는 차근차근 가게를 훑어보았다.

그리고 주방에 있던 주방장이 나와서 나를 반겼다.

그간의 안부를 먼저 묻고, 직원들 것까지 준비해 간 선물을 전해 주었다.

건물주들과도 연락을 나누었다.

가게로 와서 한국에서 가져온 선물을 챙겨 가라 전하니, "드디어 우리 사장님이 왔네!" 하며 다들 반겨 주었다.

점심시간이 지나 한가한 오후가 되어서야 매니저가 왔다.

신수가 훤해져서는 나를 반갑게 대하는데, 만나자마자 세무국에 벌금을 물게 생겼다며 투덜거렸다.

코로나 시국이 끝나고 정부에서 실시한 세무 조사에서 탈세 혐의가 포착되어 벌금이 나왔다고 나에게 알렸다.

가게 2층으로 올라가 얘기를 나누는데, 뜬금없이 얼마 전 밖에서 싸움에 휘말려 8일 동안 유치장에 구류되어 있었다고 말했다.

나는 깜짝 놀라 무슨 일이냐고 물었고, 내 말에 연이어 한다는 말이, 자신은 이제 범죄 기록도 생겼으니 어떤 일도 저지를 수 있다며 썩은 웃음을 지었다.

세 명의 건물주가 그동안 자신을 얼마나 무시했는지, 아주머니 한 명은 죽이고 싶다는 말도 서슴지 않는 매니저다.

나는 애들 아빠가 그런 말 함부로 하는 것 아니라고, 생각도 하지 말라며 그의 말문을 막았는데, 매니저는 되려 나의 겁먹은 표정에 신이라도 난 듯 계속해서 말을 이어 나갔다.

만약 건물주들이 2022년에 한 임대차 계약을 파기하면 셋 중 하나는 죽이고 나갈 거라며 내 앞에서 이를 갈았다.

솔직히 이 말은 나 들으라고 하는 선전 포고나 마찬가지임을 나는 알고 있었다.

이 매니저는 내가 상하이로 돌아가기 몇 년 전부터 나를 '귀인'이라 칭하며 수십 차례 호언장담으로 약속해 왔다.

내가 돌아가는 즉시 모든 계약서와 상표권의 명의를 내 것으로 바꾸고, 원래 자리로 돌아가서 일하겠다고 말이다.

그런 직원이 나를 협박하고 있었다.

법적으로 그런 말들은 언제든 번복 가능함을 알고, 지금껏 해 왔던 가식의 탈을 벗어 던지고 시커먼 속마음을 드러낸 파렴치한이 따로 없었다.

나는 그간의 매니저와의 대화 내용을 모두 증거로 가지고 있었지만, '혹여 내 목숨이 사라지고 나면 그 증거들이 무슨 소용이 있나?' 하는 생각을 하지 않을 수 없었다.

일단 흥분한 매니저를 진정시키고, 자세한 얘기는 다시 하자며 자리에서 일어났다.

가게에서 오랜만에 일을 하고 있자니 모든 것이 새롭다.

나를 알아봐 주는 단골들도 하나둘 눈에 들어오고, 그들과의 대화가 마치 이산가족을 만난 듯 너무도 반갑고 행복했다.

일부러 퇴근길에 매일 찾아와 주는 손님들, 어린이 친구들은 한국의 스테인리스 수저가 무거울까 봐 요구하지 않아도 내가 먼저 나무젓가락을 가져다주면 같이 온 부모들이 더 고마워했다.

외국인인 나와 한마디라도 더 나누겠다고 시선을 고정하는 어린 친구들이 많았다. 그들에게 다가가 오늘 먹은 떡볶이 매웠을 텐데 어땠는지 물어보면, 처음엔 우는 표정으로 "매웠어요, 근데 정말 맛있었어요~"라며 활짝 웃는다. 앞니 빠진 개우지가 그렇게 귀여울 수가 없었다.

생수를 배달해 주는 거래처 사장과 쌀을 19년째 배달해 주는 사장 모두 나의 갑작스러운 출현에 무척 놀라며 반겨 주었다.

아주 오랜만에 나의 자리를 찾은 기분이었다.

다음 날도 나는 가게에서 일을 하고 있었다.

저녁 시간에 양복을 멀끔하게 차려입고 나타난 한 중년의 신사가 다가와 나에게 인사를 하는데, 처음엔 누군지 알아보지 못했다.

그러다 기억이 났다.

매니저의 아버지다.

다 낡은 승합차를 운전하며 물건 옮기는 일을 하던 사람이, 변해도 너무 변해서 나타났다.

연락도 없이 나타나서는 밥을 먹으러 나가자 했다.

집사람도 같이 인사하겠다며 일터에서 준비하고 있다 했다.

나는 가게에 더 있고 싶었지만, 굳이 찾아온 사람을 그냥 돌려보낼 수 없어 같이 길을 나섰다.

가게 옆 골목에 세워 둔 고급 승용차, 그는 호화형 우버 택시 기사가 되어 있었다.

그 차를 타고 그의 아내가 일하는 공원으로 가면서 그가 나에게 물었다. 앞으로 일을 어떻게 할 생각인지 말이다.

나는 간단명료하게 답했다.

"직원들과 같이 일해야죠. 이제야 내 자리에 돌아왔는데, 같이 일하는 게 당연하죠."

내 말에 그의 표정이 굳었다.

그때 나는 그 표정의 의미를 몰랐다.

내가 상하이로 돌아가자 무엇 때문에 이리도 급박하게 이 부모가 나를 찾아왔는지, 그때는 정말 아무것도 의심하지 않았다.

그의 아내와 같이 그 부부 집 근처 식당으로 갔다.

그 식당은 예전에 매니저 큰아이 돌잔치 식사를 했던 곳이었다.

그 식당 사장에게 이 매니저의 엄마가 자신들의 '은인'인 한국 사장님이 왔다며 호들갑을 떨었다.

그러고는 커다란 방으로 나를 데리고 들어갔다.

셋이 식사를 하기엔 너무 큰 장소를 예약해 놓은 것이 부담스러웠다.

주문한 음식들이 나오자 그 아버지가 오랜만에 같이 술 한 잔씩들 하자며 술을 가져왔다.

나는 술을 끊었다고 얘기했지만, 굳이 그의 아내까지 분위기를 거들며 술을 부추겼다.

에휴, 이렇게까지 권하는데 적당히만 하자 싶어 맥주를 한 잔 들이켰다.

처음엔 괜찮았다.

그렇게 몇 잔을 마시다가 문득 뭔가 이상함을 느꼈다.

나는 웬만해서는 술에 잘 취하지 않는 사람이다.

특히 외국에서는 정신줄을 붙잡고 있는 것이 습관이 되어, 내가 취한 것을 본 친구도 거의 없다.

몸이 급속도로 가라앉는 것을 느낀 나는 빨리 이 자리를 벗어나야겠다 생각했다.

사실 나는 저녁 시간에 가게 손님 맞을 준비를 하면서 간단하게 식사도 끝낸 후였다.

갑작스러운 이들의 초대에 응하기는 했지만, 투여한 인슐린 용량보다 더 많은 음식을 섭취했기에 속효성 인슐린을 맞아야 하는 상황이었다.

술을 마시고 느껴진 이상함은 혈당이 높아져 오는 증세와는 거리가 멀었다.

내 술잔에 분명히 뭔가 들어갔다.

나중에 안 사실이지만, 이들에게는 내가 없어져야 하는 이유가 있었다.

그들은 집으로 가겠다는 나를 한사코 붙들었다.

근처 호텔을 잡아 줄 테니 그곳에서 자고 가라 했다.

주사를 맞아야 한다는데도, 그 아버지라는 사람이 내일 아침에 맞으면 안 되느냐고 나를 놓아주질 않았다.

나는 택시를 부르겠다며 억지로 일어섰다.

그러자 이제는 그 아버지가 자신의 휴대폰으로 택시를 부르라며 주소를 찍으라고 폰을 내민다.

내가 어디에 사는지 주소라도 알고 싶었던 모양이다.

나는 주소를 대충 찍고, 택시를 기다렸다.

아쉬워하는 그들을 뒤로하고 택시에 올라 올리아 집으로 향했다.

목적지에 도착해서는 그의 폰으로 택시비가 지불되는 것도 꺼림칙해서 내가 계산해 버렸다.

그리고 일주일 후 가게 근처로 이사를 했다.

아무도 내 주거지를 알지 못하게 퇴근하고 집으로 가는 길도 빙빙 둘러 갔다.

지금도 그때 일을 회상하면 식은땀이 난다.
셋이 식사를 하면서 일부러 CCTV가 없는 커다란 방을 예약해 놓은 것도 수상하고, 내가 매일 인슐린 주사를 맞아야 하는 사람인 걸 알면서 내 몸이 인슐린을 필요로 하는 상황에, 뭘 넣었는지도 모를 맥주를 마시게 하고 호텔로 유인한 것이, 나는 내내 석연치 않아 경찰에 신고를 했다.
만약 그날 내가 정신이라도 잃고 그 호텔에 끌려갔다면 무슨 일이 펼쳐졌을지 상상하고 싶지도 않다.

돈이 사람을, 한 가족을 이렇게 웃음 띤 얼굴 뒤로 사악함을 감추게 만들고, 결국에 다 들통날 일들로 외국 여자 한 사람을 이토록 우습게 여겼나 싶어 소름이 끼칠 뿐이다.
'그 아비에 그 아들'이라는 관용구가 생각나면서 긴 시간 동안 이 가족이 얼마나 많은 작당을 했을지, 가히 짐작이 가고도 남았다.

아무 일도 일어나지 않아 실로 천만다행인 밤이었다.

이 글을 쓰는 동안 매니저가 나 모르게 난징시루에 열었던 '찬장' 가게는 엄청난 손해를 입고 문을 닫았다.
한국 돈 1,400만 원의 식당 임대료를 낮은 가격의 음식으로 감당할 수 없었을 것이고, 옌창루 가게(JOANNA'S)와 같은 메뉴를 10 위안이나 높게 책정해서는 상하이 어느 지역이나 배달 가능한 플랫폼의 횡포에 놀아날 수밖에 없었을 것이다.
게다가 가게 홍보로 매일 1,000 위안이나 써 가며 호평의 후기를 온라인 플랫폼에 올리고 있었으니, 그 비용만 한 달에 600만 원에 달했다.

실질적 손해를 감당하려면 건물주들을 뒷돈으로 매수해서라도 나의 옌창루 가게를 뺏을 수밖에 없었을 것이다.

하루 150개 이상이었던 옌창루 JOANNA'S(조안나즈) 가게의 배달 건수도 최근엔 30개도 안되는 물량으로 매출이 급락했다.

나에게 가게를 넘기고 싶지 않았던 직원들은 인상된 임대료로 나 모르게 재계약을 감행하면서 건물주들의 욕심을 충족시켜 주었으니, 늘어난 고정 지출에 비해 급격하게 하락한 매출로 낭패를 보고 있다.

코로나 시국에는 정부의 보조금도 있었고, 건물주들의 배려로 몇 달 간 임대료도 면제받으며 가게가 유지되었지만, 욕심이 부른 그들의 말로는 아름다울 리 없다.

사람들은 내가 더이상 가게에 나타나지 않자 사태의 진상을 파악했고, 동네에는 소문이 이미 파다했다.

배은망덕한 외지 직원들이 한국 사장을 배신한 걸 두고, 중국 사람들은 같은 중국인인 직원들을 인두겁을 쓴 짐승이라고들 했다.

동네 미용실에서 듣게 된 이러한 소문이 조금은 나를 위로해 주었지만, 자식처럼 키워 온 가게가 이런 대접을 받는 게 기분 좋을 리 없다.

나의 온라인 연재물을 읽은 사람들도 내게 글을 남겼다.

이런 일이 있는 줄은 몰랐다며, 보이콧[9]을 얘기했다.

참으로 씁쓸한 현실이다.

◇◇◇◇◇◇◇◇◇

9) 특정한 제품을 사지 않기로 결의하여 그 생산자에게 압박을 가하는 조직적 운동

실패를 통한 배움이 없는 사람들은 똑같은 실패를 반복하게 되어 있다. 나를 속여 가게를 두 번이나 열고 망하기를 반복했는데도, 배운 것이 없다면 내 손 밖의 일이다.

그럼에도 나는 내 이름을 단 가게가 좀 더 유지되기를 바란다.

여전히 나의 메뉴를 사랑하는 많은 고객들이 내 손때 묻은 그곳에서 따뜻한 추억을 조금만 더 만들면 좋겠다.

6장
팬데믹 이후의 상하이

제주도를 지나 상하이로 가는 비행기

상하이에서 어떤 일들이 나를 기다리고 있을지 아무것도 예상하지 못한 채, 실로 오랜만에 중국항공을 타 본다.

2023년 7월에는 코로나19로 하루에 한 대밖에 없는 부산발 상하이행 비행기다.

코로나 시국 전에는 하루에 여러 대, 항공사도 내 맘대로 고를 수 있었지만 상황이 많이 달라졌다.

비행기 티켓값도 매달 차이가 많았다.

내가 예약한 7월은 예전과 별 차이가 없었지만, 중국 관광 비자가 풀린 4월에는 부산에서 직항을 구하기는 고사하고, 경유하는 비행기마저 한국 돈 100만 원 이상이었다.

1,004킬로미터, 비행시간 1시간 15분인 부산-상하이 왕복 티켓이 말이다.

승무원들의 밝은 미소가 내 마음도 설레게 했다.

비행기는 만석이었고, 한국 단체 관광객들과 여행을 하고 돌아가는 중국 관광객들로 북새통이었다.

하지만 내 마음은 평화로웠다.

얼마나 돌아가고 싶었던 곳인가!

잠시 몸과 마음을 요양하러 한국에 들어왔다가 이렇게 긴 시간 돌아갈 수 없을지는 미처 예상하지 못했다.

혼자서 늘 그렇듯 일기장을 끄적이며 비행기에서의 한 시간여를 보내고, 상하이 푸동국제공항에 드디어 착륙했다.

엄청난 규모의 공항은 예전 모습 그대로 웅장했다.

터미널1, 2로 구성된 공항, 수백 개의 탑승과 도착을 위한 게이트들, 공항 내 셔틀 트레인까지, 공항 안에서도 많이 걸어야 하는 구조다.

공항 건물 안에 있을 때는 몰랐는데, 택시를 타려고 건물 밖을 나오니 예전의 상하이가 아니다.

공기 자체가 다르다, 뭔가 정화된 공기다.

맑아진 공기 때문인지 가시거리도 다르다.

저 멀리 나무와 건물들이 꽤 또렷하게 보인다.

'도대체 상하이에 무슨 일이 일어난 거야?'

궁금증은 천천히 풀어가기로 하고, 택시를 잡았다.

내가 당분간 머물 곳은 오랜 친구 올리아의 집이라 기사에게 그리로 가자 했다.

올리아가 직장을 옮겨 얼마 전 이사한 곳은 푸동 루지아주이(陆家嘴)여서 거리상 부담은 적었다.

한참을 달려 도착한 그녀의 집, 나는 그녀가 숨겨 놓은 열쇠를 찾아 집 안으로 조심스럽게 들어갔다.

거실에는 아직 풀지도 못한 짐이 한가득이었다.

자신의 능력으로 지금의 위치까지 올라간 그녀의 보금자리, 회사에서 제공한 숙소는 고급 아파트였는데, 사무실 건물로만 둘러싸인 곳이라 더 비싸고 경비가 삼엄한 곳이기도 했다.

잠자는 방만 겨우 정리해 놓고 급히 일하러 나간 듯 보였다.

어디에 짐을 풀어야 할까?

주방 옆 작은방이 보인다.

매트리스도 하나 있다.

공간은 작지만 아늑해 보였다.

가져간 여행용 트렁크를 둘 다 일렬로 펼쳐 두었다.

그 안에 물건을 수납할 만한 공간이 없어 그냥 펼쳐 놓고 지내야겠다 싶었다.

일단 방부터 닦고, 그 김에 온 집 안을 대청소하였다.

친구 집에 신세를 지는 동안 청소는 내가 맡자고 생각했다.

쉴 시간도 여유롭지 않은 친구의 상황을 잘 알고 있었기에 그 정도의 집안일은 분담하리라 마음먹고 있었다.

올리아가 퇴근할 때까지 나는 집을 대충 정리하고, 이튿날부터 해야 할 일의 목록을 체크하고, 상하이 푸동 번화가인 동네 구경을 하러 밖으로 나갔다.

푸동은 계획된 신시가지라 도로들이 넓게 쭉쭉 뻗어 있는데, 그중 루지아주이는 유명한 건물들도 저 건너 보일 만큼 알토란 같은 황금 지대라 걷기 운동에는 제격인 곳이다.

여기저기 식당을 구경하다 먹고 싶었던 중국식 만둣국(混沌)을 한 그릇 맛보기도 하고, 조금만 더 걷자 싶어 집에서 멀리, 조금 더 멀리 동네 탐방에 신이 났다.

상하이는 인구 2,500만 명에 달하는 국제도시라, 일을 하거나 여행을 온 전 세계 사람들과 외지에서 온 관광객들로 늘 북적였다.

푸동(浦東) 지역은 상하이의 랜드마크인 동방명주도 있고, 공항 근처에는 디즈니랜드도 있어 대도시의 풍모를 여지없이 보여 주는 곳이다. 외곽으로 조금만 나가면 별장 같은 집들도 많고, 도로도 한가하다.

이에 비해 오랜 시간 고루 발달해 온 푸시(浦西) 지역과는 확연히 다른 느낌이다.

지하철 노선도 25호선까지 완공된 상태라 구석구석 대중교통이 닿지 않는 곳이 없다.

우버 택시들의 경쟁이 치열해지면서, 그 많던 택시 회사들이 사라져 버렸고, 앱을 사용하지 않으면 택시 잡기도 힘들어졌다.

앱을 이용하면 택시비도 이전보다 싸고, 합승을 이용하면 더 저렴해져 호화형부터 저가 택시까지 다양하게 이용이 가능하다.

지하철역을 비롯해 주택가 어디든 공용 자전거가 길거리에 가지런히 구비되어 있어, 어디서든 이용 가능한 편의성이 도시 전체에 제공되고 있다.
이후에 나도 QR코드를 스캔하여 자전거를 타 봤는데, 일주일 요금이 한국 돈 천 원 정도라 굳이 자전거를 사지 않아도 내 것처럼 편하게 사용할 수 있었다.
몇 년간 나의 부재중 상하이가 또 얼마나 많은 성장과 변화를 겪었는지 오자마자 체감되었다.

저녁 늦게 귀가한 올리아와 그동안 못다 한 수다로 회포를 풀며, 우리는 많은 주제들로 밤새 대화를 이어 갔다.
그녀의 집에서 매일 가게로 출근하면서 밝을 것만 같던 제2의 상하이 생활이 시작되었고, 보름간 같이 지내면서 주말도 없이 일에 집중하는 그녀의 모습이 나에게는 또 다른 자극이 되었다.

1년 반이 훌쩍 지나 최근 상하이를 떠나기 직전, 상하이 인구가 천만 명이나 감소하였다.
1년여 동안 일어난 급격한 인구 감소다.
타지역에서 일하러 몰려왔던 외지인들도 월급으로는 감당 못 할 물가 때문에 하나둘 고향으로 돌아가고, 한적한 길거리에서 꽁꽁 얼어붙은 경기가 싸늘하게 체감된다.
현금이 사라지고 모든 결제는 휴대폰 QR코드로 이루어지면서 인심도 예전보다 박해졌다.
동전과 지폐로 지불할 때는 예쁜 말 한마디에 자투리 동전 정도는 깎아

주며 흥정이 가능했는데, 요즘은 어림도 없다.

남는 게 없다며 소수점까지 다 받아 챙긴다.

거스름돈을 준비하지 않아도 되면서 나타난 변화이다.

비대면이 일상화되면서 편의점 작은 물건 하나까지도 배달이 되는 상하이다. 그래서 더욱이 오프라인 매장에는 사람이 없다.

24시간 배달 라이더들만 바쁘게 움직인다.

더 이상 줄을 서는 식당이나 가게를 찾아보기도 힘들다.

부푼 기대로 다시 찾은 상하이에서 이와 같은 상황을 마주하게 될 줄은 상상도 하지 못했다.

인구도 많고 자원이 풍부한 땅덩어리라 내수 경기만으로도 충분히 경제가 돌아간다던 중국이었다.

하지만 하루가 다르게 변화하는 상하이의 분위기가 남의 일 같지 않다.

인구수에 맞춰 변화의 속도가 빠른 건 확실하다.

90년대부터 중국 경제가 몇 단계를 건너뛰며 급속도로 성장했지만 지금처럼 급변하진 않았다.

1년 넘게 그 변화의 과정을 목격한 사람으로서 유기적 경제 관계를 가진 우리나라에는 어떤 영향을 미치게 될지 심히 걱정되는 바이다.

많은 중국인들이 해외로 빠져나가고 있는 요즘, 상하이 터줏대감으로 자리잡고 있던 한국 사업가들도 귀국을 준비하거나 제3의 나라로 이동을 고려하고 있다.

쉽지 않은 결정이다.

1년 반 전 나도 이런 사태를 예측 못하고 제2의 전성기를 꿈꾸며 상하이 땅을 밟았다.

직원들과 건물주에게 가게를 빼앗긴 지금, 그래도 신은 내 편이었구나 감사의 기도를 드렸다.

약속이 지켜져 가게가 고스란히 내 손안에 들어왔어도 처음 겪는 이 같은 현실에서는 무엇도 장담할 수 없기 때문이다.

한중 관계도 가장 열악한 시기이므로 어떤 제재를 당할지 모른다.

코로나19로 인한 국가의 재정 적자 상태가 그 공백을 메우려 별의별 세무 조사를 다 실시해, 모든 사업체가 골머리를 앓고 있다.

소비자들의 디지털 결제로 매출이 투명하게 다 드러나는 상황에서 빡빡한 제도가 개입되면 낭패를 보는 건 시간문제다.

외식업은 우리나라보다 배달 플랫폼의 횡포가 극에 달해 있다.

앱의 이름만 여러 개로 다를 뿐 실상은 한 그룹이 독점적으로 관리하고 있어 많은 자영업자들은 팔면 팔수록 손해 보는 장사를 하고 있는 실정이다.

배달 플랫폼만 노나는 장사다.

도로 위를 누비는 수많은 자동차들 중 절반이 넘는 수가 전기차. 그 이유를 알아보니, 전기차 구매 혜택에 있었다.

러시아워에도 고가를 달릴 수 있는 상하이 번호판은 그 값만 10만 위안이 넘어간다. 거기다 발급되기까지 몇 달을 기다려야 한다.

하지만 전기차를 구매하면 공짜로 상하이 번호판을 기다림 없이 바로 달 수 있고, 어느 주차장을 가나 두 시간은 주차비가 무료이다. 거리 곳곳에 전기 충전소가 있고, 이 때문에 전기차 소비가 급등한 것이다.

상하이 공기가 달라진 원인은 공장들의 이전도 있지만, 무연 전기 자동차의 여파가 확실히 크다.

전기 요금이 비싸지 않아 여러모로 비용 절감 등의 장점이 있지만, 주차 공간이 넉넉지 않은 상하이의 전반적인 환경을 고려해 보면 전기차의 급증이 불러올 부작용이 이미 시작되었을 것이라 본다.

　매너 없는 운전자들과 시간에 쫓기는 오토바이 배달 라이더들, 시도 때도 없는 교통 체증 등 눈에 보이는 문제는 적절한 해결책 없이는 심화될 수밖에 없다.

　제로 코로나를 외치며 이루어진 도시 봉쇄로 국민들의 원성을 사게 된 중국 정부가 앞으로 풀어나가야 할 과제는 더 많을 것으로 보인다.

　중국에 애정을 가진 나는, 많은 지인들이 그곳에 거주하고 있기에 내가 느낀 문제들이 잘 해결되기를 기원하고 있다.

　이웃 나라의 상황이 우리의 일상에도 직·간접적 영향을 미치므로 앞으로도 관심의 시선으로 지켜보려 한다.

7장

요안나의 새로운 도전

가방 샘플 제작 중

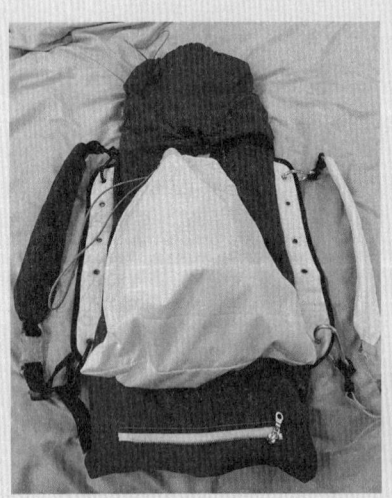

샘플1

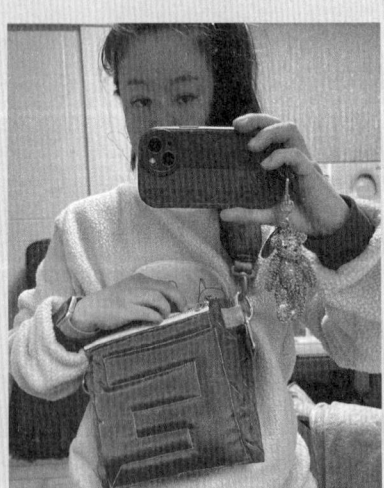

샘플2

(1) 프랜차이즈

20년째 한 자리를 유지하고 있는 〈JOANNA'S Korean Kitchen, 조안나의 코리안 키친〉은 유명세를 한창 타고 있던 2008년(찬장,餐匠)부터 전 세계 고객들의 가맹 요청이 쇄도했다. 하지만 성공 가도의 초반에는 나 자신이 경험도 많지 않았고 어리기도 해서 크게 모험을 하고 싶지 않았다.

지금은 상황이 많이 달라져 주변에서 나의 자문을 구하기도 하고, 투자를 제안하기도 하고, 나의 레시피를 구매하고 싶다는 연락을 중국 곳곳에서 받는다.

2023년 여름 코로나19로 인한 중국 방문의 여러 제약이 막 풀렸을 무렵에는 나의 가게도 하루 배달 건수만 150개가 넘어가며 다시 예전의 활기 넘치는 상하이로 돌아가는 듯했다.

그래서 이제는 프랜차이즈 사업을 진행해도 되지 않을까 본격적인 고민에 돌입했다. 보다 많은 지역에서 나의 요리를 맛볼 수 있고, 가맹주들도 큰 리스크 없이 음식점을 운영할 수 있도록 현재의 프랜차이즈들과는 차별화된 방식을 만들어 나가고 싶었다.

상하이를 떠나려는 오랜 거래처 사장들도 자신의 고향에서 나의 음식을 팔고 싶다며 문의를 해 와서 남다른 책임 의식이 나의 사업 마인드에 뿌리내려 갔다.

다른 장에서 2005년 사업 초반의 여러 준비 과정을 이미 설명했지만, 나에게는 사업의 대의명분이 중요했다.

공익을 위한 사업이 결국에는 성공한다는 것을 충분히 체험해 왔기에 업주와 본사가 상생하는 사업 기반을 연구할 수밖에 없었다.

하지만 현재는 같이 가게를 열어 보자는 지인을 모두 만류하고 있는 입장이다.

전 세계 경제 흐름이 원활하지 않다.

상하이는 한 해 동안 엄청난 인구 감소로 소비의 양극화가 심화되는 실정이고, 꺼지지 않던 도심의 불빛도 어둠으로 곤두박질치고 있음이 하루가 다르게 느껴진다.

코로나19로 인한 비대면의 일상화로 인한 변화가 각기 다른 형태로 자리 잡게 되면서 이전과는 다른 생활 패턴이 구축되었다.

이러한 트렌드에 발맞추어 사회와 함께 변화하지 않고는 롱런[10]하기도, 성공하기도 어려운 시대가 도래하였다.

그렇기에 나의 오랜 숙원이기도 한 이 과제를 잘 풀어 가기 위해 더 많은 고심을 해야 하는 현실이다.

하지만 이 또한 머지않은 미래에 해결책을 찾도록 사람들과의 끊임없는 소통과 부단한 연구를 이어 나갈 것이다.

(2) 디자인 관련사업

2023년 상하이로 돌아간 지 얼마 되지 않았을 무렵, 나의 오랜 친구가 갑자기 연락을 해 와 좋아하는 색상이 무엇인지 물어 와서 '보라색'이라고 했더니, 얼마 뒤 블링블링 반짝이는 보라 스케이트보드를 손수 만들어 나에게 선물한 적이 있다.

운동도 할 겸 스케이트보드를 연습하다가 문득 보드 가방 디자인이 뇌리를 스쳐 그걸 스케치하여 그 친구에게 보여 줬다. 그는 무척 신선해하며 이런 디자인은 아직 시중에 나와 있지 않다고 했다.

그래서 여러 개의 샘플 작업을 시작했는데, 한국에서 재봉틀까지 들고

◇◇◇◇◇◇◇◇◇

10) 장기 흥행

와 이것저것 만들다 보니, 새로운 아이디어가 마구 샘솟았다.

상상했던 물건이 뚝딱 만들어지는 모습에 그 친구도 관심을 가지고 나의 샘플을 테스트해 보며 실용적인 부분에 대한 많은 조언을 들려주었다.

이전 디자이너로서 해소되지 못했던 꿈이 이제야 실현되는 것 같았고, 브랜드 네이밍부터 상표 등록과 도메인 등록까지, 이미 한 발은 살포시 들여놓은 상태다.

내 가방은 모든 사람이 원하는 취향에 맞춰서 커스텀할 수 있는 형태라 특허 신청도 목전에 두고 있다.

아직은 디테일한 이야기를 풀어놓을 수 없음이 안타깝지만, 이정도만으로 여러분의 호기심을 자극할 수 있다면, 지금은 그것만으로 만족한다.

세상에 단 한 번도 존재하지 않았던 형태의 가방, 나는 이것이 상상으로 그치지 않길 바라며, 천천히 준비할 것이다.

자금 문제로 잠시 쉼표를 찍고 있는 현실이지만, 여기서 소자본으로 도전해 볼 가방과 관련된 다른 아이템을 개발하여 이미 프로토타입 중이다.

연구하고 싶은 아이템들이 늘어나면서 삶의 의지도 더불어 북돋아나는 게 신기할 따름이다.

작업의 완성도를 높이기 위한 노력이 한창인 요즘, 집중할 아이템이 생겨 참으로 감사한 시간이기도 하다.

십수 년 동안 레스토랑 사업을 하면서 2, 3년마다 진행했던 가게 리모델링의 모든 디자인은 내가 다 설계했다.

그 경험을 녹여 낼 새로운 사업 아이템도 이미 레이아웃은 짜 놓은 상태이다.

이 일을 같이 하고 싶어 하는 사업 동반자도 나에게는 20년 가까운 인연으로 이어져 오고 있다.

나의 생각을 현실화시켜 줄 고마운 사람이다.

얼마 전 그를 만나 그 사업에 관해 열띤 토론을 한 적이 있는데, 역시나 그는 나에게 고민해야 할 실전 과제를 안겨 주었다.

오랜 기간 서로에 대한 믿음이 쌓여 온 관계라 기회가 되면 놓치고 싶지 않은 분야의 일이기도 하다.

(3) 엔터테인먼트

예술을 사랑하는 한 사람으로서 내가 상하이에서 할 수 있는 일이 있지 않을까 생각하던 중, 몇 년 전 한국 아트페어에서 만난 화가가 생각났다.

아트페어에 전시된 수십 개국의 화가들 작품 중, 눈에 띄는 작품이 있었다.

그 화가의 작품은 작은 사이즈 하나에도 수백만 원을 호가해 감히 구매는 엄두도 내지 못하고, 몇 시간에 걸친 전시장 구경을 마친 후 도록이라도 구입하자 싶어 다시 그의 전시관에 들렀다.

마침 그 화가가 전시장에 있어 도록 맨 앞장에 그림과 글도 친히 선사받고, 인사를 나눌 기회도 가질 수 있었다.

도록에 있는 그의 많은 작품을 빠짐없이 다 구경했는데, 나에게는 그 작품들이 영혼에 쉼표를 찍어 주는, 그야말로 힐링 그 자체였다.

지금은 양국 간의 관계로 그를 상하이로 초대해 전시회를 공식적으로 열 수 없는 시기이지만, 미술계 지인을 만나 이런저런 일의 순서를 의논하면서, 언젠가는 상하이에서 많은 사람들의 관심을 받게 될 전시회를 열 상상만으로도 나는 이미 가슴이 벅차오른다.

상하이는 예로부터 문화적으로 열정이 가득한 도시이기에 공연이나 전시가 특히나 많은 곳이다.

인구수가 적은 우리나라에서의 공연은 넘기더라도 상하이를 건너뛰는 예술가는 본 적이 없다.

  그 때문에 상하이에 있는 동안 좋아하는 음악가의 공연과 유명한 전시회는 다 찾아다니며 즐겼다.

  그렇기에 더욱 이와 관련된 일을 개척하며 나의 예술적 에너지도 같이 풀어 놓고 싶은 것이 나의 소망이자 꿈이다.

  내 꿈의 날은 반드시 올 것이라 믿는다.

8장

상하이 블루스

최치원 표준 영정

황산 죽림 여행 중
(영화 '와호장룡'의 촬영지)

중국은 나의 가족과도 인연이 깊은 나라이다.

나는 신라 시대 때 12세 나이로 당나라에서 유학했던 최치원 학자의 31대 후손이다.

중국에서 생활하면서 내가 느낀 중국은 한국 사람들이 쉽게 폄하할 그런 곳이 아니었다.

일제 강점기 시대 때는 친할아버지와 할머니가 몇 년간 만주에서 가난을 피해 생활을 했고, 하나뿐인 나의 고모는 중국 심양에서 태어났다.

해방 직전에 조선으로 돌아와 해방 후 나의 아버지를 낳았으니, 나의 집안이 태초부터 중국과는 숨겨진 일화가 많았음을 자연스레 짐작할 수 있었다.

명절이 되면 손주들이 모여 있는 방에 할아버지가 오셔서 평성, 상성, 거성, 입성의 4성으로 중국어를 짧게나마 가르치셨는데, 나이가 어렸던 우리는 할아버지가 중국어를 어떻게 아실까 궁금증은 있었지만, 그 사연에 깊이 파고들진 않았다.

내가 중국에서 이렇게 오랜 시간 다채로운 감성을 체험하고 인생의 절반 가까이 삶의 터전으로 지내게 될 줄 누가 알았겠는가?

조상들의 과거도 한편으로는 현재의 나에게 투영되는 것 같아 감사함과 안락함 그리고 기대감이 동시에 느껴진다.

중국에서 나는 그들과 같은 동양인의 모습을 하고 있어서 나의 외국인 악센트를 동반한 중국어를 말하지 않으면 외국인인 줄 모르겠다는 반응과 부모님이 중국 화인(华人)이지 않냐는 질문을 많이 받았다.

그래서인지 나는 고향 부산에서 1,000킬로미터 조금 넘는 거리의 상하이가 정서적으로 편안하다.

나에게 많은 기회를 찾게 했고, 전 세계 친구들을 만나게 했고, 사업적 성공도 맛보게 해 준, 나에게는 단연코 의미 있는 장소이다.

그렇기에 공기의 질감 자체가 다르게 다가온다.

이런 공기를 마시며 나의 두뇌와 가슴은 좀 더 다각적인 사고와 이상을 추구하게 되는 것 같다.

이곳에서 사업을 하면서 늘 대의(大意)를 가지고 사회에 일익을 하겠다는 신념으로 모든 일에 임해왔다.

절대 돈만을 쫓지 않았다.

그러면서 배운 점이 하나 있다.

돈을 쫓는 사람에게는 돈이 저만큼 거리를 두고 따라붙지 않지만, 대의를 위한 의미를 담은 사업에는 사람도 돈도 자석처럼 들러붙었다.

나의 사업 철학은 오랜 시간 그렇게 진리로 자리를 잡았다.

물론 내가 자선 사업가는 아니다.

하지만 이왕 돈을 번다면 사회와 나를 모두 성장시키는 의미 있는 일을 하겠다는 것이 나의 사업 모토가 되었고, 지금도 그 생각으로 연구를 거듭하는 중이다.

좀 더 나은, 좀 더 아름다운 사회 만들기에 나의 능력이 활용되었으면 하는 바람이다.

그리고 오랫동안 나와 인연을 나누었던 많은 사람들이 나의 이런 바람에, 고맙게도 같이 동참하고 지지하고 있다.

나의 노력과 사고를 이해하고 인정해 주는 곳이 상하이였다.

청춘을 바쳤다는 말이 무색하지 않은 곳이다.

그래서 더 돌아가고 싶었나 보다.

예전에 사람들이 많이들 물어봐 왔다.

"어떻게 이렇게 성공할 수 있었어요?"

나는 늘 한결같은 대답을 했다.

"운이 좋았어요~"

운도 능력이라는 칭찬에 멋쩍어하며 웃어넘겼지만, 항상 운만 따랐겠는가? 남들보다 더 열심히 생각하고, 연구하고, 일하면서도, 늘 나의 노력에 비해 다소 큰 보상이라는 생각에 했던 말이다.

지나고 보니, 운이 좋았던 건 맞다.

인테리어 사장이 얼마 전 살고 있던 집을 무상으로 고쳐 주러 와서 한 말이 있다.

"조안나, 너는 코로나19 시기에 가게를 직원들에게 맡겨 놓은 것만으로도 돈을 번 거야. 힘든 시기를 잘도 피해 갔어. 그것도 너의 복이야!"

한국 영사관에서 소개한 변호사가 1년간 소송을 진행하지 않아, 급하게 새 변호사를 구할 때도 인테리어 사장이 자신의 모든 인맥을 동원해 실력 있고 믿을 만한 변호사를 구해 주었다.

한국 영사관 추천으로 믿고 일을 맡겼던 변호사의 느닷없는 행태에 말문이 막혀 속이 문드러질 때, 인테리어 사장은 현재 상하이의 상황을 객관적으로 알려 주어 내가 현실적으로 가야 할 방향을 잡을 수 있었다.

1년이 넘는 시간 동안 엄청난 매몰 자금을 쏟으며 준비한 소송을 접기까지, 밤잠을 설쳐 가며 실로 많은 고민을 해야 했다.

결론은 이러하다.

상하이에 돌아간 직후 직원들이 약속대로 사장 자리를 나에게 넘겨주었어도, 지금의 상하이 경제 상황을 고려하면 손실만 볼 것이 뻔했다.

이미 돈맛을 본 직원들이 예전 같은 수익을 기대하게 하는 것이, 이후에 나에게 올 악재를 피할 방도임이 틀림없어 보였다.

상하이에서의 가게 운영은 한국에서와 많이 다르다.

임대료부터 한국과 비교할 수 없다.

70평방미터의 가게 한 달 임대료가 지금 환율로 700만 원에 달한다.

직원들에게 숙소도 제공해야 한다.

의무 사항은 아니지만, 이는 서비스직에서 안정된 직원 관리에 필수적인 요소이다.

월세가 높은 상하이 시내에서 주거비까지 부담하며 일하기란 쉽지 않다. 그래서 많은 외지인들이 일도 그만두고 고향으로 돌아가는 현상을 초래한 것이다.

상가의 전기세와 수도세, 가스세는 일반 가정집의 두 배 이상이다. 한여름 에어컨을 하루 종일 틀어 대면 전기세만 한국 돈 100만 원을 넘긴다.

식자재 가격도 변동이 많다.

한국 수입 식자재를 많이 써야 하는 나의 가게의 경우, 한중 관계에 따라 수입과 통관이 일정하지 않다.

중국 대체품을 찾다 보면 맛이 달라질 수 있고, 그렇다고 인구도 줄어든 시장에서 메뉴 가격을 대폭 상향 조정할 수도 없는 노릇이다.

배달에 의지할 수밖에 없는 현 상황에서 플랫폼만 이익을 보는 영업 형태도 개인의 수단으로 맞서기엔 한계가 있다.

이 모든 요인을 종합적으로 분석해 보면 이쯤에서 투자를 멈추는 것이 현명해 보인다.

권리금 회수를 위한 소송에서 이겨 본들 배상해야 하는 피고에게 자금이 없으면 이 또한 쉽지 않다.

한국에도 권리금을 포기하고 사업을 접은 수많은 자영업자들이 있지 않은가?

매장 영업도 배달 영업도 현저히 줄어든 현시점에 사업 철수가 가장 적절한 대처 방안으로 여겨졌다.

그동안의 복잡한 일들로 풀어야 할 실타래가 한 묶음이었지만, 수수께끼를 풀 듯 최선을 다해 한 가닥 한 가닥 파헤치다 보니, 그나마 2년 연장 계약의 굴레도 피하게 되었다.

계약서상 임대 기간 중 세입자의 사정으로 매장을 나가야 할 경우 최소 3개월의 임대료를 건물주에게 배상해야 계약 해지가 가능하다.

더 큰 빚더미에 올라앉을 상황이 불가피하다.

코로나 시국 이후 1년 반의 급격한 변화를 내 눈으로 직접 보고 느낄 수 있어서 그만큼 빠른 판단을 내릴 수 있었다.

향후 10년은 회복되기 어려울 것이라는 말이 중국인들 입에서 흘러나온다. 가진 자들은 외국으로 이민을 가거나 물가가 싼 지역으로 이동하는 추세다.

30년, 빠른 기간 동안 급격한 성장을 해 온 상하이가 그보다 빠른 속도로 깡통 도시로 변모하는 걸 느꼈다.

상하이 방송국에서 일하는 친구가 이런 말을 했다.

"요즘 방송국에서 프로그램 자체를 만들지 않아, 직원들 월급이 식당 종업원보다 못해. 그래서 다들 회사를 나가거나 보수가 좋은 외주 일을 하면서 연명하고 있어. 나도 1, 2년 안에 그만둘까 싶어……"

며칠 전 이 친구는 20년 넘게 근무한 방송국을 퇴직했다고 알려 왔다.

내 생각보다 중국 경제 변화의 속도가 심상치 않다.

다소 아이러니한 이야기지만, 예전에는 길거리에 사람들이 많다 보니 소매치기도 부지기수였고, 범죄도 많았다.

지금은 교통 정리하러 나와 있는 경찰들만 과도하게 많고, 밤낮으로 앰뷸런스 구급차만 삐뽀대며 자주 눈에 띈다.

이러한 일상의 변화들이 나에겐 더욱 크게 다가왔다.

몇 년간 나의 부재가 이 같은 눈썰미를 갖추게 한 건 아닌가 싶다.

20년 전 아침 일찍 거리를 산책하다가 좋아하던 동네 마라탕 가게에서 펄펄 끓는 육수에 포대 자루로 화학 조미료를 부어 대는 것을 목격하고 소스라치게 놀랐던 일도,

백화점 에스컬레이터에서 가방을 당기는 느낌에 나도 모르게 소매치기 손을 잡고는 급하게 놓아 줬던 일도,

연말에 와이탄에서 인파에 몰려 압사당할 뻔한 일도,

유학 시절 환전상에서 환전을 하면 위조지폐가 꼭 한 장씩 섞여 있었던 일도,

와인을 마시며 안드레아 보첼리의 공연을 관람했던 일도,

돈만 있으면 세계 각국의 전통 요리를 제대로 맛볼 수 있었던 일도,

시끌벅적 친구들의 집에서 발 디딜 틈 없이 춤추며 파티를 즐겼던 일도,

대형 서점에서 하루 종일 층층이 책을 구경하다 밖으로 나와 좋아하는 화방 문구점에 들러 양손 무겁게 귀가했던 일도,

서가회 성당에서 중국어 영어 미사를 드리거나 성베드로 성당에서 한국어 미사를 드렸던 일도,

매일 저녁 동네 공원에서 사람들과 무리 지어 춤을 추거나 산책을 했던 일도,

중국 지인들의 집에서 수다와 음식을 즐겼던 일도,

노천 카페에서 카메라 동호회 모임에 우연히 합류하여 지금까지 인연을 이어오는 일도,

그렇게 알게 된 사람들과 황산을 여행하며, 지인 집에서 가사 말을 통역해 주고 민요 '아리랑'을 불렀던 일도,

이웃들과 음식으로 서로 정을 나누었던 일도,

산책길에 만난 노인에게서 덕담을 들었던 일도,

수많은 중국 택시 기사들과 다양한 주제에 관해 열띤 토론을 벌였던 일도,

이제는 언제 다시 올지 모를 나의 상하이 블루스 같기만 하다.

뇌리 켜켜이 꽂혀 있는 너무나도 많은 장면들이 영화처럼 펼쳐진다.

　60억 원이 넘는 운영 자금을 투여해 지금도 나의 이름을 걸고 상하이에 자리하고 있는 매장을 떠나기란 살을 에듯 고통스러운 일이다.
　하지만 결단을 내린 이상 나는 발걸음을 옮겨야 했다.
　과거에 매달려 현재를 낭비해서는 안 되니까 말이다.
　상하이와의 인연도 여기서 끝이라 생각하지 않는다.
　나를 인정해 주는 지인들이 있으니 어떻게든 또 인연이 이어질 것이다.
　100세 시대에 남은 인생 역시 길다.
　그만큼 할 일도 많다.
　지금까지의 상황을 재정비하고 또다시 노를 저어 보자.

에필로그

나의 이야기를 책으로 엮는다는 생각은 별로 해 본 적 없다.
부끄럽고 창피한 고백이기도 해서 이를 책으로 공론화하기에는 용기가 꽤 필요했다.

고통스러웠던 일을 한 번씩 떠올릴 때마다, '세상에 이런 일을 겪은 사람이 나만은 아닐 거야. 힘을 내자. 다들 견디며 살아가고 있잖아!' 하며 애써 나의 슬픔과 분노를 가슴속에 꾹꾹 쟁여 놓고만 있었다.
"이 또한 지나가리…"라는 말만 되풀이했다.
행복한 일도, 즐거운 일도 문득문득 나를 미소 짓게 하지만, 인생이 그렇지 않은가? 생각지 못한 고통 또한 찾아오기 마련이다.
고통이 연이어 찾아올 때는 나를 지탱하기도 힘들어진다.
그러다 해결책이 물꼬를 틔우면 거기에 집중해 잠시 고통 마비를 체험하게도 된다.

나는 이 글을 쓰면서 참 많이도 울었다.
카타르시스의 통곡이랄까?
그간의 모든 사건을 글로 옮기는 일은 너무도 방대하여, 굵직한 일들만 녹여 냈는데도 감정의 기복은 참담할 정도로 나를 힘들게 했다.
하지만 글로 풀어 놓고 나니, 지금껏 일기를 써 가며 최선의 방법을 찾았던 것처럼 묵직한 체증이 사라지는 느낌을 받았다.

그리고 누군가에게는 나의 고통이 위로가 될 수도 있지 않을까, 격려가 될 수도 있지 않을까, 희망이 될 수도 있지 않을까, 하는 마음에 한 번 더 비터스위트를 체감해 본다.

인생은 어찌 됐든 물 흐르듯 흘러간다.

조바심 내지 않고, 부지런히 길을 틔워 물이 잘 흐르도록 내 마음에도 세심한 손길이 필요하다.

길 틔움에는 반드시 사람과의 교류가 필수적이다.

사람으로부터, 사회로부터 고립되지 말자.

여러 사람일 필요도 없다.

그리고 어떤 일을 겪었든 자책은 금물이다.

스스로를 탓하지 않았으면 좋겠다

자존감은 무너뜨리지 않았으면 한다.

나부터 나 자신을 아끼고 사랑해야 남들도 나를 사람답게 대우함을 기억하자.

그래야 더 나은 내일을 맞이할 수 있다.

온전하게 나의 두 발로 땅을 짚고 일어설 수 있어야, 확신에 찬 발걸음도 내디딜 수 있다.

그 한 걸음이 다음 발걸음으로 이어진다.

이 길이 맞나 의문이 들면 가까운 지인과의 의논을 당부한다.

혼자만의 판단이 잘못된 방향으로 갈 확률 역시 높다.

무한한 인생을 사는 사람은 없다.

누구든 언제 마주하게 될지 모르는 죽음과 함께 살아가고 있다.

가까운 사람과의 이별도, 나 자신과의 이별도 늘 공존한다.

그렇기에 지금 이 순간이 더 소중하고 특별하다.

물질적인 것은 나에게 오기도 하고 가기도 한다.

어느 것도 영원하지 않다.

거기에 가치와 의미를 크게 두지 않는다.

물론 생활에 불가결한 요소임은 맞다.

하지만 인생의 목표로 삼지는 않는다.

그보다 내가 경험하면서 얻은 소중한 깨우침은 망각하지 않고 온전한 내 것으로 자리매김하길 바란다.

이미 많은 것을 가지고 있지만, 막상 고통이 닥치면 현재 나의 자산이 무엇인지 잊어버리기가 일쑤다.

그래서 이 글을 쓰며 끊임없이 초심을 다져 보곤 했다.

고통은 앞으로도 물밀듯 찾아올 것이다.

이번에는 나에게 부족한 무엇을 더 채워 주려고 이 고통이 왔는지 삼인칭으로 한 발 물러나 바라보면, 감정에 휘둘려 이도 저도 못하는 난감한 상황은 피할 수 있지 않을까?

차근차근 단단하게 내실을 다져 놓으면 그만큼 성장한 내가 그 고통을 대처하는 방식도 달라져 있을 것이다.

어릴 때는 부모님과 선생님, 친구들의 인정을 받고 싶은 욕구로 열심히 뭔가를 했다. 하지만 지금은 이 모든 인생 여정을 잘 견뎌 와 준 내가 '더 자랑스러운 내일의 나'를 만나고 싶다는 욕심에 삶에 애정을 쏟게 된다. 스스로 대견해 하며 칭찬하는 태도도 챙겨 가며 살고 싶다.

하루는 가까운 지인이 내 글의 일부를 읽고 이따위 필력으로 책을 내느냐며 혹평을 가했다. 나는 그가 노파심에, 치부를 다 드러낸 내 글이 사람들 입에 오르내릴까 걱정하여 그런 말을 한 것을 안다. 그럼에도 나는 의기소침해져 국어 공부를 다시 해야 하나 심각하게 고민하기도 했다.

하지만 또 다른 지인은 나에게 '초보 작가가 인간미 느껴지게 썼어. 잘 쓴 책들 많잖아. AI가 판치는 세상에… 신선해~'라며 자신감을 북돋아 줬다.

한 번 사는 인생, 몰매 맞을 것이 두려워 아무것도 못 하기는 싫었다.

꼬박 1년이 걸렸다.

중간중간 집중하고 해결해야 할 일들 때문에 펜을 놓기도 했고, 변화된 상황에 그로 인한 내용 수정도 필요했다.

나의 구체적 경험을 서술하는 글이라 친구에게 이야기하듯 편하고 쉬운 문체이고 싶었다.

분명 부족한 부분이 많다.

매번 읽을 때마다 더 나은 표현은 없는지, 빠진 내용은 없는지 고민을 거듭하다 완벽하지 않아도 괜찮다는 결론을 내렸다.

다만 나의 이야기가 생동감 있게 마음에 닿을 수 있을지, 진솔한 고백이 었는지 그것만 생각하기로 했다.

나의 바람이 잘 표현되었는지는 독자 여러분이 평가해 주실 것이다.

책에 다 담지 못한 많은 일화들이 존재한다.

처음 글을 쓰겠다며 A4용지에 자그맣게 빼곡히 적어 놓은 에피소드를 세어 보니, 그 수가 100개를 넘어섰다.

세계적으로 유명한 사람들과의 이야기도 있고, 너무 사적인 이야기라 언급이 불가한 내용도 있어 많은 부분을 걸러냈다.

수십 명의 이름과 사건 사고 제목들로 너덜해진 그 용지는 고이 접어 최근 일기장 한 갈피에 잘 간직해 놓았다.

내 과거를 촬영해 놓은 것 같은 A4 기록의 일부이지만, 이 한 권의 책이 척박한 불모지에 씨앗을 뿌려 파릇파릇 희망의 새싹을 피워 내기를 소망한다.

앞으로 또 어떠한 스토리들이 나를 찾아올지 고대하며, 언젠가 그 모든 이야기를 다시 풀어놓을 수 있기를 희망하며, 〈상하이에서 100억을 번 바보〉는 여기서 막을 내린다.

P.S. 이 책이 세상에 나올 수 있도록
물심양면으로 많은 도움을 주신
지인들에게 깊은 감사를 전합니다.

2025년 2월
최요안나 올림

상하이에서 100억을 번 바보

1판 1쇄 발행 2025년 4월 7일

저자 최요안나

교정 신선미   편집 윤혜린   마케팅·지원 김혜지

펴낸곳 (주)하움출판사   펴낸이 문현광

이메일 haum1000@naver.com   홈페이지 haum.kr
블로그 blog.naver.com/haum1000   인스타그램 @haum1007

ISBN 979-11-7374-032-9(03810)

좋은 책을 만들겠습니다.
하움출판사는 독자 여러분의 의견에 항상 귀 기울이고 있습니다.
파본은 구입처에서 교환해 드립니다.

이 책은 저작권법에 따라 보호받는 저작물이므로 무단전재와 무단복제를 금지하며,
이 책 내용의 전부 또는 일부를 이용하려면 반드시 저작권자의 서면동의를 받아야 합니다.